ORDINATEUR, ENSEIGNEMENT ET APPRENTISSAGE

Jean-Claude Brief • Aude Dufresne • Gilles Fortier
Martin Gagnon • Gisèle Lemoyne • Francis Meynard
Gilbert Myre • Marie-Christine Paret
Clémence Préfontaine • Michel Thérien

ORDINATEUR, ENSEIGNEMENT ET APPRENTISSAGE

L'ORDINATEUR VA-T-IL CHANGER L'ENSEIGNEMENT?

collectif sous la direction de Gilles Fortier

LOGIQUES
ÉCOLES

Les Éditions LOGIQUES
1225, rue de Condé
Montréal QC H3K 2E4
Tél.: (514) 933-2225 Télécopieur: (514) 933-2182

Dépôt légal — 2e trimestre 1989
Bibliothèque nationale du Québec
Bibliothèque nationale du Canada

ISBN 2-89381-011-X

TABLE DES MATIÈRES

AVANT-PROPOS

Malgré son jeune âge — à peine dix ans —, le micro-ordinateur est déjà relativement présent dans le paysage scolaire québécois. En avril 1988, la Société de gestion du réseau informatique des commissions scolaires (GRICS) rapportait lors du 6e Colloque de l'Association québécoise des utilisateurs de l'ordinateur au primaire et au secondaire (A.Q.U.O.P.S.) qu'il y avait environ 28 000 micro-ordinateurs dans les écoles des ordres primaire et secondaire du Québec. Sans indiquer une percée fulgurante, ces données montrent que la micro-informatique scolaire québécoise poursuit au moins sa lancée.

Toutefois, pour progresser ou même tout simplement pour consolider sa présence, la micro-informatique scolaire se doit «absolument» de proposer des solutions satisfaisantes aux demandes d'administrateurs scolaires et de pédagogues de plus en plus connaissants et de plus en plus exigeants. En fait, le système scolaire s'attend à ce que le micro-ordinateur puisse communiquer avec les élèves et les étudiants et qu'il soit également capable de les comprendre; en somme, qu'il converse tout simplement avec les élèves... de la même manière et avec autant de compétence et de finesse que les professeurs le font. Quoi de plus naturel, n'est-ce pas?

Il va sans dire que ces attentes, quoique fort légitimes, ne vont pas sans créer des difficultés aux concepteurs d'environnements pédagogiques informatisés comme aux chercheurs-pédagogues impliqués dans cet effort, maintenant mondial, à vouloir rendre le micro-ordinateur «intelligent», «sensible», «pédagogue». Ce qui n'est pas une mince tâche.

Ordinateur, enseignement et apprentissage aborde de nombreux aspects des solutions que peut offrir la micro-informatique aux questions que se posent actuellement le monde scolaire: son impact sur le développement de la pensée, son impact et son avenir en enseignement du français, sa contribution au développement des habiletés d'écriture, sa capacité à développer des systèmes intelligents d'enseignement, sa capacité à ouvrir l'école au monde extérieur par la télématique scolaire, sa capacité à intégrer les extraordinaires possibilités de l'intelligence artificielle, etc.

En fait, *Ordinateur, enseignement et apprentissage* vous présente les propos de professeurs et de chercheurs qui ont foi en l'avenir de la micro-informatique scolaire au Québec.

Gilles Fortier
Université du Québec à Montréal
Mars 1989

L'ORDINATEUR ET LE DÉVELOPPEMENT DE LA PENSÉE

Jean-Claude Brief

Deux thèses opposées sont proposées dans cet article. Bien que l'ordinateur, locus privilégié de l'Intelligence artificielle, semble l'outil idéal pour les apprentissages centrés sur l'information, essentiellement objective, neutre et universelle, il demeure le parent pauvre du corps humain, générateur de l'Intelligence Naturelle par son contrôle du développement de la pensée débouchant sur des décisions, foncièrement intentionnelles, morales et contextuelles.

Jean-Claude Brief, professeur, département des Sciences de l'éducation, Université du Québec à Montréal. Après une carrière d'ingénieur électronicien, monsieur Brief s'est tourné vers l'épistémologie, la philosophie des sciences et la logique au cours de ses études à l'université Stanford (Californie) de laquelle il détient un Ph. D. (1973). Il est l'auteur de *Beyond Piaget: a philosophical psychology* (1983) publié par Teachers College Press, Columbia University et récipiendaire d'une aide du Conseil de la recherche du Canada. Monsieur Brief concentre ses efforts de recherche sur l'analyse des réseaux conceptuels sous-jacents au discours de l'éducation, et dans l'élaboration de préceptes psychogénétiques aptes à organiser les objectifs de programmes scolaires selon le développement de la pensée et la construction concomitante de réalités adaptées au monde ambiant. Il a publié dans les domaines de la psychologie philosophique, de la science cognitive et de l'épistémologie de l'éducation.

INTRODUCTION[1]

La culture occidentale privilégie par sa pratique scolaire des connaissances objectives et universelles dont la neutralité se déclare grâce à leur description correcte d'une réalité bien agencée. Visant ainsi une expertise de l'être humain, elle requiert également un esprit rationnel gouvernant une approche scientifique. De ce biais émane naturellement l'image d'un être prévisible, à son aise dans un monde contrôlable. Il n'est donc pas étonnant qu'Habermas réduise la scène contemporaine à trois principes dominants: le besoin de progresser, la volonté de comprendre et le pouvoir de dominer (Bullough, 1984, p. 6). Pour réaliser ces ambitions, un «comment» permettant de prédire, mesurer, calculer, a remplacé le «quoi» et le «pourquoi» de jadis, et par la même occasion a remplacé les fins éducationnelles par des moyens technocratiques. Dans la brèche ainsi créée par le manque de visées s'immisce l'intelligence artificielle (IA[2]) qui, par ses applications pédagogiques, relève le défi de la culture occidentale.

---

1. Note de l'auteur. Toute ma gratitude au professeur Gérard Burger et à Mme J. Protopopov dont les compétences linguistiques m'ont été un atout précieux pour cet article.
2. Dans la suite de ce texte, l'expression «Intelligence Artificielle» sera abrégée par «IA».

La question posée envers ce défi et, par conséquent, le dilemme gênant l'intelligence artificielle qui y répond, est de savoir si l'œuvre entreprise n'obscurcit pas une vision plus vaste de la destinée humaine. Il est parfaitement plausible que le développement de la pensée, laissé au jeu naturel de ses forces vives, y prépare de façon plus adéquate. Par cette vision, nous faisons allusion aux dimensions de l'être où paraissent ses désirs, sa spontanéité, son intuition, sa mysticité, ses croyances, ses valeurs, son jugement et sa présence autonome. Au sein de ces dimensions et sans clore la liste entamée, cet être devient une personne dialoguant en ses mots et s'engageant par sa praxis dans des actes délibérés visant à se soucier et à améliorer son sort (Green, 1978, p. 82). Mais, en mettant en lice des qualités que certains vantent comme plus proprement humaines, des paradoxes sérieux s'élèvent. En premier lieu, les miroirs déformants de la pensée individuelle dénaturent toute réalité objective et commune, tandis que la connaissance universelle qui lui correspond est acquise d'une manière toute personnelle. À l'opposé, adopter les données objectives, c'est perdre sa personnalité et se mouler dans la conformité. Dans ce cas, la reproduction impersonnelle facilite la substitution d'une machine à l'enseignant et la réduction de l'étudiant à un imprimé parfaitement paginé. C'est d'ailleurs l'origine du reproche fait à l'IA qui trouve satisfaisante cette niche où seul le développement cognitif est cloisonné aux dépens des états émotionnels, moraux, sociaux ou esthétiques. L'attaque, dont tous les coups semblent marquer des points, est évidemment facilitée par l'IA qui, apparemment par défaut, n'offre pas de cible explicite puisqu'elle ne se targue pas d'illuminer les facettes humaines autres que les fonctions intellectuelles. L'accuser d'oublier la personne entière revient à lui refuser une certaine modestie. D'autant plus qu'un regard superficiel la montre s'occupant de la mémoire, de la perception ou du langage pour traiter ensuite les phénomènes de conceptualisation, symbolisation, résolution de problèmes, raisonnement et bien entendu apprentissage. Les contenus en provenance d'une réalité objective prennent figure sur le plan cognitif d'informations sujettes à codification représentative et n'appartenant à personne en particulier, car elles ne sont à ce point ni attendues, ni espérées. Manquant de dimensions visuelles, auditives, tactiles et autres sensations extéroceptives, elles montrent peu et font encore moins envie; tout au plus, elles servent dans un moule rationnel à démontrer et à donner raison (Hameline, 1977, p. 60). C'est le joug de l'écrit symbolisateur qui maintient l'information dans son rôle éducatif où l'étudiant accède ainsi au monde par un apprentissage des faits. Vis-à-vis d'ambitions culturelles, la fonction informative améliore l'étudiant par l'acquisition de vérités décrivant la réalité. À l'extrême, cela signifie que les options axiologiques et les positions épistémologiques sont ramenées au seul choix métaphysique de ce qui existe pour le sens commun. Cette réduction rejoint, peut-être à tort, la thématique choisie pour ce volume où l'influence de l'IA sur l'éducation est débattue. Notre contribution doit envisager si les outils intellectuels mis en œuvre par l'IA sont suffisamment élargis pour recouvrir l'univers psychique considéré par les pratiques pédagogiques habituelles.

Rien ne nous assure a priori que la cognition établie par l'IA n'est pas trop étriquée pour rendre compte des aspects multiformes de la pensée et de son développement. Encore plus pertinente, la question du potentiel limitatif de l'intelligence se pose vis-à-vis des rôles complexes que la personne éduquée doit ultimement jouer. Bien entendu, cette problématique s'élève soit au niveau de la conception même de l'IA, soit au sein des applications qui s'en font. Du côté des applications pédagogiques, l'accent est mis sur apprendre, comprendre et organiser les connaissances. Un cachet très spécial est cependant imposé par la programmation rapide, efficace, adaptable et la mémoire d'une machine qui répertorie les essais, réponses, corrections, erreurs et autres multiples détours. L'étudiant est astreint à un travail assidu, systématique, planifié, individuel, sécurisant; mais aussi, il souffre éventuellement d'un manque d'initiative ou de risque. D'aucuns trouvent dans les qualités de l'ordinateur neutre, patient, infatigable, la source même de sa dépersonnalisation et reprochent à son pouvoir de répétition et de fidélité, une tendance à exclure toute diversion. L'objection touche particulièrement la pensée, point vulnérable par excellence qui, loin de se définir par une reproduction fidèle, s'étoffe grâce à la multiplicité d'expériences indéfiniment différentes. Plus précisément, la conceptualisation, clé de voûte de cette pensée, émane de toutes les expériences diversifiées lorsque, de leur communalité, émerge un prototype (von Glasersfeld, 1985). Face à ce qui, de toute évidence, est un processus, l'enseignement programmé se fonde sur des produits finis issus d'une pensée adulte dont les qualités ne sont pas sujettes à une évolution génétique. Il fournit des entités achevées qui, dans la sphère considérée ci-dessus, correspondent aux concepts d'un esprit éminemment opérationnel.

En examinant de près l'aspect second des problématiques soulevées par l'IA, les mêmes paradoxes apparaissent au niveau de sa conception. Rien d'étonnant à cela puisqu'une optique essentiellement fonctionnelle prédomine sur tous les plans. Spécifiquement, l'objectif visé, que ce soit la résolution d'un problème ou la tâche à accomplir, obnubile les «designers». De là, le besoin constant et même l'impérialisme de l'information sur la conception et les applications de l'IA. De là aussi le souci contemporain pour la cognition, traiteur d'information au niveau de la conception, et les systèmes «experts», consommateurs d'information dans les applications (Mandl et Lesgold, 1987; Bonnet, 1984; Cordier, 1984; Not, 1979).

Un des exemples les plus pertinents, qui illustre la dictature de l'information, ressort d'une analyse de la complexité. Pierre d'achoppement du domaine, elle devient effective lorsque la tâche considérée est traduite en faits auxquels des informations accordent un ordre de préséance. Il est possible alors, sur cette base informationnelle, de la subdiviser en sous-tâches s'égrenant en une chaîne successivement résolue. Une critique immédiate, fondée sur une conception phénoménologique de la pensée et des connaissances, présente un tout autre tableau des activités complexes. Elle ignore les regroupements séquentiels en faveur d'un tracé de fresques conceptuelles de plus en plus denses, aux détails touffus, qui s'enchevêtrent en des ensembles coordonnés formant l'univers du connaissable. Simplicité ne veut point dire atomes unitaires avec surabondance éventuelle, mais frises aux rares dessins signifiants; non pas pauvreté, mais dénuement.

Les qualités ou les défauts de l'IA, relevés ci-dessus, aussi bien dans les applications pédagogiques que dans la conception, ont un effet troublant sur l'éducateur. En effet, ils semblent tous jaillir de la nature même de l'ordinateur, incarnation de l'IA. Inhérent à sa nature, la machine impose ses traits au processus éducatif. En admettant une éducation qui repose essentiellement sur l'intervention et les interactions humaines, l'ordinateur, en tant que machine, se trouve perdant ou tout au moins sévèrement handicapé. De là, un courant moderne qui donne à la machine des propriétés créant une culture d'humanoïdes, capables de se substituer à l'être humain. En l'absence de ce subterfuge, les manques de la machine, nocifs vis-à-vis d'une formation de la personne avec toutes ses richesses, amènent une retraite vers une position conceptualiste. La programmation est alors conçue comme suffisante pour cerner et former l'univers rationnel de ses utilisateurs. L'objet de ce travail est justement de situer cette retraite au sein d'une option épistémologique et d'évaluer les restrictions qu'elle impose au développement de la pensée. Nous y sommes bien obligés puisque les critiques s'entendent pour juger d'une façon lapidaire que «We do not have theoretical explanation for the particular pattern of performance that has emerged» (Haugeland, 1981, p. 74).

L'INTELLIGENCE ARTIFICIELLE

Pour juger de l'intelligence d'une machine programmée, la fameuse définition de Turing resta longtemps le critère suprême. Il suffit, selon celle-ci, de n'être pas capable de distinguer entre les activités d'une machine donnée et celles d'un être humain (Feigenbaum et Feldman, 1963). Par conséquent, toute intelligence artificielle est représentable par une machine capable de réaliser des tâches suffisamment complexes (Minsky, 1966; Weizenbaum, 1976, p. 165). Face aux immenses difficultés et aux nombreux échecs rencontrés, l'idée d'une quelconque machine accomplissant des tâches humaines fut remplacée par des conceptions où la machine opère en accord avec certaines fonctions intellectuelles précises. Ce virage reflète un retour aux sources étymologiques du terme «intelligence» où dominent les tendances à collectionner, assembler, sélectionner, percevoir et même savoir. Le mouvement s'accentue dans les travaux contemporains qui s'intéressent moins aux tâches à accomplir qu'aux fonctions intellectuelles elles-mêmes: «Artificial intelligence is the study of mental faculties through the uses of computational models» (Charniak et McDermott, 1985, p. 6). Bien entendu, l'hypothèse prône un cerveau qui opère tel un ordinateur avec trois phases bien distinctes où l'*entrée* des données visuelles et langagières sont *représentées* en des ensembles appris, départagés, organisés, déduits, expliqués et *ressortent* sous la forme de mouvements et de paroles. La théorie cognitive sous-jacente se distingue des théories du comportement, car elle insiste sur les processus mentaux qui organisent et engendrent les performances. L'option épistémologique appuyant ces processus y voit un rôle représentatif et se charge de montrer comment, à partir de données premières, des informations sont produites, transformées et interprétées. Fondamentalement réductionniste, cette option place le locus fonctionnel des processus dans les centres moteurs où toute décision se traduit en activités corporelles. Le modèle psychologique, très classique, décrit un système global de maniements de symboles et un grand nombre de sous-systèmes capables de recevoir les signaux externes, de les coder, transposer, assembler, reconnaître, comparer, hiérarchiser, soupeser, pour enfin les associer à des performances dont les résultats sont surveillés. Chaque sous-système se spécialise en unités mentales dirigeant le flux des informations et s'inscrivant au sein de circuits bâtis pour remplir des fonctions et accomplir des tâches.

Dominant ce modèle, une théorie de la connaissance, imbue des idées chères à John Dewey, définit la vie mentale à partir de comprendre, planifier et agir. Pour nourrir ces trois fonctions intellectuelles, les données premières doivent faire figure d'information et donc relèvent toujours d'une question. Une perpétuelle problématique sert évidemment de toile de fond à l'activité mentale qui, par force, engendre ultimement un comportement approprié à une solution choisie. Gérer des informations, toujours soumises à un fonctionnement utile de l'individu, impose une subdivision des tâches et donc un souci pour des centres spécialisés. C'est ainsi que se justifient les études de la mémoire, de la perception, de la performance linguistique et, encore plus probant, l'analyse de principes gestionnaires tels le transfert, la similitude, l'isomorphisme entre les données structurées et la mémoire structurante, l'insertion de l'acquis dans le présent ou, à l'inverse, l'inclusion aperceptive du présent dans l'acquis (thèse pédagogique familière depuis Herbart). Cette option choisie par la science cognitive entraîne de nombreux déboires. Elle force également des questions, malheureusement plus poncturelles que globales, sur le langage, l'apprentissage, la mémoire, la performance, la perception, les habiletés et même entraîne un élargissement inhabituel jusqu'aux croyances, pensées, conscience et émotions.

C'est l'héritage de Dewey qui oblige, bien entendu, l'IA à départager les fonctions intellectuelles et à déterminer leur rôle parcellaire dans le traitement des informations, eu égard à la résolution de problèmes. Son approche méthodologique s'en ressent aussi puisque tout programme intelligemment construit se doit de délimiter l'espace de la tâche, créer une représentation formelle, traduire celle-ci dans un langage de computation par l'ordinateur, et établir une procédure de recherche dans les branches de computation possible (Winograd et Flores, 1987, p. 96). Ayant par ce départage des tâches introduit la complexité requise, on est assuré que la machine démontrera un minimum d'intelligence par ses buts multiformes, son autonomie, sa souplesse structurelle et même son imprévision. Les techniques de résolution briment cependant cette intelligence, car elles jalonnent sa liberté dans un espace de points finis où la solution est atteinte par une séquence finie d'opérations. Celles-ci sont gouvernées par des principes généraux (le GPS de Newell-Simon) où dominent une réduction de la distance séparant l'état présent du point final, la distribution du problème complexe en tâches simplifiées, la substitution aux buts lointains de buts plus accessibles, la division des tâches en moyens-buts par des sentiers réalisables, la représentation analogique autorisant une vision plus transparente, le choix de branches alternatives amenuisant la séquence globale (Simon, 1981).

En admettant que cette façon de résoudre les problèmes, où l'information est soumise à une séquence d'opérations, s'apparente aux modes de pensée humaine, on réduit la cognition à une symbolisation qui contrôle la conduite humaine par une programmation constituée d'algorithmes et parsemée d'heuristiques (Winograd et Flores, 1987, p. 25). L'IA aura donc pour raisons d'être l'étude de programmes engendrant des solutions intelligentes et ainsi se qualifiera comme théorie de l'activité humaine. De là, il n'y a qu'un pas pour rejoindre le projet KIPS (Knowledge Information Processing System) de *la cinquième génération des ordinateurs*. En effet, celle-ci propose de développer des programmes capables de traiter l'information intelligemment de manière à leur donner un statut de connaissances obtenues grâce aux interactions humain-machine et servant à des solutions inférentielles de problèmes. Cette nouvelle génération se doit d'incorporer dans son «hardware» tout le système des inférences logiques et ainsi de supplanter la structure arithmétique des ordinateurs précédents. Le virage s'annonce particulièrement fructueux et révolutionnaire, car il s'éloigne aussi bien des intérêts concentrés sur des techniques de solutions à des tâches jugées difficiles, que du souci à modéliser l'être humain, à la mode jadis, dans le mouvement du «pattern recognition». À la place, il exige de l'IA qu'elle s'inspire à même les sources du psychisme humain pour y découvrir l'essence de l'intelligence capable d'engendrer des connaissances. Au lieu d'inventer ou de simuler des activités intelligentes, il s'agit, maintenant, d'inventorier dans les activités de l'homme ce qui marche déjà assez bien. Diminuer la distance entre le «quoi» d'autrefois et le «comment» d'aujourd'hui s'inscrit au menu du psychologue cognitiviste moderne. De là, le tournant décisif entrepris par les systèmes experts qui s'appuient non seulement sur la connaissance, mais également sur sa forme et sa formation dans l'esprit humain. À l'aide d'entrevues avec des spécialistes, la connaissance prend la forme de données qui s'accompagnent d'informations sur leur acquisition, représentation, utilisation, origines, et éclairent les fondements de la discipline où elles opèrent (Feigenbaum et McCorduck, 1987, p. 84). Le «quoi» offrant les faits bruts et constituant la vérité brutale, est remplacé par un «comment» colorant l'information de sa genèse et de sa raison d'être. En délimitant les données ou en introduisant des hypothèses, on en réduit l'ambiguïté de manière à clarifier les choix de solutions plausibles. Ainsi, une formule de chimie organique ayant quarante-trois millions d'éléments possibles est réduite à quinze millions, puis à un million par l'expertise successive en topologie chimique, la spectrométrie de masse, les principes chimiques et la résonance magnétique nucléaire (*Scientific American*, septembre 1984, p. 207).

On échappe enfin à une conception étroite de l'information objective et universelle pour évoluer vers une lecture des faits qui repose sur la mémoire des expériences antérieures. Tout programme cherchant à résoudre un problème inclut dorénavant des systèmes de référence qui permettent de reconnaître le cas présenté et d'y ajuster les pronostics au sujet de situations anticipées. C'est ainsi que procèdent les méthodes de *Cadre* (Minsky, 1975, pp. 211-277), de *Schèmes* (Bobrow, 1975, pp. 131-150), de *Script* (Schank et Abelson, 1977).

L'expertise recherchée s'appuie sur une représentation du savoir dominée par la conscience du maniement des informations, de la production conceptuelle et des décisions éventuelles à assumer. La thèse est lourde de conséquences puisqu'elle envisage l'enseignement des processus cognitifs et, par conséquent, leur acquisition sous contrôle externe. On y décèle un choix de méthodes s'inspirant, non pas des compétences intellectuelles sous-jacentes, mais des performances apparentes. Ainsi le montrent les études de Shaw sur la conceptualisation à partir d'exemples, de Wallace sur le diagnostic des erreurs et leur compensation graduelle, de Norman sur les adaptations de schèmes mentaux par boucle rétroactive et aussi de Hayes sur la résolution explicite de problèmes (Klahr, 1976, p. 31). On peut leur reprocher de se limiter à une pensée opérationnelle, fonctionnelle et instrumentale qui éclaire une seule facette au détriment des autres et ne cherche que les seuls problèmes qu'elles sont capables de poser. Tel apparaît l'ivrogne qui cherche ses clés sous un lampadaire allumé bien qu'elles aient été perdues ailleurs dans la pénombre. Un autre exemple est fourni par la méthodologie de Hayes, citée ci-dessus, où les étapes conduisant à des solutions telles que reconnaître, représenter, planifier, exécuter, évaluer, sont typiquement performatives et sur le même plan que les stratégies qui structurent, contextualisent, infèrent, exemplifient, codent, modélisent et surveillent les progrès (Hayes, 1981).

LE DÉVELOPPEMENT DE LA PENSÉE

Pour faciliter la retraite conceptualiste, l'IA réduit tout l'univers de la pensée au seul domaine de la cognition qu'elle suppose constituée d'outils rationnels. Ayant ainsi évité les embûches posées par les facettes affectives, morales et sociales de l'individu, elle délimite l'intelligence naturelle dans une enclave où opèrent la perception, la mémoire, la formation de concepts, le raisonnement et le jugement décisionnel; tous aptes à traiter l'information. Être intelligent se ramène donc à se rendre capable de saisir des structures, d'apprendre, de s'adapter, de déduire, de généraliser, de modéliser et de comprendre (Nickerson, 1985, p. 19). À ces qualités s'ajoute le pouvoir de résoudre des problèmes en ayant une représentation globale et en considérant les alternatives, en transformant les représentations, en ouvrant d'autres perspectives par des questions opportunes, en généralisant ou particularisant, subdivisant et explorant des équivalences (Ibid, p. 31). Pour compléter la panoplie de l'être intelligent, mention doit être faite de ses plans, ses buts, ses hypothèses, son abstraction, son pouvoir de déduire et d'induire; enfin, tout l'appareillage d'un esprit scientifique. Rien d'étonnant à ce qu'aucun obstacle ne s'oppose à l'enseignement programmé qui poursuit exactement ces mêmes ambitions (Not, 1979, p. 66). Le cercle, apparemment vicieux, où la machine crée un être qui, tel Pygmalion, lui ressemble parfaitement, est imputable à l'option pragmatique mentionnée auparavant. En effet, le besoin fonctionnel de résoudre des problèmes et d'accomplir des tâches, impose une soif d'informations dont le traitement détermine, par pure efficacité évolutive, une construction particulière de l'être. L'IA, qui vise les mêmes objectifs, est contrainte à baliser, par sa programmation pédagogique ou sa conception structurelle, une évolution suivant des étapes similaires. Il est donc normal qu'un regard intéressé se porte vers la mine fructueuse offerte par l'intelligence naturelle.

Le cercle vicieux, intimé par les discussions précédentes, peut être brisé par une vision autre de la pensée et de son développement. Nous décelons une première fissure dans les fondements philosophiques de la position réaliste implicitement tenue par l'IA. Pour celle-ci, la pensée se campe face au monde qui, en devenant lentement son contenu, provoque son développement. Les constituants de cette pensée, phylogénétiquement fixés, traitent les données imposées par le milieu, et progressivement leur accordent le statut d'information au sein d'une représentation de la réalité. Manquant de plasticité, l'organisation cognitive échafaude un semblant d'évolution intellectuelle à partir des représentations miroitantes qu'elle multiplie à l'infini. La mémoire joue donc un rôle de tout premier plan dans le développement qui, de fait, se réduit à des apprentissages. Il en découle un fonctionnement soumis aux impératifs mnémotechniques aussi bien qu'aux caprices de l'oubli souvent rétrograde. Il n'y a donc pas réellement d'évolution de la pensée, mais plutôt de son contenu, et les deux poursuivent des cheminements indépendants. La fissure, mentionnée plus haut, marque donc les fondements épistémologiques de l'IA, divisée en une intelligence, structurellement statique, et une pensée démesurément dynamique de par les connaissances qu'elle amasse.

Pour pallier ces incongruités épistémologiques, notre position avance une pensée, une connaissance et une réalité qui évoluent de concert (Brief, 1983, ch. 2 et 3). Ignorant un monde, de prime abord indescriptible car inaccessible, la pensée se construit, au fur et à mesure qu'elle objective sa réalité, une somme de connaissances stabilisée. On admet ainsi l'émergence simultanée d'un savoir et de réalités qui ensemble transcendent le flux du monde baignant une pensée aux aguets. En bref, pour qu'il y ait connaissance, il faut avoir été mis au courant et donc être capable d'interprétations; pour qu'il y ait réalité, il faut une conceptualisation concomitante; pour qu'il y ait pensée, des contacts ajustés envers du concret s'imposent. De toute évidence, la pensée, la connaissance et la réalité, constituant l'être humain avec son psychisme, exigent l'action comme source et partie prenante. Dans ce cas, certaines prémisses épistémologiques demandent à être explicitées pour comprendre le rôle de l'action vis-à-vis du psychisme de l'individu (Brief, 1983, ch. 4):

- l'homme agit et trahit son développement par les liens qui nouent ses actions en événements et révèlent ainsi une réalité sous-jacente;
- la réalité consciente reflète une construction cognitive dépendante de contacts étroits entre le corps et le monde environnant;
- les contacts s'établissent par des interactions qui inscrivent toute donnée dans les constructions antérieures;
- le nouveau se ramasse au travers du connu qui initie des démarches personnalisées. Cela implique une identification de la lecture et de l'interprétation;
- l'action s'enrichit en tout temps par des attentes, des anticipations et des prédictions;
- au fur et à mesure que les actions s'appuient sur des attentes, elles éclairent dans une sorte de clair-obscur les détails nouveaux qui se détachent du flou initial;
- la pensée prend contact en s'acclimatant au monde par des connaissances qui, progressivement, la mettent au courant et ainsi la sortent d'une obscurité où tout se confond;
- le monde s'articule, après des débuts diffus, au travers d'une réalité progressivement conceptualisée.

À partir de ces prémisses, il ressort qu'un esprit a des pensées lorsque le corps assume une stature épistémologique où il est partie intégrale et intégrante du connaissable par ses activités. En effet, celles-ci s'approprient des réalités par les contacts qu'elles promouvoient avec le monde ambiant et les propriétés qu'elles y décèlent en le transformant. En conséquence, pour s'établir une identité, le corps doit interagir et la personne doit, en tout temps, être un agent.

Nos réticences envers la position réaliste de l'IA se font plus claires, puisque l'action étant l'instrument de la pensée connaissante, le corps se doit de déterminer l'esprit avant que l'esprit puisse être responsable des actions du corps. Le défi insurmontable posé à l'IA est donc qu'elle n'a pas de corps. Mais, le dilemme est ici beaucoup plus pénétrant que l'argument courant contre la robotique à laquelle on reproche son manque profond d'humanité de par sa constitution décharnée et son manque évident d'affects. Au sein d'une épistémologie génétique où le corps détermine les modalités évolutives de la pensée, l'IA se trouve totalement démunie. Ce manque affecte aussi bien la conception gouvernant le développement d'une théorie de l'IA que l'usage pédagogique qui en est fait. N'ayant pas de corps, il lui est impossible d'engendrer une intelligence naturelle et ce, dans toute son acception aussi bien chez l'enfant qui l'utilise que dans son propre progrès autonome, si par chance, celui-ci devient programmable.

La conscience du corps et du réel se fait jour grâce aux formes de l'action et, par conséquent, une genèse particulière des interactions entre l'être et son environnement se construit lentement (Brief, 1986). Ainsi, l'arrivée dans une nouvelle ville nous immerge au début dans des impressions diffuses qui ne se distinguent pas de l'atmosphère ambiante. Certaines données sensorielles ressortent ensuite pour qualifier le type de milieu rencontré. On peut alors y évoluer au hasard, prendre un autobus qui ne va nulle part, bien avant que de s'y faire transporter quelque part. Il s'agit alors de placer comme points de repères les centres administratifs et autres monuments pour diriger nos pas. Nous sommes enfin capables de les sentir proches ou éloignés et les concevons jalonnant nos promenades. La planification nous guide ensuite avec une topographie pour cadrer nos souvenirs et servir nos besoins quotidiens.

L'exemple résume un processus épistémologique où le moi se sépare lentement de la réalité tout en s'affirmant et en la créant. De plus, il nous indique une saisie progressive et non une imposition du monde. En effet, tout événement inattendu s'embrasse par le corps tout entier avant que d'être ressenti dans ses particularités. Il est enlacé par un ensemble de gestes qui au lieu de le voir ou de l'entendre, se disposent à le regarder et à l'écouter au travers de leurs visées et de leurs anticipations. Ultimement, pour se soucier d'un objet, talent suprême de la personne, il faut non seulement réagir, mais agir et l'utiliser. De fait, ce sont mes gestes réalisés dans mon corps, qui gouvernent toute réalité digne d'intérêt. L'esprit accède au monde seulement s'il se construit et le bâtit au travers d'un corps privé qui vise une réalité émergente.

Admettre une pensée, une réalité, un savoir soumis au corps, c'est accepter leur progression en fonction de son évolution. Bien entendu, cela implique qu'aucune réalité ne peut se targuer d'être l'unique, la vraie ou même assimilable à un monde authentique. Privilégier dans une programmation de la machine, l'une des réalités successivement construites et en particulier celle qui, apparemment, domine la pensée adulte, revient à estampiller une entité aussitôt caduque et à se mystifier par la vue d'un monstre sacré dont les morceaux épars se reconnaissent d'hommes normaux à hommes normaux. Le monstre, recueilli ainsi, s'avère mythique, car, tels les trois-quarts d'enfant statistiquement obtenus dans une famille moyenne, il lui manque les modalités singulières qui insufflent au réel ses appartenances privées à un être humain interagissant avec lui.

Ici, s'entame une discussion, fourmillante de paradoxes, qui éventuellement pourrait guider les principes heuristiques dont l'IA est friande. Les réalités que nous construisons successivement par des interactions de notre corps avec les milieux qui la baignent, sont dès le début globales et diffuses. En effet, le corps, dans une effusion totale, s'y vautre gaillardement sans y distinguer les aspérités locales et sans même, par manque de conceptualisation, y déceler des propriétés identificatrices. Cette réalité est donc privée, car imbue des qualités de mon corps, et, par là même, globalisée. Pourtant, le milieu ambiant, contacté par mon corps, existe dans sa singularité. Un début de solution à ce paradoxe doit être élaboré pour que les leçons obtenues à même le développement de la pensée puissent porter fruit en IA.

Les prémisses épistémologiques, introduites plus haut, marquent les intentions comme source de la continuité des actions et origine de leur orientation vers une quelconque réalité. Cette réalité se pose comme visée à travers et grâce à un corps qui lentement s'éduque à s'attendre à elle. La posture, concrétisant cette attente du corps, s'affirme globalement et s'affine aux contacts du milieu qui touche spécifiquement, bien que de tous côtés. Le progrès cognitif s'adresse particulièrement à ce dilemme où le corps qui s'ouvre à tout azimut rencontre ultimement un monde révélé par ses singularités. Cette confrontation débute au niveau de la perception s'affirmant positive et statique, n'offrant pas d'autres choix, car imposée par le milieu. Il ne reste que l'univers mental pour envisager ce qui n'est pas, ce qui est négatif ou alterné. La conceptualisation pose le possible et donc le questionnable. Le négatif, éminemment nécessaire à la question, s'immisce dans la multiplicité des actes potentiellement posée par la posture aux aguets. Ces actes, contenant des alternatives, forment la maille qui rétrécit le corps global vers le monde singulier, et leur ensemble rend capable de spécifier aussi bien que de diversifier. Ceci autorise la question de s'y inscrire pour ainsi précéder toute nouvelle acquisition. Grâce à elle, la personne inaugure son contact avec le milieu où elle établit les balises du connu avant que de pouvoir assimiler l'inconnu. La leçon est d'importance puisqu'elle implique que le continu des actions ainsi que leur personnalisation s'avèrent primordiaux. Plus central encore à notre discussion, il y a là une indication que la pensée qui, de prime abord est déroutée par les réalités singulières, se construit un discours éminemment pragmatique tenu lors de dialogues suspendus à des contextes qui la forcent à se spécifier.

Une synthèse de la notion d'action telle qu'elle est envisagée par l'épistémologie génétique, s'avère maintenant opportune. Pour qu'un être humain soit considéré comme un agent par son corps et ses actions, il doit s'assurer que,

- tout acte résulte dans le contrôle de son corps grâce aux usages qu'il en fait dans diverses situations et le moyen que devient son moi dans une construction de la réalité;
- une action anticipe certains effets qui, si contrariés par le milieu ambiant, se divisent intellectuellement en alternatives et après vérification se qualifient comme ajustements;
- un acte vise des objectifs qu'il anticipe de manière à le lier en fonction des résultats à d'autres actes et par là constitue ultimement une conduite;
- en agissant, on vise au travers de ses gestes des objectifs personnels;
- toute action se subdivise en une chaîne d'actes qui ensemble donnent naissance à une visée, une orientation et une intention envers une réalité construite;
- toute action a des composantes intéroceptives et extéroceptives qui fondent respectivement l'attente posturale et l'anticipation qualitative d'un objet préalablement conceptualisé.

La richesse de l'action humaine exprimée dans ces impératifs exige un développement de la pensée dont l'IA, imprégnée par l'intellect adulte, ne semble pas se munir. À cet égard, un exemple probant est offert par l'enrichissement graduel de l'agir enfantin qui, en passant d'une réactivité quasi-instinctive à l'action délibérée, transpose l'ouverture instinctive et attentive du monde biologique à la sphère psychique. En d'autres mots, l'agir devient prépondérant au fur et à mesure de son statut cognitif grandissant et du regard dubitatif qui l'accompagne. L'être plongé dans un univers inconnu demeure désordonné et désorienté avant que d'agir avec aplomb et délibérément. Il se doit de saisir la nouveauté par quelque chose de familier qui lui permette d'orienter ses mouvements. Pour qu'une activité puisse être dirigée par en deçà, elle doit s'orienter vers un résultat au-delà; ce qui impose une conscience de ce résultat en tant qu'effet escompté. On peut alors décrire un comportement qui évolue vers le geste lorsqu'il est pensé en tant que moyen vers des objectifs offrant une raison d'agir. Le geste doit être fonctionnel, initié pour quelque chose et par quelqu'un pour se qualifier d'acte intentionnel. De par son évolution de la réactivité à l'acte en passant par le geste, l'activité humaine introduit successivement dans l'esprit qui la dirige les notions de vers quoi, pourquoi et comment. L'univers cognitif s'ouvrant initialement sur un avenir diffus et même confus, se ramifie ensuite en avenues débouchant sur un passé délinéé et finalisé. Tout en tâtant le terrain à venir, l'intelligence prépare une reproduction du passé qui la rend apte, dans l'univers imaginaire, à situer les événements présents pour leur ouvrir des chemins alternés ayant conscience des dilemmes et des possibles.

Bien que ces idées s'inspirent de la pensée piagétienne, elles évitent l'écueil d'une interprétation orthodoxe où l'action est ramenée aux mouvements du corps. Les dangers au niveau des applications pédagogiques sont certaines et on les retrouve chez Papert où l'écran, milieu audio-visuel servant à explorer les propriétés du cercle, et la tortue, jouet-robot traçant des figures géométriques, lui suffisent pour développer la pensée sans aucune action correspondante de l'enfant si ce ne sont les interactions avec le clavier (Papert, 1979). Tout au contraire, une vision riche et entière de l'acte humain demande qu'une saisie des propriétés d'un cercle passe par l'action du doigt qui en dessine les contours, et qu'une compréhension lucide des figures géométriques s'accompagne d'une démarche correspondante de tous les membres. La pensée formelle construite sur ses antécédents concrets exige le corps en mouvement allant jusqu'à l'agir. Il devient évident que l'ordinateur qui esquive cette exigence ne peut remplir la fonction richement développementale qui lui est habituellement dévolue. Lorsque la tortue bouge, ordonnée par le programme, elle usurpe le corps et court-circuite la pensée individualisée et créatrice.

Le peu d'importance accordée au corps en IA découle implicitement de son rationalisme latent où l'univers des concepts suffit à une représentation et à une transmission adéquates des connaissances, et de la réalité y correspondant. De plus, le flot des connaissances, soumis à des soucis de tâches à accomplir et problèmes à résoudre, prend couleur d'informations qu'il s'agit de sélectionner, élaguer et traiter. Le lit idéal pour ce flot purifié est le langage dont les diverses formes symboliques s'avèrent corvéables et malléables à souhait pour les fonctions choisies. Sa souplesse, ainsi que sa nature représentationnelle et informationnelle, l'intègre en tant que partie prenante dans la pensée. Sans se questionner plus avant, l'IA admet que l'on pense linguistiquement et que le cerveau, locus physique de cette faculté, peut être ainsi adressé directement et sans intermédiaire. De là, le peu d'état fait du corps, l'ignorance crasse de son développement et l'acceptation du fameux leitmotiv de Bruner: tout enfant peut apprendre n'importe quoi et à tout âge, si on choisit le langage approprié (Bruner, 1960).

En regardant de plus près l'origine, la fonction et le développement du langage, il est aisé d'y voir une ligne de démarcation entre le cap des informaticiens et celui des piagétiens. Pour Piaget, le langage demeure un épiphénomène dont les états successifs parallèlent la courbe sous-jacente tracée par l'évolution des structures mentales. Bien entendu, et en accord avec les remarques ci-dessus, l'informaticien y trouve tout au contraire, l'essence de la cognition friande de représentations et d'informations. La nécessité de se représenter le monde au moyen de l'outil efficace du symbolisme lui fournit l'argument principal pour une pérennité et innéité de toute structure intellectuelle (Bruner, 1956). À l'inverse, Piaget, soucieux d'une construction du réel par l'intellect, interpose des structures successives qui s'élaborent sous la gérance de fonctions innées et refuse les limites statiques du symbolisme langagier qu'il conçoit anti-dynamique (Piaget, 1954). Plus précisément, tout outil cognitif, dont la perception, le langage et la mémoire, se soumet à ces structures émergentes et donc s'insère comme un polype grandissant le long du corps central de la pensée qui le nourrit continuellement. Ainsi, le langage évolue, en concordance avec l'intellect, de la phase initiale purement sensorielle, aux étapes des percepts, images, signaux, imitations et finalement symboles. Les détails méritent qu'on s'y attarde, car ils éclairent le leitmotiv crucial de notre essai: l'intelligence artificielle ne peut subir ou ne peut influencer profondément un développement de la pensée puisque son incarnation machine, l'ordinateur, n'a pas de corps.

Dans une optique piagétienne, l'accès au monde passe pour l'individu par son activité qui établit les contacts initiaux. En appliquant ses actes sur le milieu ambiant, l'être se moule autour de l'objet selon un ordre sensoriel particulier à la situation. L'impression sensorielle obtenue devient l'évocation perceptuelle se divisant ultérieurement en un décalque purement sensoriel qui s'estompe et en une forme gestuelle qui demeure lors d'expériences similaires. L'état évoqué de l'objet reste fonction de sa configuration beaucoup plus que des données sensorielles fugaces qui apparaissent au hasard autour de la constance gestuelle. Il s'ensuit que la somme d'actes réalisés, bien qu'alimentés en jets torrides de sensations, épouse progressivement l'objet dans une étreinte gestuelle représentative. À l'encontre de l'empirisme classique qui s'offre par la pensée une copie fidèle du monde rencontré, l'activisme piagétien demande un corps agissant qui emprunte la forme des réalités présentées pour le garder indéfiniment. En l'enlaçant, le corps s'ajuste à l'objet et en garde la trace sous la forme d'un décalque psychique; il devient un corps signifiant relatif à un objet signifié. En postulant ce rôle sémiotique du geste, on fait appel à une démarche intellectuelle où les expériences ponctuelles sont ramassées en une forme régulière définissant l'objet. C'est donc la conduite générale qui, par ses contacts multipliés avec l'objet, offre ultimement son type à l'objet qui ainsi peut réapparaître maintes fois et en de nombreuses occasions. Mais, et cela mérite considération, la fixation en type exige un corps en mouvement. Mû par une énergie insatiable, le corps s'active, étreint, lors de nombreuses rencontres, un objet qui se fige enfin dans un moule représentatif. L'imitation s'annonce donc mimétisme résumant le dynamisme corporel par sa création de stéréotypes. La représentation est donc un agent double divisé par le geste en un continu gestuel et un discontinu sensoriel. Au premier correspond l'imitation tandis que pour le second se profile l'image faite de données extéroceptives. Toute activité symbolique se fonde sur le geste produit en fonction d'une imitation et s'entoure des éléments sensoriels constituant l'image évoquée. Subséquemment, le langage s'organise autour du geste imitatif et des images figuratives en y ajoutant la gestuelle arbitraire propre aux signes empruntés (Galifret-Granjon, 1981).

Ayant associé le langage au processus de l'imitation, Piaget n'a plus le loisir de l'inscrire dans le tumulte des contacts immédiats avec le milieu ambiant. En effet, le geste imitatif demeure le décalque d'instants dépassés. Rendu apte, grâce aux structures mentales successivement maîtrisées, à raisonner sur les réalités présentées, l'individu peut alors, comme pis-aller communicatif, faire appel à l'aide explétive du langage. Rien là, cependant, de fondamentalement génétique ou constitutif de la pensée en plein essor. Dans une veine semblable, un courant contemporain se dessine parmi les chercheurs en IA qui ne peuvent se résoudre à dégrader ou à accorder au langage le pouvoir de fournir toute la richesse des réalités conscientisées (Winograd et Flores, 1987, p. 76). Il situe cette richesse, non pas dans le mot mais, avec des accents phénoménologiques, dans le contact immédiat du corps avec son environnement. Fidèles à leur formation informaticienne, ces chercheurs n'abandonnent pas totalement le rôle du langage et trouvent un compromis dans les actes langagiers eux-mêmes où sont localisés, non seulement l'information, mais aussi la fermeté des croyances en cette information et l'engagement pris envers autrui. En pariant, en jurant, en prenant serment et en pensant, l'individu s'engage par ses paroles et s'attend d'ailleurs à être pris à partie s'il manque à la parole donnée. Il y a là une coloration déontologique introduite par le mot qui dépasse la simple information. C'est Aristote qui, jadis, indiqua l'ingrédient moral étoffant toute communication lorsque le besoin d'être cru accompagne les expressions verbales. Chaque phrase s'incruste de témoignages para-linguistiques qui assument l'authenticité du message transmis (Bennett, 1971). On peut refuser à la machine engoncée dans sa neutralité cette dimension éthique particulière à l'être humain. À cet égard, rien de plus hilarant que la méprise d'un client attaquant la machine distributrice de cigarettes qui lui refuse obstinément son dû et lui apparaît intentionnellement malhonnête.

Faute de s'inspirer de la pensée piagétienne, l'IA ne poursuit pas assez profondément le filon tracé par la communion du langage et de l'acte, qui en faisant cause commune construisent une réalité qui est plus qu'informationnelle. L'acte linguistique posé dans des conditions particulières se charge d'un contenu expérientiel qui détermine les effets accompagnant ses usages subséquents et en constituent la signification profonde. Bien entendu, personne ne peut être blâmé pour ne pas avoir cherché chez Piaget ce message puisqu'il est connu pour avoir court-circuité toute la dimension affective. Une étude plus diligente révèle cependant des racines cognitives plongeant au travers de la couche sensorimotrice dans le médium des messages intéroceptifs qui baignent tout geste de sensualisme (Cowan, 1978; Brief, 1983). Spécifiquement, tout mouvement s'entrelace de messages proprioceptifs, kinesthésiques et coenesthésiques qui trahissent la position et le dynamisme du corps face aux situations rencontrées. Il en ressort une posture du corps face aux événements reproduits et une conscience avivée de certaines réalités qui se trouvent dorénavant attendues. La dimension affective s'avère de force impliquée dans toute activité et forme bloc dans la sphère cognitive. Revenant en arrière sur les discussions relatives à l'activité langagière, il apparaît évident que chaque parole, médiatisée naturellement par des mouvements corporels, s'y trouve alimentée par les éléments affectifs de la posture, attente, espérance, acceptation ou rejet. L'engagement de la personne s'y insère et par conséquent la richesse du message individualisé. Il y a là bien plus qu'une déontologie attachée à la parole servant de promesse verbale, et l'analyse d'Habermas sur le sujet s'en trouve d'autant abrégée (Winograd et Flores, 1987, p. 77). Il n'y voit que l'acte qui en tant que performance linguistique contient le même message qu'une activité gestuelle et n'a point à se cacher derrière l'information qu'il est censé transmettre. Nous touchons ici une des thèses cruciales de l'essai; nommément, au-delà des significations se détachant de la personne par le symbolisme, il existe la dimension corporelle qui charge toute interaction humaine d'une richesse sémantique dont la dépendance envers cette personne est inaliénable; cette dimension échappe sans rémission à l'IA.

CRITIQUE ET PARADOXES DE L'INTELLIGENCE ARTIFICIELLE

La discussion entamée dans la section précédente intime que l'informaticien, tenu au maigre menu des boulons, écrans cathodiques et câbles multicolores, est bien mal en point, car il ne peut charger sa machine des affects inhérents aux muscles et tendons du corps humain. Les informations confiées à l'ordinateur, et que celui-ci amplifie, synthétise ou enregistre, restent neutres ou, ce qui dans ce contexte revient au même, existent dépersonnalisées. Le vieil adage souvent lancé contre la machine se trouve confirmé puisque, n'ayant pas de corps, elle ne peut se targuer d'être humaine.

La critique se fait plus acerbe encore lorsqu'on reproche à l'ordinateur sa pauvreté existentielle et le peu d'adjuvants qualitatifs qu'il offre par sa programmation uniformisée. L'apprentissage ainsi promu se réduit aux informations entourées, tout au plus, de mouvements qui pianotent sur le clavier ou balayent des yeux l'écran. Le peu d'attention portée à ces mouvements trahit leur piètre contenu sémantique et si imitation de la machine il y a, rien d'essentiel ne se trouve ajouté au message offert par le programme. En avançant l'argument positif que l'ordinateur engendre l'excitation, l'engouement, l'interaction individuelle avec «feedback» nourricier, ses admirateurs trompettent des clichés aux racines génétiques édulcorées. Il suffit pour s'en méfier de songer à la valeur sensualiste des postures corporelles liées aux activités ludiques affiliées au sable, à la peinture, au papier, au crayon, à l'eau, etc. L'intelligence naturelle qui fouine fait plus que de réfléchir dans un face-à-face avec un écran, elle s'élance dans des réalités qu'elle fait siennes à travers et par son corps. Il est donc téméraire d'attribuer à l'ordinateur, comme le font certains auteurs, non seulement un esprit rationnel, mais encore des désirs et des croyances (Dennett, 1978, pp. 233-255). L'extrapolation, que Dennett avoue occasionnelle, est fondée sur une organisation et une complexité qui, au-delà d'un certain niveau, dépasse la raison et autorise l'analogie avec un psychisme riche. Cette même extrapolation analogique s'infiltre dans l'IA par sa fonction instrumentale où les moyens, soumis aux objectifs, donnent des apparences de désirs. C'est ainsi que la tortue de Papert manipulée au long de sentiers innombrables, s'affuble de traits humains. Il n'est donc pas surprenant que l'art du bricolage, aspect suprême du maniement de moyens, soit pour cette école le nec plus ultra de l'éducation intelligente et de l'intelligence (Papert, 1982). Additionnellement, cette optique instrumentale implique assembler, démembrer, composer des éléments et donc correspond à l'effort intellectuel d'un esprit assoiffé de bribes d'informations (Sloan, 1984, p. 17). Cela trahit chez Papert, en dépit de son passé globaliste piagétien, une tendance à segmenter un intellect prêt à assembler des concepts. Ce biais se retrouve dans ses projets éducatifs où, par exemple, le cercle sera construit à l'aide d'une succession de traits arrangés séquentiellement sur l'écran. Il semble oublier toute leçon génétique et réduit l'évolution de la pensée à un conglomérat de symboles et d'images encadrés par les modalités sémiotiques de l'écran ou du clavier. Le médium qu'il choisit joue, cependant, parfaitement son jeu puisque la commande programmée, étant tout ou rien, prend des allures discontinues adaptées à son atomisme cognitif. Pour nous, le manque de souplesse que traduit ce «tout-ou-rien» s'oppose aux balbutiements confus de la création enfantine et ne correspond pas aux souvenirs ténébreux de l'enfant retraçant une tâche jadis réussie. Cet enfant est d'ailleurs désemparé face à l'anéantissement de tous ses efforts par l'ordinateur programmé pour ne recevoir que les réponses correctes et ignorant ses déviations minimales. Rien de moins pédagogique que la rectitude inhumaine de la machine.

On touche là au côté «aveugle» de la formalisation exigée par tout langage machine et donc toute représentation conceptuelle des programmes. Par sa purification de la pensée, l'actuel qu'elle reflète se trouve oblitéré (Winograd et Flores, 1987, p. 97). Le paradoxe de la formalisation ne s'arrête pas là, puisque c'est tout le dilemme de la conscience réfléchie qui se pose et ce, envers son besoin de rationalisme. De plus, pour l'IA s'ajoute la demande d'une évaluation amenant éventuellement à une décision. Dans les deux cas, les ingrédients déterminants de la situation actuelle, confrontés, sont éliminés de la réflexion et la richesse des interactions propres à tout acte est ensevelie. Plus grave encore, l'aspect génétique inhérent à la compréhension des connaissances mises en jeu durant cette réflexion est évincé de l'équation explicative. Il est donc évident que les impératifs formels d'une pensée rationnelle supplantent la richesse sémiotique de l'acte à commettre. La leçon génétique est liée à la prise de possession du réel, réalisée grâce aux contacts ajustés du corps. Cette prise de possession précède la prise de connaissance qui met au courant par le familier répétable et anticipe la prise de conscience dont l'émergence exige une conceptualisation concourante du réel (Brief, 1986).

Pour progresser, la pensée ne peut être tributaire d'informations reçues au hasard, elle ne peut déambuler sans objectifs et, à l'extrême, on peut concevoir qu'elle ne flâne pas. Continuellement, elle s'interroge pour spécifier les requêtes obtenues lors de rencontres antérieures qui, en fonction de ce progrès, sont toujours plus globalisantes. L'information, jamais gratuite, s'inscrit au sein d'une réalité se construisant par raffinement. Mais, en rejetant la gratuité, nous ne prenons pas refuge dans l'explication triviale du pragmatisme qui s'arrête aux réponses offertes à son questionnement perpétuel. L'information s'insère, dans notre perspective, comme la pièce manquante du casse-tête des alternatives proposées par l'imagination. Elle s'immisce en tant que résultante d'actes qui anticipent et visent une certaine réalité partiellement connue. La pensée y est soumise à des prédictions s'orientant par le biais de ses actions au moyen des attentes posturales du corps. Par là, elle soude ses actes en une longue chaîne anticipatrice de données en provenance éventuelle du milieu. C'est ainsi que s'explique la fluidité de la gestuelle humaine si contraire au mouvement saccadé du robot qui, lui, est perpétuellement plongé dans l'inattendu et arrive à rester indéfiniment désœuvré. Rien d'étonnant à ce contraste, puisque l'information transmise a un statut totalement différent selon qu'elle est reçue par la machine ou attendue par l'être humain. Dans le premier cas, elle est une donnée se ramassant et s'enregistrant avant que d'être mise en mémoire parmi d'autres données ayant le même statut de faits sujets à rappel opportun. Dans le second cas, elle satisfait ou contredit dès l'abord une espérance déjà sertie dans la trame d'une situation escomptée; elle joue alors un rôle catalysant beaucoup plus qu'une fonction simplement informationnelle.

En interprétant les éléments rencontrés grâce aux propriétés les ayant accompagnés par le passé, l'humain peut anticiper et agir en connaissance de cause. L'important c'est qu'il peut prévoir les exceptions puisque le carcan des propositions de la logique formelle est éliminé et que des conclusions raisonnables sont obtenues sur la base de preuves partielles. On s'éloigne ou s'approche de ce qui est typique dans chaque situation rencontrée. Malheureusement, la même épistémologie empiriste où la réalité est représentée par une accumulation de détails soutient l'entreprise moderne de la cinquième génération des ordinateurs. En effet, semblable en cela au mouvement du «pattern recognition» de jadis, cette nouvelle école bâtit la connaissance, même experte, sur une somme d'informations fondamentalement objective. Le moule rationnel la dominant permet, bien sûr, une simulation machine, mais évacue l'attente corporelle si riche de significations personnelles. Pierre d'achoppement de l'IA, la mainmise de la raison exige une base informationnelle de laquelle découlent toutes sortes de conclusions implicitement contenues. L'émergence de formes nouvelles par interaction continue avec le milieu est, à tout le moins, aléatoire. Il est peu probable que l'intelligence naturelle évoluant du flou au précis, obéisse au critère du cadrage de Minsky où la vue d'une porte suggère, car contenues dans le même univers, des fenêtres à visionner ensuite (Winograd et Flores, 1987). L'épistémologie génétique envisage la rencontre préalable avec un espace fermé où se dessinent, d'abord vaguement, des ouvertures, puis se précisent simultanément portes et fenêtres.

À défaut de s'en tenir à ces différences fondamentales, des erreurs pédagogiques pernicieuses s'infiltrent dans la programmation. On les sent dans les exercices proposés par Logo, tel le dessin du parterre de fleurs ou l'envolée d'oiseaux qui se créent sur l'écran par une distribution inventive des enfants. Bien entendu, la richesse expérientielle dépasse infiniment cet ersatz de vie champêtre. L'illusion, malheureusement typique d'une réalité construite à même des informations multipliées à l'infini, ne peut être compensée par un enfant ignorant les brèches béantes laissées dans sa formation. De plus, l'image étant un dérivé cognitif et non un ingrédient primitif de la pensée, il est vain de chercher à en améliorer la qualité pour approfondir l'intuition ou provoquer la créativité. Inutile d'éviter les contraintes de la logique, nocive à l'imagination, en produisant des images techniquement supérieures puisqu'elles en sont un échelon nécessaire de par leur rôle dans le symbolisme.

Nous revenons une fois de plus à un leitmotiv de l'IA; nommément, toute conduite intelligente est gouvernée par un système de symboles traitant l'information de manière à résoudre des problèmes. Ces restrictions offrent une piètre vision de l'intelligence. En effet, les symboles, dérivés représentationnels, caricaturent la connaissance dont le propre est qu'elle ne peut jamais être simplement donnée. Si le passé joue un rôle au-delà de l'expérience immédiate, alors la lecture de ce donné s'accompagne d'une sélection et d'interprétations des connaissances. Par conséquent, l'information, avec ses relents d'absolutisme factuel, se place bien en deçà des demandes requises pour le développement de la pensée. Sous-jacente à une vision étroite de la connaissance, on place un intellect capable seulement de produire une représentation du monde qui se ramène effectivement à un fac-similé. C'est pourquoi, tous les calculs organisés par l'IA opèrent en parallèle avec la représentation et sont axés sur une correspondance entre des séquences de symboles et leur signification informationnelle obtenue à même le réel ambiant. Il est donc évident que les problèmes de représentation vont constituer l'essentiel des efforts de l'IA et que tous les phénomènes mentaux vont y être ramenés, y compris la conscience elle-même (Feigenbaum et McCorduck, 1987, p. 33).

Par le biais de la représentation, analogie de base entre l'être humain et la machine, se justifie l'idée qu'ils sont tous les deux programmables ou à tout le moins déterminés par leur structure semblable (Evans, 1979, p. 157).

En fonction des vues avancées plus haut sur l'ingérence nécessaire du corps dans la genèse de toute connaissance, la réduction aux représentations mentales se déclare trop étroite car, ni la structuration cognitive, ni la planification rationnelle, ni même la programmation génétique ne rendent compte dans leur totalité des actions et décisions humaines. La genèse de la pensée et la construction des connaissances surajoutées aux procédures expérientielles introduisent des impondérables qu'aucune prédétermination ne peut entrevoir. Le dilemme naissant avec l'information purement représentationnelle s'accentue lorsque non seulement la programmation initiale est remise en question, mais aussi le principe des apprentissages suivis. En effet, la notion même d'apprendre est dévaluée par une approche constructiviste de la connaissance. Acquérir et être modifié d'une façon durable par des influences imposées, l'essence même d'apprendre, font place à une vision autrement plus complexe du psychisme où jouent l'évolution des interprétations, la dépendance interactionnelle, l'engagement personnel, l'implication intentionnelle et maints autres paramètres expérientiels. Dans une veine héraclitéenne classique, cela se résume à dire qu'un objet, tout objectif qu'il soit, ne se présente jamais deux fois semblable devant le même esprit. Rien n'est contacté, enregistré, acquis qui ne soit d'infimes façons préalablement écossé pour être ensuite transfixé en interprétations signifiantes personnalisées. C'est en cela que l'être humain se développe bien plus qu'il n'est sujet à apprentissage.

Face à un esprit évoluant, la reproduction fidèle se trouve évacuée et par conséquent le trait d'union, par excellence, qu'elle constitue entre l'ordinateur et l'apprentissage. Point critique puisque, par exemple, la soif de détails, abondamment reproduits et fidèlement distribués, fonde toute programmation visant à identifier des objets ou à catégoriser des connaissances à l'aide de règles. Ainsi, Papert amène l'enfant à «apprendre» à penser correctement en utilisant des règles qui lui permettront de progresser d'une connaissance intuitive où règne le savoir-faire à une logique propositionnelle où s'explicite le savoir-que (Papert, 1982). D'une façon paradoxale, l'enfant, face à l'écran, admire le reflet de son apprentissage où apparaissent les résultats escomptés qui lui ont été auparavant imposés par le programme lui-même. On peut s'interroger sur une fermeture de l'intellect régi par une logique restreinte qui bloque la naissance d'un esprit «proficient», capable de synthèses et d'intuitions (Dreyfus, 1984, p. 40-61). Là joue, principalement, l'impossibilité d'une pensée totalement consciente d'elle-même et de ses possibilités (Gadamer cité dans Winograd et Flores, 1987, p. 99). On peut aussi douter d'une préparation conceptuelle qui, à force de détails fournis, escompte découvrir l'identité des objets, quand, de fait, l'esprit opère par similarité dans les contours, traits et autres «détails» frappants.

Toutes ces objections s'adressent à la programmation qui, en IA, passe par des connaissances formalisées, ramassées à même le savoir conscientisé de l'expert. Les objections sont, cependant, un tant soit peu arbitraires puisque les limites de la conscience étant impossibles à fixer, il n'y a pas lieu de s'inquiéter d'une formalisation totale de l'expertise. Il semble plus opportun de critiquer dans l'IA le manque de considération pour la dépendance contextuelle de toute pensée décisionnelle et de se demander si les systèmes experts cherchant à cerner cette pensée ne chassent pas un mythe. Mythe il y a lorsqu'ils ramassent des informations et recherchent des heuristiques tout en ignorant leur genèse. Le même reproche, d'ordre épistémologique, peut leur être adressé; celui fissurant l'édifice représentationnel et informationnel abritant l'univers mental gouvernant l'IA. D'une façon plus précise, lorsque la programmation s'appuie sur une somme de connaissances expertes et sur des heuristiques, elle recherche des procédures plus efficaces et difficiles à leurrer. Au moyen d'une description appropriée à des situations particulières, elle espère éviter des interprétations et des décisions erronées. Cette exigence prédéterminante révèle une différence notoire entre l'IA et l'être humain, qui tout en s'appuyant sur des principes hérités de son passé, modifie sa conduite selon les circonstances. Il est capable de discerner les analyses et leurs applications qui s'impliquent dans toute décision et qui sont influencées par les conditions particulières auxquelles elles s'adressent. L'être humain s'ouvre des possibilités au fur et à mesure de ses contacts avec le réel spécifiant et est ainsi capable d'agir opportunément tout en résorbant les conflits potentiels. C'est donc par le conflit et non par l'erreur que la personne ouvre son avenir. L'intellect choisi par l'IA la force à entrevoir dans les questions de ses utilisateurs le désir d'éclaircir pour bien saisir de quoi il retourne et, non pas, de sentir les conjectures posées à une pensée en plein développement. La faute est imputable à cette vision d'un savoir indépendant de l'individu auquel il est imparti et, par conséquent, au postulat d'un cerveau ramené au rôle d'outil réceptif qui demande à être apprêté. Le reproche fait à l'IA est bien de protéger un savoir désincarné et de révérer les solutions indiscutables aux dépens d'une pensée qui chemine en hésitant, balbutiant et contournant.

L'épistémologie génétique, telle que nous l'avons envisagée tout au long de cet essai, ne pose pas une pensée qui découvre avec le moins d'erreurs possibles comme le veulent les heuristiques adoptées dans la cinquième génération de l'IA. Cette pensée n'est pas face à face avec une réalité trompeuse à laquelle elle s'oppose dans une confrontation adverse. Elle construit, est parfois conflictuelle, ne s'étonne pas, car elle sonde sa réalité en s'y attendant à travers son corps au lieu d'éclater sous les surprises.

RÉFÉRENCES

Bennett, J. *Rationality.* (1971). New York: Humanities Press.

Bobrow, D. & Norman, D. (1975). Some principles of Memory Schemata. *In* D. Bobrow et A. Collins (Eds.), *Representation and Understanding: Studies in Cognitive Science.* New York: Academic Press.

Bonnet, A. (1984). *L'intelligence artificielle: Promesses et réalités.* Paris: Interéditions.

Brief, J.C. (1983). *Beyond Piaget: A Philosophical Psychology.* New York: Teachers College Press.

Brief, J.C. (1986). *Un esprit sain dans un corps sain; ou plutôt, un esprit de corps.* Proceedings du symposium international, University of Ottawa, 7-10 mai.

Brief, J.C. (1986). *Surprise, Conflit et Interrogation: où est l'enfant-philosophe.* Compte rendu du Colloque de *Philosophie de l'enfant.* Montréal: Association de philosophie du Québec.

Brunet, J. (1960). *Process of Education.* Cambridge, Mass.: Harvard University Press.

Bruner, J. (1986). *A Study of Thinking.* New York: Transactions Bk.

Bullough, R.M. (1984). *Human Interests in the Curriculum.* New York: TCP.

Charniak, E. & McDermott, D. (1985). *Introduction to Artificial Intelligence.* Menlo Park, CA: Addison-Wesley.

Cordier, M.O. Les systèmes experts. *La Recherche, 15, n° 151*, pp. 60-70.

Cowan, P. (1978). *Piaget: with Feeling*. New York: Holt, Rinehart & Winston.

Dennett, D. (1978). *Brainstorm: Philosophical Essays on Mind and Psychology*. Montgomery, VT: Bradford Press.

Dewey, J. (1982). *Democracy and Education*. New York: Darby.

Dreyfus, H. (1985). Puting Computers in their proper place: Analysis versus Intuition in the Classroom. *In* D. Sloan (Ed.), *The Computer in Education* (pp. 40-63). New York: TCP.

Evans, C. (1979). *The Micro Millenium*. New York: Viking.

Feigenbaum, E. & Feldman, J. (Eds.). (1963). *Computers & Thought*. New York: McGraw Hill.

Feigenbaum, E. & McCorduck, P. (1987). *The Fifth Generation*. New York: Addison Wesley.

Galifret-Granjon, N. (1981). *Naissance et évolution de la représentation chez l'enfant*. Paris: PUF.

Green, M. (1984). *Landscapes of Learning*. New York: TCP.

Hameline, D. (1977). *Le domestique et l'affranchi*. Paris: éd. Ouvrières.

Haugeland, J. (Ed.). (1981). *Mind Design*. Cambridge, Mass.: MIT Press.

Hayes, J. (1981). *The Complete Problem Solver*. Philadelphia: Franklin Institute Press.

Klahr, D. (1976). *Cognition and Instruction*. New York: Erlbaum.

Mandl, H. et Lesgold, A. (1987). *Learning Issues for Intelligent Tutoring Systems*. New York: Springer-Verlag.

Minsky, M. (1966). Artificial Intelligence. *Scientific American, 215 (3).*

Minsky, M. (1975) A Framework for Representing Knowledge. *In* P. Winston (Ed.), *The Psychology of Computer Vision.* New York: McGraw Hill.

Nickerson, R. (1985). *The Teaching of Thinking.* Hillsdale, NJ: Erlbaum.

Not, L. (1979). *Les pédagogies de la Connaissance.* Paris: Privat.

Papert, S. (1982). *Mindstrom: Children, Computers and Powerful Ideas.* New York: Basic.

Schank, R. & Abelson, R. (1977). *Scripts, Plans, Goals and Understanding.* Hillsdale, NJ: Erlbaum.

Simon, H. (1981). *The Sciences of the Artificial.* Cambridge: MIT Press.

Sloan, D. (Ed.). (1984). *Toward the Recovery of Wholeness, Knowledge Education and Human Values.* New York: TCP.

von Glazersfeld, E. (1985). *L'approche Constructiviste vers une théorie des représentations. In Colloque du CIRADE.* Montréal: Université du Québec à Montréal.

Weizenbaum, J. (1976). *Computer Power and Human Reason.* San Francisco: Freeman.

Winograd, T. & Flores, F. (1987). *Understanding Computers and Cognition.* New York: Addison Wesley.

SYSTÈMES INTELLIGENTS EN APPRENTISSAGE ET EN ENSEIGNEMENT DES MATHÉMATIQUES

Gisèle Lemoyne

Il sera question ici de certains systèmes intelligents en enseignement des mathématiques. Cet examen fait d'abord ressortir la diversité des représentations des savoirs à enseigner et à construire, des théories didactiques, des méthodes d'élaborations et des objectifs poursuivis. Il permet également de clarifier les fonctions didactiques de ces systèmes; il conduit enfin à une identification des conditions à satisfaire pour que les systèmes intelligents d'enseignement puissent éventuellement apparaître utiles aux praticiens.

Gisèle Lemoyne, professeure agrégée, Faculté des sciences de l'éducation, Département de didactique, Université de Montréal. Madame Lemoyne détient un Ph. D. en psychologie de l'Université de Montréal, dans le domaine de la simulation par ordinateur des processus de la pensée logique des enfants. Présentement, elle s'intéresse aux environnements informatiques de représentation et de développement des connaissances en mathématiques pour les ordres d'enseignement primaire et secondaire.

> «The computer is unique among information technologies in that it permits intelligent interaction with the learner»
>
> LUERHMANN (1979)

La plupart des enseignants prévoient une augmentation substantielle de l'utilisation de l'ordinateur à l'école, semblent aussi souscrire aux résultats ou aux propos montrant les mérites de cette utilisation, mais ne croient pas que cette utilisation sera intégrée à leur pratique d'enseignement des matières scolaires. Ces opinions, colligées par Stevens (1984), semblent aussi fort répandues au Québec (voir en particulier les données recueillies par Kieran, Meynard et Senteni (1986) sur l'utilisation de la micro-informatique à l'école); elles expriment à la fois les espoirs, les doutes, les craintes, voire enfin, les déceptions d'un bon nombre de praticiens.

Ces déceptions ne semblent pas, du moins en ce qui concerne l'apprentissage et l'enseignement des mathématiques, s'expliquer par les effets négligeables ou nuls des systèmes d'enseignement assistés par ordinateur puisque, selon les résultats d'un bon nombre de recherches (Janke, Pilkey, 1985; Suydam, 1984), l'utilisation de tels systèmes a des effets positifs sur l'apprentissage et l'enseignement des mathématiques.

Il est certes vrai, comme le soulignent Coleman (1985) et Quéré (1985), que la majorité des systèmes d'enseignement assistés par ordinateur ne sont pas conçus pour et avec les enseignants, n'exigent pas leur participation et ne sont généralement qu'une transposition des exercices et des explications que l'on retrouve dans les manuels scolaires usuels. Ces faits peuvent sûrement rendre compte de certaines déceptions ou du peu d'implication des enseignants qui ne voient pas ce qu'ajoutent ces systèmes aux méthodes habituelles d'enseignement ou encore quel avantage professionnel ils peuvent en tirer.

Les connaissances et les langages développés en intelligence artificielle permettent maintenant l'élaboration de systèmes intelligents d'enseignement et d'apprentissage qui peuvent faire plus que simplement prendre en compte certains exercices routiniers; ces systèmes peuvent, au moins, accomplir ces activités d'une façon souple, intelligente, et qui s'apparente au mode de fonctionnement d'un tuteur humain (Green, 1984). Ces systèmes s'appuient généralement sur une expertise du domaine d'apprentissage et d'enseignement, sur un diagnostic des connaissances de l'apprenant, sur les capacités d'explication des conduites des systèmes et, enfin, sur des «théories» d'apprentissage et d'enseignement. De tels systèmes devraient en principe modifier les perceptions des enseignants; les enseignants pourraient éventuellement les concevoir non pas comme du matériel pédagogique parmi d'autres, mais plutôt comme des tuteurs spécialisés, des cliniciens ou encore des assistants occasionnels d'enseignement qu'ils pourraient superviser et, enfin, comme des «experts» qu'ils pourraient consulter.

Dans le domaine de l'apprentissage et de l'enseignement des mathématiques, un nombre appréciable de systèmes intelligents sont opérants ou en voie de développement; ce nombre n'est toutefois pas comparable au nombre de didacticiels ou de systèmes d'enseignement programmé des mathématiques qui se sont développés depuis les années 60. Construire un système intelligent d'enseignement est une tâche éminemment plus complexe que celle qui consiste à produire un didacticiel ou un système d'enseignement programmé; elle exige une simulation d'un «expert enseignant» qui a une vision éclairée des relations entre le savoir «scientifique», le savoir «à enseigner» et des processus de construction ou d'appropriation de ces savoirs (Perret-Clermont, Brun, Conne, Schubauer-Leoni, 1982; Brousseau, 1987). Construire un système intelligent d'enseignement, quel qu'en soit le domaine d'application, est souvent une démarche d'élaboration et de validation de théories explicatives de phénomènes cognitifs (Kintsch, Miller et Polson, 1984), de formalisation et de validation de modèles de représentation des connaissances, d'élaboration et de validation de théories d'apprentissage ou d'enseignement; en raison de ces objectifs fondamentaux de développement de connaissances, les orientations ou les préoccupations pratiques sont souvent mises en veilleuse, ce qui n'exclut pas, comme nous le verrons dans ce texte, les possibilités d'application pratique de ces systèmes.

L'examen de certains systèmes intelligents en enseignement des mathématiques effectué dans ce chapitre vise, d'une part, à montrer la diversité des représentations des savoirs «à enseigner» et «à construire», des théories didactiques, des méthodes d'élaboration et des objectifs poursuivis par ces systèmes et, d'autre part, à clarifier les fonctions didactiques de ces systèmes et les conditions à satisfaire pour que les systèmes intelligents d'enseignement puissent éventuellement apparaître utiles aux praticiens de l'enseignement.

LES SYSTÈMES INTELLIGENTS DE DIAGNOSTIC OU DE RÉÉDUCATION DES ERREURS, DES BUGS OU DES DIFFICULTÉS DANS DES DOMAINES «SPÉCIFIQUES», «BIEN DÉLIMITÉS» ET «SIMPLES» DES SAVOIRS MATHÉMATIQUES À ENSEIGNER

Les systèmes intelligents en diagnostic et en rééducation des erreurs et des bugs en mathématiques constituent les applications les plus visibles de l'intelligence artificielle en éducation. Ce fait s'inscrit dans un contexte de recherches complémentaires en intelligence artificielle qu'il semble important de rappeler avant d'examiner quelques systèmes en ce domaine.

La majorité des chercheurs en sciences cognitives et en intelligence artificielle reconnaissent l'importante contribution de Brown et Burton qui en 1978 présentent dans la revue *Cognitive Science* le système intelligent de diagnostic des erreurs de calcul arithmétique *Buggy*; cette publication suit de quelques années seulement les travaux importants réalisés par Shortliffe (1974: voir Merry, 1985) dans le domaine du diagnostic des infections bactériennes (le système expert *Mycin*) et par Buchanan, Sutherland et Feigenbaum (1969: voir Merry, 1985) dans le domaine de la chimie organique (le système expert *Dendral*). Depuis ces années, les recherches sur les systèmes tuteurs intelligents et sur les systèmes experts partagent généralement une même problématique.

***Buggy*: système intelligent de diagnostic des erreurs de calcul**

Dans le système *Buggy* (Brown et Burton, 1978; Sleeman et Brown, 1982), les erreurs de calcul sont expliquées par des perturbations (transformational representation) du réseau procédural qui représentent les habiletés de calcul. Dans ce réseau procédural, les conceptions erronées simulant les erreurs possibles sont associées à des sous-procédures; 110 erreurs primitives sont ainsi encodées dans le réseau.

Pour mieux comprendre le mode de représentation des erreurs dans ce système, examinons les erreurs suivantes:

$$\begin{array}{rrr} 365 & 679 & 87 \\ +\underline{574} & +\underline{794} & +\underline{93} \\ 819 & 111 & 11 \end{array}$$

Ces sommes sont produites par une perturbation de la procédure habituelle, perturbation qui très grossièrement peut être décrite par la règle suivante: si $n_1 + n_2$ => 10, alors inscrire dans la réponse le premier chiffre de la somme (chiffre en position des dizaines).

La représentation des perturbations permet de créer une quantité importante d'erreurs consistantes. Ce système devient un instrument de formation des enseignants et de rééducation des erreurs de calcul très efficace, comme le montrent les études réalisées par Brown (Sleeman et Brown, 1982) et Barclay (1980). Les enseignants et les élèves découvrent alors que les erreurs de calcul sont très souvent associées à un réseau procédural bien défini, réseau qui ne se distingue très souvent du réseau adéquat que par la présence de quelques sous-procédures ou règles erronées. Dans le cas de l'enseignant, cette découverte s'effectue ainsi: l'enseignant propose au système un exercice de calcul; le système produit une réponse erronée et demande à l'enseignant de trouver cette erreur et d'appliquer la stratégie qu'il juge responsable de l'erreur à d'autres exercices suggérés par le système; le système compare alors les réponses induites par la procédure erronée qu'il a choisie à celles produites par l'enseignant et, en cas de désaccord, donne sa réponse à un des exercices et demande à nouveau à l'enseignant de trouver et d'appliquer la stratégie erronée. Dans l'utilisation du système auprès des élèves, le système effectue la tâche habituellement réservée à l'enseignant: il doit trouver et expliquer à l'élève la stratégie erronée qu'il applique.

L'efficacité de *Buggy* s'explique non seulement par le mode souple de représentation des connaissances, mais aussi par la pédagogie exploitée. En effet, cette pédagogie s'appuie sur la notion de conflit cognitif, notion qui selon plusieurs chercheurs est essentielle dans une perspective de formation des enseignants et dans une perspective de rééducation où il apparaît indispensable de provoquer un conflit pour déséquilibrer les règles et les conceptions bien structurées (Perret-Clermont, 1979; Duroux, 1983).

LMS: système intelligent de diagnostic des erreurs dans le traitement d'expressions algébriques élémentaires

Le système *LMS* de diagnostic des erreurs dans le traitement d'expressions algébriques élémentaires construit par Sleeman (1982, 1984, 1986) est le fruit d'un travail de conception et de validation clinique important. Le modèle de représentation de connaissances introduit dans la première version *LMS* rappelle celui de *Buggy* par le mécanisme de création de règles primitives expliquant les erreurs des élèves; ces règles sont extraites des protocoles d'élèves de 14 ans auxquels diverses tâches d'algèbre élémentaire sont présentées. Cette version subit par la suite diverses modifications rendues nécessaires en raison, d'une part, de l'incapacité du système à détecter un bon nombre d'erreurs produites par les élèves et jugées importantes par les enseignants et, d'autre part, de la prolifération trop importante de règles qu'entraînerait un remaniement du système (l'ordre d'inclusion des règles dans le modèle devenant alors important).

Dans la seconde version du système, soit *LMS-II*, Sleeman a recours à un système de production pour représenter les modèles des élèves et à un interprète pour exécuter ces modèles. *LMS-II* infère le modèle de l'élève pour chaque ensemble de tâches; 15 ensembles de tâches comportant chacun au moins 5 tâches sont utilisés par le système afin de déceler les règles erronées (mal-rules) des élèves. Chacun des ensembles est défini en fonction des règles à vérifier: résoudre, additionner et soustraire, traiter les expressions parenthétisées.

Le formalisme utilisé dans la représentation des règles est économique, quoique peu transparent. Il est toutefois nécessaire d'examiner quelques règles «correctes» et «erronées» du système pour en comprendre le fonctionnement. L'exemple suivant montre les règles conduisant à un traitement juste et celles conduisant à un traitement erroné d'une expression (Sleeman, 1984; *Cognitive Science*, p. 390).

traitement de l'expression «4 * X + 6 = 19»

	Condition	Action
NTORHS	(1hs + ! - M = rhs)	(1hs = rhs - ! + M)
ADDSUB	(1hs M + ! - N * X rhs)	(1hs [évaluée] rhs)
SOLVE	(M * X = N)	(X = N / M) ou (INFINITE)
FIN2	(X = M / N)	(M N) ou ((M))
MNTORHS	(1hs + ! - M = rhs)	(1hs = rhs + ! - M)

	juste		erroné
NTORHS	4 * X = 19 - 6	MNTORHS	4 * X = 19 + 6
ADDSUB	4 * X = 13	ADDSUB	4 * X = 25
SOLVE	X = 13 / 4	SOLVE	X = 25 / 4
FIN2	(13 4)	FIN2	(25 4)

Dans les règles, les lettres M et N représentent un entier, les expressions 1hs et rhs sont des formes algébriques particulières qui peuvent être évaluées nulles ou non, les symboles + ! - ou - ! + signifient qu'une addition ou une soustraction peut être effectuée sur des entiers ou d'autres formes algébriques et, enfin, les symboles [et] sont utilisés de façon conventionnelle. Lorsque la lettre M précède le nom d'une règle (ex: NTHORHS vs MNTHORS), cela signifie que la règle est erronée. Ainsi, dans l'exemple précédent, une seule des règles appliquées par l'élève est erronée; cette erreur, comme le montrent les études effectuées par Matz (1980) et Kieran (1979) et plus récemment celle conduite sous ma direction par Lambert (1988), relèvent d'une conception fausse de la relation d'égalité, conception où l'expression à la droite du signe d'égalité est vue surtout comme un résultat, ce qui entraîne chez un bon nombre d'élèves un comportement consistant à réécrire une équation afin que les entiers se retrouvent à la droite du signe d'égalité et apparaissent ainsi comme un résultat. Cette conception déjà présente chez les élèves du primaire ne semble pas être modifiée par l'enseignement de l'algèbre au secondaire.

Les règles à la base des erreurs décelées par le système *LMS* représentent bien les résultats des recherches nombreuses effectuées sur le traitement d'expression algébrique (Matz, 1980; Clement, 1982; Rosnick et Clement, 1980; Kieran, 1979; Lambert, 1988); le système *LMS* ne produit toutefois pas une interprétation «strictement» conceptuelle de ces erreurs. Le praticien utilisant alors un tel système acquiert toutefois une vision explicite des modèles des élèves; cette vision peut sûrement lui permettre des interventions rééducatives plus appropriées.

SN: système intelligent de diagnostic et de rééducation des erreurs de complétion de suites numériques

Les activités de complétion de suites numériques offertes aux élèves, quel que soit leur degré scolaire, font appel à des règles spécifiques, règles qui traduisent souvent une conception particulière des nombres et des opérations additives. Le système construit par Lemoyne (1983) fait suite aux recherches conduites antérieurement auprès de jeunes élèves sur les stratégies de complétion d'équations arithmétiques élémentaires et de suites numériques (Lemoyne et Favreau, 1981; Lemoyne et Vincent, 1982). Ce système vise essentiellement le diagnostic et la rééducation des erreurs fréquemment rencontrées chez les jeunes élèves dans les activités de complétion de suites numériques. Le système effectue les tâches suivantes: il génère des suites à compléter, fait des hypothèses sur les règles à la base des réponses de l'élève et les vérifie par des exercices complémentaires; il produit ensuite un bilan des règles de l'élève et une interprétation du niveau d'intégration de la suite des nombres en mémoire chez l'élève. En fonction de ces dernières informations, le système génère alors d'autres tâches permettant à l'élève d'intégrer ses connaissances. La rééducation s'appuie donc sur la représentation des connaissances de l'élève et exploite les conflits cognitifs dans le but de faciliter la modification des règles erronées de complétion de suites. Le modèle est enfin modulaire; divers systèmes de production contrôlent l'analyse des connaissances de l'élève, l'interprétation des règles qu'il applique et la rééducation.

Dans le système, les connaissances de l'élève sont représentées par des règles de production; l'élément condition de chacune des règles est une représentation de la tâche et l'élément action inclut les processus utilisés dans la production de la réponse. Le programme génère une suite à compléter et retient la représentation de cette tâche «élément action de la production pour cette suite»; les processus appliqués par l'élève sont alors examinés et associés à l'élément condition de la production. La pertinence de la production ainsi créée est vérifiée par l'examen des comportements à des suites complémentaires construites en respectant ou, au contraire, en violant certaines conditions d'application de cette production; une fois vérifiée, la production nouvellement construite par le programme est comparée aux autres productions qui jusqu'à présent constituent le modèle des connaissances de l'élève et des règles de généralisation et d'intégration permettent, si possible, de substituer aux productions similaires une production plus générale. Au terme de la présentation de l'ensemble des suites, le système fait un bilan des connaissances de l'élève, indiquant le nombre de productions adéquates, le niveau d'intégration des connaissances sur les nombres naturels et, enfin, les productions inadéquates ou incomplètes de l'élève. Ce bilan permet de choisir parmi une banque d'épreuves celles qui pourraient faciliter la construction de productions adéquates, l'intégration des connaissances chez l'élève. L'exemple suivant permet d'illustrer le fonctionnement du système; les notations utilisées dans les règles sont les suivantes. Pr-t: premier terme connu de la suite (lecture gauche-droite); pr-tu: chiffre des unités du premier terme connu; pr-td: chiffre des dizaines du premier terme connu; or: orientation de la suite (croissante (cr) ou décroissante (dec)); int: intervalle entre les éléments de la suite (soit 1 ou 2); dr-t: dernier terme connu de la suite; dr-tu: chiffre des unités du dernier terme connu; dr-td: chiffre des dizaines du dernier terme connu.

Diagnostic

suites proposées	réponses de l'élève	productions (représentation des connaissances)
____- 41-43-45	69	Pr1: cond:((pr-t: 41) (pr-tu: 1) (pr-td:4) (int: 2)) act: ((ajouter 2 pr-td)(soustraire 2 pr-tu)(juxtaposer d' u'))
45-43-41-____	69	Pr2: cond:((dr-t: 41) (dr-tu: 1) (dr-td:4) (int: 2)) act: ((ajouter 2 dr-td)(soustraire 2 dr-tu)(juxtaposer d' u'))
___-43-45-47	41	Pr3: cond:((pr-t: 43)(pr-tu: 3)(pr-td: 4) (or: cr)(int: 2)) act:((chercher-pred pr-t) (chercher-pred nombre-trouvé))

d'autres vérifications sont effectuées...

Deux productions plus générales (Pr-g) sont alors créées pour toutes suites à compléter dont le premier terme (pr-t) ou le dernier terme (dr-t) est un nombre plus grand que 32 se terminant par l'un des chiffres 0, 8, 9, 1, 2 lorsqu'il s'agit de suites où l'intervalle entre les nombres est 2, et par les chiffres 0, 9, 1, lorsqu'il s'agit de suites où l'intervalle entre les nombres est 1.

Pr-g1: cond: ((dr-t ou pr-t > 32) (dr-tu ou pr-tu: 0/8/9/1/2)
(int: 2)
act: ((ajouter 2 dr-td ou pr-td)(soustraire 2 dr-tu ou pr-tu)
(juxtaposer d' u'))

Pr-g2: cond: ((dr-t ou pr-t > 32) (dr-tu ou pr-tu: 0/9/1)
(int: 1)
act: ((ajouter 1 dr-td ou pr-td)(soustraire 1 dr-tu ou pr-tu)(juxtaposer d' u'))

Rééducation

tâches proposées	*réponses de l'élève*
peux-tu ajouter 2 à 39 sans calculer	59 non 51 non...
peux-tu ajouter 2 à 39 en calculant	41
peux-tu me dire quel est le nombre qui vient après 39	49
peux-tu ajouter 2 à 29 sans calculer	31
peux-tu ajouter 2 à 29 en calculant	31
peux-tu me dire quel est le nombre qui vient après 29	30

........les exercices sont repris avec les mêmes nombres en demandant de soustraire ou de trouver les prédécesseurs......

peux-tu compléter cette suite ____-31-33-35	29
peux-tu compléter cette suite en faisant la soustraction 31 -2	oui
peux-tu compléter cette suite ____-41-43-45	39
peux-tu compléter cette suite en faisant la soustraction 41 -2	oui

........reprise des exercices de complétion de suites présentant les caractéristiques décrites dans les productions générales Pr-g1 et Pr-g2...

Ce système de diagnostic et de rééducation s'est avéré efficace non seulement dans la formation des étudiants «futurs maîtres» et dans le perfectionnement des enseignants, mais aussi dans les activités de diagnostic et de rééducation conduites auprès d'élèves du premier cycle du primaire (Lemoyne, 1983). Le mode de diagnostic et l'approche rééducative ont enfin été utilisés dans des activités de rééducation auprès d'élèves du second cycle du primaire et du premier cycle du secondaire (nombres entiers supérieurs à 1 000 et nombres rationnels (fractions, décimaux)).

LES SYSTÈMES INTELLIGENTS EN APPRENTISSAGE ET EN ENSEIGNEMENT DES MATHÉMATIQUES AU PRIMAIRE ET AU PREMIER CYCLE DU SECONDAIRE

Peu de systèmes intelligents voués à l'apprentissage et à l'enseignement des mathématiques du primaire et du premier cycle du secondaire sont aujourd'hui opérants et ont fait l'objet de validation empirique. Le système WEST développé par Burton et Brown (1976) présente toutefois ces caractéristiques; d'autres systèmes sont en voie d'élaboration, certains dans le domaine de l'algèbre et d'autres en résolution de problèmes mathématiques concrets.

***West*: système intelligent en apprentissage et en enseignement des habiletés de calcul arithmétique**

Dans la conception du système intelligent en apprentissage et en enseignement des habiletés de calcul, Burton et Brown (1976, 1982) envisagent, entre autres, d'apporter des éléments de réponse aux questions suivantes: *a*) à quel moment est-il opportun d'interrompre l'activité d'un élève en situation d'apprentissage qui ne semble pas utiliser correctement certaines connaissances ou qui n'a pas recours ou ne possède pas certaines connaissances nécessaires? *b*) comment intervenir auprès de cet élève, une fois l'activité interrompue? La réponse à la première question doit, selon eux, s'appuyer sur un diagnostic différentiel effectué en comparant l'activité de l'élève à celle d'un expert dans une situation donnée; la différence renseigne sur les connaissances de l'élève. Le mode d'intervention auprès de l'élève s'avère encore plus difficile à préciser; deux principes d'enseignement sont retenus: *a*) toute chose égale par ailleurs, l'habileté sur laquelle porte les interventions est celle qui vient juste d'être discutée, appliquée (*focus strategy*); *b*) toute chose égale par ailleurs, l'habileté sur laquelle porte l'intervention n'a pas fait l'objet d'une discussion récente (*breadth strategy*).

Le système *West* est doté d'un expert «général» (black box) qui ne renvoie qu'une rétroaction en terme de réussite ou d'échec et d'experts locaux spécialisés. L'expert général détermine le domaine des actions qui peuvent être réalisées et reconnaît les habiletés sous-jacentes aux actions de l'élève; les experts déterminent les causes possibles pour les actions erronées ou inefficaces effectuées par l'élève, reliant les connaissances de l'élève aux concepts ou aux habiletés à maîtriser. Parmi les habiletés, certaines sont spécifiques à l'environnement de la tâche (habiletés à saisir les règles du jeu, habiletés à identifier et à analyser le jeu de l'adversaire) et d'autres sont de nature arithmétique (ex: utilisation de parenthèses dans certaines expressions arithmétiques, utilisation reliée à la compréhension des propriétés des opérations...). Le tuteur recherche une habileté que l'étudiant ne maîtrise pas et qui, selon l'expert, est requise pour un comportement plus adapté ou efficace; cette habileté identifiée, le tuteur peut présenter une explication de cette habileté en illustrant son application à la situation.

Le jeu *West* s'appuie essentiellement sur une compréhension des propriétés des opérations arithmétiques et sur une maîtrise des techniques de calcul. Dans ce jeu, chaque joueur reçoit 3 nombres qui doivent être utilisés dans des expressions arithmétiques (ex: les nombres 3, 7 et 9 utilisés ainsi dans l'expression de la forme (A x B) / C(ex:(7 x 9) / 3)); la valeur de ces expressions déterminent les déplacements dans le tableau de cases. Le but du jeu est de parvenir à la case 70; ce jeu ressemble à de nombreux jeux offerts aux enfants. Ce jeu représente les déplacements requis pour parvenir à un lieu géographique spécifique; il s'agit essentiellement de la représentation d'un trajet entre 2 lieux. Les caractéristiques et les règles du jeu sont les suivantes: *a*) une ville est située dans toutes les cases dont le numéro est un nombre multiple de 10; *b*) certains cases offrent des trajets «express»; *c*) si, par un déplacement, vous atteignez la case occupée par votre adversaire, celui-ci, lorsqu'il n'occupe pas une case «ville», se voit obliger de faire marche arrière jusqu'à la deuxième case «ville» antérieure à la case actuelle. Ce jeu exige par conséquent un bon niveau de mobilité opératoire et peut faciliter le développement de cette mobilité qui, selon de nombreuses études en didactique des mathématiques (en particulier celle réalisée par Krutetskii, 1976), est associée au comportement des élèves forts en mathématiques.

Les commentaires recueillis par les auteurs auprès des enseignants ayant utilisé le système *West* montrent la satisfaction de ces praticiens. Ce système s'est aussi avéré efficace dans le développement d'habiletés en calcul chez les élèves du primaire. En effet, une étude réalisée auprès d'élèves soumis à l'environnement pédagogique de *West* et auprès d'élèves n'ayant pas été soumis à cet environnement montre que le premier groupe d'élèves développent plus de stratégies de calcul efficaces que le second; ainsi, seuls les élèves soumis au tuteur du système *West* ont recours aux expressions relativement complexes de formes: A- (B/C), (A-B)/C, (A/B)-C, A- (B * C). Ces résultats sont importants, car la compréhension des propriétés des opérations arithmétiques facilite la transition de l'arithmétique à l'algèbre, transition qui s'avère souvent difficile comme le montrent les résultats des études sur le traitement d'expressions algébriques élémentaires (Kieran, 1979; Matz, 1980; Sleeman, 1982; Lambert, 1988).

Système tuteur intelligent en algèbre élémentaire

Ferret, Jimenez et Landschoot, chercheurs au Centre Mondial Informatique, oeuvrent présentement à la construction d'un système tuteur intelligent en algèbre élémentaire (Ferret et Jimenez, 1987); ce système est une des applications du système général de développement de tuteurs spécialisés. L'architecture du système général est basée sur un réseau explicatif dans lequel chaque noeud est une explication dont la forme dépend du contenu à enseigner. Diverses applications ou exercices sont reliés à chaque noeud explicatif; l'élève peut explorer ce réseau et suivre ou non les suggestions du système. La croyance en la capacité de l'élève à prendre une décision opportune est à la base de l'architecture du système; ce système apparaît donc comme un environnement orientant la progression de l'élève et lui permettant de mieux structurer sa démarche d'apprentissage. Dans le choix d'un exercice relié à une explication, le système dispose d'une représentation des relations entre les exercices et des relations entre les exercices et les explications; ces relations sont prédéterminées et constituent l'expertise du domaine du savoir à enseigner.

Ce système d'aide à l'enseignement de l'algèbre simple en voie d'élaboration offre à l'élève un environnement qui facilite la découverte de notions et de stratégies de résolution ou de traitement d'équations du premier degré et l'identification et la correction des erreurs d'interprétation ou de traitement des expressions. Un ensemble de transformateurs est mis à la disposition de l'élève; les transformateurs assurent la réécriture de l'expression algébrique. Certains de ces transformateurs sont dits «de haut niveau» (ex: résoudre l'équation) et d'autres, de «bas niveau» (ex: identité); les transformateurs de haut niveau correspondent à une chaîne de transformateurs de bas niveau: par exemple, le transformateur de haut niveau «multiplier par l'inverse» est simulé par les transformateurs de bas niveau «multiplier les deux membres par», «associer» et «effectuer». L'application du transformateur «multiplier par l'inverse» à l'équation -3x = 3 correspond séquentiellement à l'application des transformateurs «multiplier les deux membres par» - 1/3 (-1/3 (3x) = -1/3 * 3), «associer» ((-1/3 -3) x = -1/3 * 3) et enfin, «effectuer» (1x = -1/3 * 3; 1x = -1). Le système n'intervient pas toujours lorsque l'élève commet une erreur; toutefois, l'élève peut toujours demander de l'aide au système qui peut réagir, en fonction du modèle des connaissances de l'élève et de sa représentation de l'expertise du domaine, soit en proposant une transformation, soit en demandant à l'élève de résoudre un problème relié, soit enfin, en donnant l'idée d'un plan de résolution. Il convient aussi de mentionner qu'un tel système offre la possibilité d'expérimenter différentes approches pédagogiques par l'utilisation de différents jeux de transformateurs; cet aspect confère au système une mobilité qui apparaît prometteuse pour son utilisation par les praticiens et pour son utilisation dans la recherche orientée vers la compréhension des processus de construction des notions algébriques et des difficultés rencontrées par les élèves.

D'autres environnements d'apprentissage de l'algèbre sont actuellement en voie d'élaboration (Sutherland, 1987; Thompson, P. W & Thompson, A. G; 1987; Boileau, Kieran & Garançon, 1987); bien que ces environnements ne présentent pas l'ensemble des caractéristiques formelles et informationnelles des systèmes tuteurs intelligents, ils témoignent d'une réflexion didactique pertinente et originale. Mentionnons en particulier l'environnement construit par Boileau, Kieran et Garançon qui exploite des problèmes à «potentiel algébrique» et facilite la transition entre la modélisation et la représentation algébrique d'une situation, par le recours à des représentations algorithmiques intermédiaires.

Systèmes intelligents en résolution de problèmes mathématiques concrets

L'intérêt, pour la résolution de problèmes mathématiques concrets, des chercheurs en intelligence artificielle, en sciences cognitives et en didactique des mathématiques, n'est pas récent. La compréhension des processus de résolution de problèmes, selon plusieurs chercheurs (Mayer, 1983; Holyak, 1984; Greeno, 1980), est essentielle à l'élaboration d'une théorie «robuste» de l'activité humaine, en raison de la complexité cognitive de cette activité qui dépend de l'activation de connaissances linguistiques, de connaissances sémantiques, de schémas de connaissance, de connaissances procédurales et, enfin, de connaissances stratégiques. L'élaboration d'une théorie de la résolution de problèmes dans des domaines spécifiques est aussi essentielle à la compréhension des difficultés et à l'élaboration d'activités d'apprentissage efficaces, que ces activités soient réalisées dans un environnement naturel ou dans un environnement informatique.

Bien que jusqu'à présent, aucun système intelligent d'enseignement n'ait, à notre connaissance, été réalisé, il apparaît important de rendre compte des efforts réalisés depuis une vingtaine d'années et des travaux qui pourraient dans un avenir assez rapproché se concrétiser en ce sens.

A. *STUDENT*: résolution de problèmes algébriques simples

En 1968, Bobrow élabore le programme *Student* qui résoud des problèmes concrets et simples d'algèbre. Ce programme traduit chacune des phrases d'un problème en une équation; les équations obtenues sont ensuite résolues. Si ce procédé échoue, *Student* fait appel à des connaissances plus globales (ex: distance = temps * vitesse). Le processus de traduction de *Student* est séquentiel, aucun choix n'étant effectué dans le traitement des phrases. Dans la traduction des phrases, deux fonctions principales sont invoquées: une fonction de substitution qui agit grâce à un dictionnaire de synonymes (ex: «double» est remplacé par «2 fois») et une fonction d'étiquetage qui essentiellement identifie les variables et les opérateurs des problèmes. L'exemple suivant illustre la démarche de *Student*:

problème: Le nombre de candidats est le double du nombre d'emplois. Le nombre d'emplois est de 5. Quel est le nombre de candidats?

représentation:
(Le nombre de candidats) = 2 *(Le nombre d'emplois)
(Le nombre d'emplois) = 5
X = (le nombre de candidats)

Le programme *Student*, malgré son efficacité à résoudre des problèmes algébriques simples, s'est révélé être une simulation critiquable des processus de résolution de problèmes. Les études réalisées par Hinsley, Hayes et Simon (1977) ont permis de s'interroger sur la validité psychologique de *Student*. En effet, ces chercheurs ont montré que les processus séquentiels de représentation des problèmes utilisés par *Student* ne peuvent rendre compte que des comportements des élèves dans la résolution de problèmes peu familiers ou encore, inhabituels; dans la résolution de problèmes familiers, les élèves semblent avoir recours à des schémas de connaissance qui leur permettent rapidement de catégoriser ces problèmes et d'y associer des représentations algébriques ou des stratégies de résolution. Ainsi, les procédés de résolution des problèmes familiers sont plus économiques et plus efficaces que ceux utilisés pour résoudre des problèmes peu familiers de même structures que les précédents.

Les études précédentes montrent que, dans la résolution de problèmes, les élèves font appel à leurs schémas de connaissance. Il apparaît essentiel dans une démarche d'élaboration d'un système tuteur intelligent en résolution de problèmes de pouvoir, d'une part, représenter les schémas de l'expert et, d'autre part, extraire de l'analyse des comportements des élèves leurs schémas de connaissance. Dans la représentation des schémas de connaissance, l'analyse de la structure des relations dans les problèmes doit être effectuée; les études réalisées par Vergnaud (1981) et Hart (Hart *et al.*, 1979) montrent la diversité des catégories de problèmes additifs et multiplicatifs et des calculs relationnels nécessaires à la résolution de ces problèmes. Déterminer les schémas de connaissance invoqués dans la résolution de problèmes arithmétiques concrets n'est pas, contrairement à la perception naïve, une tâche simple. S'il est manifeste que l'adulte ou l'élève «expert» en résolution de problèmes arithmétiques concrets disposent de schémas généraux de représentation de problèmes, il semble toutefois que l'élève en situation d'apprentissage élabore d'abord des schémas spécifiques qui incluent des propriétés particulières des objets ou des mesures utilisées dans les problèmes et des caractéristiques de l'énoncé (ex.: dans les problèmes multiplicatifs de type «addition répétée», retenir qu'il est question de boîtes ou de paniers ou de sacs, retenir aussi que ces problèmes incluent des expressions de la forme «n objets dans chaque ...»; (Lemoyne *et al.*, 1985, 1986)).

B. Vers l'élaboration de systèmes tuteurs intelligents en résolution de problèmes arithmétiques concrets

Le problème de l'élaboration, de la représentation et de l'utilisation des schémas de connaissance dans la résolution de problèmes arithmétiques concrets est au centre de certaines recherches actuelles en intelligence artificielle et en sciences cognitives.

Kintsch et Greeno (1985) ont élaboré un modèle des processus de compréhension et de résolution de problèmes additifs simples. Les énoncés de problèmes sont soumis à une analyse propositionnelle orientée par des schémas de connaissance; aux représentations des problèmes découlant de cette analyse sont alors associées des procédures de résolution. L'exemple suivant montre certaines des étapes de construction de la représentation d'un problème de composition de mesures.

problème: Jean a 3 billes. Pierre a 5 billes. Combien de billes ont-ils ensemble?

représentation:

a) JEAN A 3 BILLES.

p_1: x_1 Jean
p_2: avoir (x_1, p_3)
p_3: 3 (billes)

s_1-obj: p_3	billes
quan:	3
spec: p_1, p_2	Jean
rôle:	?

b) PIERRE A 5 BILLES

p_4 : x_2 Pierre
p_5: avoir (x_2, p_6)
p_6: 5 (billes)

s_2-obj: p_6	billes
quan:	5
spec: p_4 p_5	Pierre
rôle:	?

c) COMBIEN DE BILLES ONT-ILS ENSEMBLE?
p_7: combien (billes)
p_8: avoir-ensemble (x_1, x_2, p_7)

s_3-obj: p_7	billes
quan:	But
spec: p_8	Jean et Pierre
rôle:	ensemble

Ensemble	sous-ensemble (Jean)
	sous-ensemble (Pierre)
sous-ensemble (Pierre)	s_2: rôle: sous-ensemble
sous-ensemble (Jean)	s_1: rôle : sous-ensemble

Résolution: composition de mesures (s_1, s_2)

Le modèle précédent de représentation des connaissances en résolution de problèmes additifs simples constitue une étape essentielle dans l'élaboration de systèmes tuteurs intelligents en résolution de problèmes. En effet, dans les systèmes tuteurs intelligents, le premier problème à résoudre concerne la représentation des connaissances du tuteur ou de l'expert dans le domaine; le modèle élaboré par Kintsch et Greeno propose une représentation explicite de ces connaissances qui rend compte du calcul relationnel nécessaire à la résolution de divers types de problèmes additifs et permet une interprétation des solutions des élèves. Il est également important de mentionner que ce modèle suscite beaucoup d'intérêt chez les chercheurs français; ainsi, Darcel et Escarabajal (Darcel et Escarabajal, 1987; et Escarabajal, 1985) ont examiné ce modèle et entrepris depuis peu une modélisation cognitive des processus de résolution de problèmes additifs qui intègre certaines composantes de ce modèle dans un modèle (utilisant les langages orientés objets) qui rend davantage compte du rôle des connaissances syntaxiques dans l'interprétation des problèmes.

L'extraction des schémas de connaissance utilisés par les élèves dans la résolution de problèmes est une tâche complexe; cette tâche doit cependant être résolue dans l'élaboration d'un système tuteur. Les recherches entreprises récemment par notre équipe multidisciplinaire en intelligence artificielle (Borne et Lemoyne, 1987; Lemoyne et Legault, 1987; Lapalme, Lemoyne et Senteni, 1987) visent, d'une part, l'analyse des schémas de connaissance utilisés par des élèves du second cycle du primaire dans la représentation imagée de problèmes additifs et multiplicatifs et, d'autre part, la construction d'un système tuteur facilitant le développement de ces schémas.

Un premier environnement (programme écrit en Micro-Smalltalk, Le-Lisp, Borne, 1986) d'analyse des schémas de connaissance utilisés par des élèves dans la représentation imagée d'expressions relationnelles mathématiques (ex: «autant que»; «de plus que»; «n objets par...»; «n objets pour...) a fait l'objet d'une expérimentation (Lemoyne et Legault, 1987). Les résultats de cette expérimentation sont utilisés actuellement dans la construction du module de représentation des connaissances de l'apprenant: schémas de connaissance et règles de production des représentations des relations.

L'environnement «objet» de représentation imagée est constitué de 8 classes d'objets: êtres humains, animaux, figures géométriques simples, fruits, fleurs, contenants (ex: paniers, aquariums, pots, verres), breuvages, textes, symboles mathématiques (cordes, flèches, opérateurs mathématiques, relations mathématiques, traits...). L'extraction des schémas de connaissance, sur la base des actions posées par les élèves, est facilitée par la structure de cet environnement puisque chaque constituant des schémas peut être relié aux classes et sous-classes d'objets utilisés; un schéma spécifique pour chaque expression est d'abord déterminé, puis un schéma plus général est ensuite constitué pour chaque type d'expressions. Le schéma suivant représente les connaissances associées par un élève aux relations multiplicatives simples (cette représentation est cependant simplifiée).

Mult$_1$:

type de mesures: discrète

classes d'objets: fruits, figures géométriques, contenants

relations entre les classes: fruits et figures géométriques sont éléments d'un objet de l'une ou l'autre des sous-classes de contenants

relations entre les nombres: le nombre de contenants et les nombres d'objets (fruits ou figures) dans chacun des contenants doivent être supérieurs à 1.

Le schéma de connaissance ainsi représenté est relativement spécifique: les mesures continues (ex: volume, longueur, masse) sont exclues; les représentations ensemblistes ne sont pas utilisées; enfin, les objets proviennent uniquement de deux classes. De plus, ce schéma ne spécifie pas que les quantités d'objets dans chaque contenant doivent être égales ; un tel schéma peut aussi rendre compte de certaines relations additives (ex.: plus que, de plus que, de moins que, moins que) et être source de conflits entre les catégories de relations additives et multiplicatives.

Dans le système tuteur visant le développement des schémas de connaissance, l'identification des schémas de connaissance permettra de préciser les connaissances fausses, incomplètes ou trop spécifiques, d'effectuer une sélection de problèmes à représenter ou à résoudre: problèmes utilisant des classes d'objets différentes de celles représentées dans les schémas des élèves, problèmes utilisant la représentation erronée de l'élève et la représentation adéquate d'une même structure des relations. Il sera aussi possible de susciter des conflits cognitifs et de créer des obstacles contraignant l'élève à une transformation de ses schémas de connaissance. Ainsi, face à la représentation précédente de la multiplication, le système tuteur envisagé pourrait réagir soit en demandant à l'élève de représenter successivement certaines expressions additives et multiplicatives (ex.: «n fruits de plus dans le grand panier que dans le petit panier»; «n fruits dans chaque panier, 2 paniers»), soit en créant une représentation similaire à celles de l'élève, mais en utilisant une quantité importante d'objets et en demandant par la suite à l'élève d'indiquer combien il y a d'objets en tout si le premier contenant renferme «x» objets, soit encore en procédant à une analyse des relations entre les objets représentés et en présentant ces relations à l'élève. Cette dernière option fait présentement l'objet d'une étude que nous décrivons brièvement.

Parallèlement, à la construction du programme précédent, nous avons en effet construit un autre programme sur machine Lisp Xerox (Lemoyne, Senteni et Lapalme, 1988) permettant d'explorer la pertinence pédagogique d'un tuteur qui suscite des conflits cognitifs. Deux tâches sont proposées successivement à l'élève: une première tâche de représentation imagée d'expressions mathématiques relationnelles (expressions identiques à celles utilisées dans le premier programme) et une seconde tâche d'analyse de représentations imagées des mêmes expressions produites cette fois par le système. Pour représenter les expressions, les objets suivants sont disponibles: camions, paniers, fruits; des étiquettes sont aussi offertes pour distinguer les diverses classes d'objets choisis (ex: camion-1). Le système offre aussi la possibilité de déplacer les objets sur l'écran.

Dans l'exécution de la première tâche, dès que l'élève a produit une représentation d'une expression, il lui est demandé d'indiquer les objets considérés à titre d'arguments de la relation; ainsi, si pour l'expression «moins que» l'élève produit le dessin suivant: un camion à la gauche de l'écran dans lequel il a placé un panier contenant deux pommes, deux camions à la droite de l'écran dans lesquels il a placé un panier contenant une poire, il doit indiquer quels sont les objets considérés pour représenter la relation, à savoir les camions, les paniers ou les fruits. Cette indication donnée, le système analyse les relations dans la représentation de l'élève et associe les relations trouvées à chacune des classes d'objets, en spécifiant d'abord les relations dans la classe d'objets considérée par l'élève. Cette première tâche terminée, l'élève est invité à analyser les relations représentées par les dessins générés par le système. Ces tâches visent le développement de représentations opératoires de relations mathématiques additives et multiplicatives, en faisant ressortir les similitudes et les différences entre ces relations. Un autre objectif poursuivi par ce programme est de montrer l'imprécision et l'inefficacité des représentations imagées qui souvent sont offertes aux élèves dans le but de leur faciliter l'interprétation des problèmes arithmétiques concrets; ce type de support à la résolution de problèmes fait l'objet actuellement de nombreuses réserves de la part des chercheurs en didactique des mathématiques (Campbell, 1981; Bednarz, Janvier, Poirier, 1983; Lemoyne et Savard, 1988).

CONCLUSION

Les systèmes tuteurs intelligents élaborés jusqu'à présent ou en voie d'élaboration dans le domaine de l'enseignement des mathématiques sont, de toute évidence, appelés à jouer un rôle non négligeable dans le milieu scolaire. Par les représentations explicites des savoirs à enseigner, des connaissances des élèves et des tuteurs, des modèles d'apprentissage et d'enseignement, ces systèmes constituent des instruments privilégiés de formation et de perfectionnement des enseignants; cette vocation des systèmes tuteurs a cependant été jusqu'à maintenant négligée par les chercheurs, les didacticiens, les praticiens et les responsables de l'enseignement, traditionnellement orientés vers la recherche de solutions aux problèmes d'apprentissage des élèves. Le recours aux systèmes tuteurs dans l'enseignement de certains contenus spécifiques aux élèves s'avérera aussi de plus en plus profitable au fur et à mesure que seront résolus les problèmes d'interface en langage naturel, résolution pouvant permettre une meilleure interaction tuteur-élève. L'efficacité des systèmes tuteurs sera enfin d'autant plus grande que leur production sera le fruit d'un travail de recherche fondamental, critique et original en didactique; les collaborations de plus en plus fréquentes entre les chercheurs en sciences cognitives, en intelligence artificielle et en didactique sont à cet effet fort prometteuses, voire essentielles.

RÉFÉRENCES

Barclay, T. (1980). Buggy, *Mathematics Teaching*, *92*, 10-12.

Bednarz, N., Janvier, B., Poirier, L. (1983). Problèmes de représentation d'une transformation en arithmétique chez les élèves du primaire. *Bulletin de l'Association Mathématique du Québec, 3.*

Boileau, A., Kieran, C., Garançon, M. (1987). La pensée algorithmique dans l'initiation à l'algèbre. *Proceedings of the eleventh International Conference of «Psychology of Mathematics Education»*, 183-189.

Brousseau, G. (1987). *Études en Didactique des Mathématiques: Fondements et méthodes de la didactique des mathématiques . Partie 1.*, I.R.E.M. de Bordeaux.

Bobrow, D. (1968). Natural language input for a computer problem-solving system. *In* M. L. Minsky (Ed.), *Semantic information processing*. Cambridge Massachusetts: M. I. T. Press.

Borne, I. (1986). Langages orientés-objets et Education. Actes des journées Afcet-Informatique Langages Orientés-Objets, IRCAM, Paris.

Borne, I., Lemoyne, G. (1987). Application d'un environnement objet à la représenation imagée des connaissances pour la résolution de problèmes arithmétiques. Congrès E. A. O., Paris, mars 1987.

Brown, J. S., Burton, R. R. (1978). Diagnostic models for procedural bugs in mathematical skills. *Cognitive Science*, vol. 2, 155-192.

Burton, R. R., Brown, J. S. (1976). A tutoring and student modeling paradigm for gaming environments. *Proceedings for the Symposium on Computer Science and Education*. Bulletin 8, *1*, 236-246.

Campbell, P. F. (1981). What do children see in mathematics textbook pictures? *Arithmetic Teacher, 28*, n° 5, 12-16.

Clement, J. (1982). Algebra word problem solutions: thought processes underlying a common misconception. *Journal for Research in Mathematics Education, 13,* 16-30.

Coleman, M. J. (1985). Teacher-oriented educational software. *In* K. Duncan and D. Harris (Eds.), *Computers in education.* Proceedings of the IDIP TC3 4th World Conference on Computers in Education WCCE 85, 151-155. North-Holland: Amsterdam.

Darcel, N., Escarabajal, M. C. (1987). *OBAD: une utilisation des langages orientés objets en modélisation cognitive*. Rapport de recherche. CNRS, France.

Duroux, A. (1983). La valeur absolue: Difficultés majeures pour une notion mineure. *Journal pour les enseignants de mathématiques et de physique du premier cycle de l'enseignement secondaire*, n° 3, 43-67.

Escarabajal, M. C. (1985). Utilisation de la notion de schéma dans un modèle de résolution de problèmes additifs. *In* «Les apports de l'intelligence artificielle à la psychologie». Bruxelles: Mardaga.

Ferret, E., Jimenez, C. (1987). À la découverte de méthodes algébriques. EAO'87, France.

Green, J. O. (1984). Artificial intelligence and the future classroom. *In Classroom Computer Learning*. Belmont: Pitman Learning, Inc.

Greeno, J. G. (1980). Trends in the Theory for Knowledge for problem solving. *In* D. T. Tuma and F. Reif (Eds.), *Problem Solving and Education: Issues in teaching and learning*. Hillsdale: Lawrence Erlbaum.

Hart, K. M., Brown, M. L., Küchemann, D. E., Kerslake, D., Ruddock, G., McCartney, M. (1979). *Children's Understanding of Mathematics: 11-16*. The CSMS Mathematics Team, John Murray.

Hinsley, D., Hayes, J. R., Simon, H. A. (1977). From words to equation meaning representation in algebra word problems. *In* P. Carpenter et M. Just (Eds.), *Cognitive processes in comprehension*, Hillsdale: Lawrence Erlbaum, pp. 89-106.

Holyak, K. J. (1984). Mental Models in Problem Solving. *In* J. R. Anderson and S. M. Kosslyn (Eds.), *Tutorials in learning and Memory*. New York: Freeman, pp. 193-218.

Janke, R. W., Pilkey, P. J. (1985). Microcomputer diagnostic testing in elementary mathematics classroooms. *In* K. Duncan and D. Harris (Eds.), *Computers in education*. Proceedings of the IDIP TC3 4th World Conference on Computers in Education WCCE 85, 347-350. Amsterdam: North-Holland.

Kieran, C. (1979). Constructing meaning for the concept of equation. Mémoire de maîtrise inédit, Concordia University.

Kieran, C., Meynard, F., Senteni, A. (1986). Bilan et prospectives Logo. Association canadienne-française pour l'avancement des sciences, 54e congrès, Montréal.

Kintsch, W., Greeno, J. G. (1985). Understanding And Solving Word Arithmetic Problem. *Psychological Review, 92*, 109-129.

Kintsch, W., Miller, J. R., Polson, P. G. (1984). *Method and tactics in cognitive science*. Hillsdale: Lawrence Erlbaum.

Krutetskii, V. A. (1976). *The Psychology of Mathematical Abilities in School Children*. Chicago: University of Chicago Press.

Lambert, J. (1988). Construction de notions algébriques élémentaires chez des élèves de 6e année. Mémoire de maîtrise inédit, Université de Montréal.

Lapalme, G., Senteni, A. (1987). Une application de la méthodologie acteur à la définition d'une interface conviviale. Rapport de recherche.

Lemoyne, G., Senteni, A., Lapalme. G. (1987). Une expérimentation avec un système de représentation imagée de relations mathématiques simples. Rapport de recherche.

Lemoyne, G. (1983). Modèle informatique d'analyse de la compréhension de la suite des nombres naturels. *Proceedings of the fourth canadian symposium on instructional technology*. Conseil national de recherches Canada, 67-73.

Lemoyne, G. (1983). Les comportements mathématiques des jeunes enfants en tant que produits d'un système de traitement de l'information et reflets de méthodes d'apprentissage. *Revue des sciences de l'éducation,* vol. 9, n° 1, 85-105.

Lemoyne, G. (1987). Schémas de connaissance utilisés par des élèves du second cycle du primaire dans la rédaction de problèmes arithmétiques concrets. Congrès de l'Association canadienne en psychopédagogie.

Lemoyne, G., Legault, B. (1987). Schémas de connaissance à la base des représentations imagées d'expressions relationnelles mathématiques produites par des élèves de 9 à 12 ans dans un environnement de programmation objet. Proceedings of the eleventh International Conference of «Psychology of Mathematics Education», 35-42.

Lemoyne, G., Favreau, M. (1981). Piaget's concept of number development: its relevance to mathematic learning. *Journal for Research in Mathematics Education*, vol. 12, n° 3, 179-196.

Lemoyne, G., Tremblay, C. (1986). Addition and multiplication: Problem Solving and Interpretation of Relevant Data. *Educational Studies in Mathematics*, *17,* 97-123.

Lemoyne, G., Van Grunderbeeck, N., Bolduc, J. (1985). Interaction entre l'ordinateur«maître» et l'élève, dans quelques situations d'apprentissage. *Enfance, 2,* 133-145.

Lemoyne, G., Vincent, S. (1982). Intégration en mémoire de la suite des nombres naturels chez les enfants de première année. *Cahiers de psychologie cognitive*, 2, n° 3, 227-258.

Luerhrmann, A. (1979). Technology in Science Education: the Next Ten Years. *Technology and science education*. National Science Foundation.

Matz, M. (1980). Towards a computational theory of algebraic competence. *The Journal of Mathematical Behavior*, vol. 3, 93-166.

Mayer, R. E. (1983). *Thinking, Problem Solving, Cognition*. New Jersey: Freeman.

Merry, M. (1985). *Expert Systems 85*, Proceedings of the Fifth Technical Conference of the British Computer Society Specialist Group on Expert Systems. Cambridge University Press.

Perret-Clermont, A. N. (1979). *La construction de l'intelligence dans l'interaction sociale*. Berne: Peter Lang.

Perret-Clermont, A., Brun, J., Conne, F., Schubauer-Leoni, M. (1982). Décontextualisation et recontextualisation du savoir dans l'enseignement des mathématiques à de jeunes élèves. *Interactions didactiques, n° 1,* Juillet 1982.

Quéré, M. (1985). Expert systems: towards CAI of the future? *In* K. Duncan and D. Harris (Eds.), *Computers in education*. Proceedings of the IDIP TC3 4th World Conference on Computers in Education WCCE 85, 159- 163, North-Holland: Amsterdam.

Rosnick, P., Clement, J. (1980). Learning without understanding: the effect of tutorial strategies on algebra misconceptions. *The Journal of Mathematical Behavior*, *3*, n° 2, 3-27.

Lemoyne, G. et Savard, L. (1988). Représentations imagées de relations quantitatives chez des élèves du second cycle du primaine. *Bull. de l'Ass. mathématique du Québec, 28,* (2), 26-33.

Lemoyne, G., Senteni, A., Lapalme G. (1988). Enseigner les relations mathématiques simples à l'aide d'acteurs directement manipulables. Actes du 1er congrès européen en I.A. et formation, pp. 7-21. Lille, France.

Sleeman, D. (1984). An attempt to Understand Students' Understanding of Basic Algebra. *Cognitive Science*, vol. 8, 387-412.

Sleeman, D. (1986). Introductory Algebra: A case study of student misconception. *The Journal of Mathematical Behavior,* vol. 5, 52-55.

Sleeman, D., Brown, J. S. (1982). *Intelligent Tutoring Systems*, London: Academic Press.

Stevens, D. J. (1984). Microcomputers: An Educational Challenge. *Computers and Education,* vol. 8, n° 2, 263-67.

Sutherland, R. (1987). A study of the use and understanding of algebra related concepts within a Logo environment. Proceedings of the eleventh International Conference of «Psychology of Mathematics Education», 241-247.

Suydam, M. N. (1984). What research says: helping low-achieving students in mathematics. *School Science and Mathematics*, 437-439.

Thompson, P. W., Thompson, A. G. (1987). Computer presentations of structure in algebra. Proceedings of the eleventh International Conference of «Psychology of Mathematics Education», 248-254.

Vergnaud, G. (1981). *L'enfant, la mathématique et la réalité*. Berne Francfort: Peter Lang.

LE FABLIER INFORMATIQUE

Francis Meynard

Parmi les nombreuses fables informatiques écrites par l'auteur, nous en avons choisi quelques-unes pour illustrer les réactions du monde scolaire face à l'arrivée des ordinateurs, mais aussi pour susciter la réflexion à propos des logiciels, des langages de programmation et de la recherche en Application pédagogique de l'ordinateur (A.P.O.).

Francis Meynard, chargé de dossier à la Direction générale de la Recherche et du Développement du ministère de l'Éducation, a longtemps piloté le dossier des applications pédagogiques de l'ordinateur. Il a écrit de nombreux livres, articles et documents sur le sujet. Il est l'un des membres fondateurs de l'Association québécoise des utilisateurs de l'ordinateur au primaire et au secondaire (AQUOPS). Pendant presque quinze ans, il a dirigé et rédigé la revue *Bip-Bip*, et il y collabore encore. Depuis dix ans, il a publié dans chaque numéro un essai sous forme de «fable informatique».

JEU DE MASSACRE
juin 1982

Je voudrais camper en quelques étiquettes divers comportements des enseignants et des administrateurs en face de l'arrivée des ordinateurs.

Le déshumanisme

«La machine déshumanise l'homme.»

Très haute idée de l'homme, et piètre idée de la machine qui est le fruit de sa procréation. Vieux reste de manichéisme, ou angoisse post-coïtale?

Disons plutôt: «Certains hommes se servent de machines pour déshumaniser d'autres hommes, en les mettant au service de leur soif de pouvoir ou de profit».

Le robot-videur

«L'ordinateur placé par les administrateurs à l'entrée des classes pour mettre dehors les professeurs... et les remplacer.»

Rien à craindre pour la présente génération... peut-être pour la suivante. Un ordinateur, c'est bon, mais un bon maître et un ordinateur c'est mieux. Sans l'aide du maître, le microprocesseur est un micro-professeur.

Le pédago-relationniste

Souvenir de belles homélies de la fin des années soixante: «Seule compte la relation du maître avec les élèves. Les moyens et méthodes n'y changent rien.»

Je propose un test: vous mettez le prédicateur dans une classe de quarante élèves de 3e secondaire à la Polyvalente Mgr Parent avec seulement un tableau noir.

Le complexe du voisin

«Nos voisins (Ontario, États-Unis...) ont plus d'ordinateurs en classe que nous.»

Mon voisin a une plus belle pelouse (et une plus belle femme?) que moi.

Nos élèves doivent porter des bermudas à fleurs, puisque nos exemples du Sud en portent depuis 30 ans.

L'ordinateur génifère

«La machine à faire des génies.»

À peu près autant que le tableau noir... et à peu près autant de crétins aussi.

Ça dépend à quoi elle sert et comment on s'en sert. Avez-vous entendu parler des objectifs, des contenus, des approches pédagogiques, des méthodes et des activités en classe?

La médiaticomanie

«Seul l'enseignement médiatisé est bon.»

Je propose un film 16 mm couleur sonore pour enseigner aux futurs cols bleus le maniement du balai.

Morale: le moyen le plus simple (ici le balai) est toujours le meilleur.

Le super-pitonnage

«Mettez en classe une caméra ou un ordinateur et les enfants apprennent tout.»

Oui: ils apprennent à manipuler une caméra ou un ordinateur... et on les enverra suivre des cours privés pour acquérir le savoir structuré.

Le galacto-multiversel

«Nous voici à l'aube de la communication totale entre les mondes. Chacun pourra chez soi entrer en contact avec tout le savoir des univers.»

Et qui m'apprendra à penser en homme?

La mitraille

«Vive la télématique-canon, capable de cracher des notions de tous ordres et de débiter des dictionnaires.»

Question: Qui transformera les données en informations, s'occupera de leur mise en forme et de leur agencement pour en tirer un savoir organisé apte à permettre la prise de décision opérationnelle?

Le James Bond de la technologie éducative

«L'espion, par sa science infuse, sait, juste au moment dramatique, conduire une moto, un avion, un sous-marin, une fusée.»

L'éducateur 007, par la grâce du Saint-Esprit et sans aucune formation, se sert du vidéo-disque, de l'ordinateur, du vidéotex etc... de façon efficace et rentable pour les apprentissages!

La technologie pas chère

«Les nouvelles technologies coûtent de moins en moins cher (comparaison avec la Rolls-Royce...). On a le micro-ordinateur Timex-Sinclair pour 120 dollars.»

Essayez en classe... La plupart du temps, ce qui ne coûte pas cher ne vaut pas cher. La technologie la moins chère est encore celle du tableau et de la craie. Quand on veut un outil, on y met le prix.

L'ogre à la diète

«On achète les machines, on verra plus tard pour leur nourriture logicielle.»

Mon voisin a un superbe camion 6,9 litres qu'il sort le matin dans l'entrée et rentre le soir au garage (gare à la rouille). Tout le monde sait ainsi qu'il le possède. Mais il ne gagne pas assez pour le faire rouler.

Quelle tête ferait la reine de l'essaim si les abeilles mettaient tous leurs efforts à fabriquer des alvéoles en cire, sans jamais les remplir de miel?

La révolution portative

«Le truc révolutionnaire qui transformera automatiquement les mentalités des maîtres, des administrateurs, des parents...»

Si celui qui l'a introduit n'est pas mis à la porte dans les deux mois qui suivent.

L'école-musée

«Le musée est le moyen d'enseignement le plus tenace.»

Oui, nos écoles sont encore et pour longtemps des musées de la technologie du livre.

CONCLUSION

Le jeu de massacre est toujours facile. C'est à chacun d'entre nous de recoller les morceaux. Car il y avait des morceaux valables sous chaque étiquette. J'ai simplement voulu dénoncer les exagérations et les exclusivismes.

Bonne chance pour reconstruire le casse-tête! Après chaque échec d'une technologie, on croit l'avoir reconstitué en tenant compte de l'expérience acquise.

Mais c'est toujours à recommencer.

DE LA B1 AU P2

septembre 1982

Un beau jour de 1910, Monsieur Levite, toujours à l'affût des nouveautés, fit l'acquisition de sa première automobile: une resplendissante B1, de la célèbre marque Barouette. Elle lui fut livrée avec le réservoir plein à ras bord de cinq litres de gazoline à 80 d'indice d'octane.

Pour plus de sûreté, il emporta une réserve de cinq autres litres. On lui remit aussi un petit livret expliquant la manière facile de raffiner soi-même le pétrole à lampe ou la benzine pour obtenir du carburant, en prenant, bien sûr, les précautions voulues.

Sa première promenade en famille dans la B1 se termina par un retour peu glorieux à la maison derrière un gros cheval de trait. Car la coquine était plus gourmande que prévu. Après l'explosion de sa cuisine (non remboursable par son assurance), il renonça à la fabrication du liquide nourricier, enfourcha son vélocipède, et s'en fut à la ville acheter deux bidons de gazoline. L'expérience l'instruisant, il prit l'habitude d'emporter le vélocipède sur l'impériale de son automobile.

Soixante dix ans plus tard, Monsieur Levite, toujours vert, pouvait, à bord de son économique Toyota, trouver à chaque coin de rue un self-service lui offrant le choix entre l'essence ordinaire, la super, la sans-plomb, la super-sans-plomb et le gaz-oil pour diesel.

L'année suivante, les pompistes se mirent en grève pour protester contre leur faible marge de bénéfices. La consommation ayant baissé de 17%, ils se trouvaient en surnombre.

La même année, son petit-fils, Monsieur Levite Junior, acheta un micro-ordinateur personnel P2 (de la célèbre compagnie Pomme), et réussit à se procurer deux disquettes en français contenant un système de planification des naissances et un ensemble de recettes de profiteroles. Il emporta aussi un «guide de l'usager» en presque français, destiné à lui enseigner sans effort la programmation en BASIC (anglais).

Il eut vite épuisé les joies de la planification des naissances (sa femme ayant exigé une vasectomie) et profité des profiteroles qui lui laissèrent dix kilogrammes d'obésité permanente. Il voulut alors agrandir sa «programmathèque». Il eut beau parcourir tous les compu-centres et ordino-centres, il ne trouva en français qu'une collection de jeux intergalactiques ou croque-biscuits.

En désespoir de cause, il se mit courageusement à l'œuvre sur son P2 pour apprendre à programmer lui-même. Au bout d'un mois de trente... nuits de vains efforts, son épouse lui intima le perfide ultimatum: «Ou c'est lui qui sort, ou c'est moi qui m'en vais». Découragé, il renouvela son abonnement à la Presse et à la bibliothèque municipale, et s'engagea dans le GRAPPIN: «Groupe de Revendication et d'Action pour la Production de Programmes Informatiques Nombreux».

Aux dernières nouvelles, les officines gouvernementales viennent de publier deux beaux livres: «Bâtir l'avenir» et «Bâtir le Québec II» qui parlent de virage technologique. Il s'agira d'accélérer la recherche en communications, et d'utiliser les technologies de pointe pour la fabrication de la pâte à papier. Il y est aussi question d'informatique et de télématique.

Peut-être que dans dix ans Monsieur Levite pourra utilement retirer son micro-ordinateur du coffre de la Banque d'Épargne où il l'a enfermé par crainte des voleurs... et de sa femme.

Au moment de mettre sous presse, il ne nous est pas encore possible de prévoir quand les self-services en logiciels se mettront en grève pour protester contre le trop grand nombre de vendeurs.

JULOT ET LES PUCES
avril 1984

Anecdote nº 1

J'amenai un jour avec moi Julot, qui avait treize ans, à un séminaire organisé par une université, afin de montrer aux étudiants en «technologie éducationnelle» avec quelle facilité il pouvait lui-même programmer ses jeux en hexadécimal sur le 1802 de RCA.

On lui posa des questions féroces sur sa vie sportive, culturelle, artistique... et même sexuelle, car certains ne pouvaient accepter qu'un garçon de treize ans pût à la fois être normal et savoir programmer en «assembler» hexadécimal.

En sortant, Julot me demande: «Dis-moi, qu'est-ce que c'est, un assembleur?»

Anecdote nº 2

Nous avions au bureau depuis quelques mois un Apple II +. Il nous servait à des tas de choses mais aucun d'entre nous n'osait s'attaquer à l'utilisation de la carte «musique».

Un jour, Julot vint au bureau (il avait 14 ans) et demanda à Bernard de lui montrer comment fonctionnait l'Apple.

Quelques minutes plus tard, Julot faisait de la musique avec l'ordinateur.

Précisons qu'elle utilise le langage Pascal et que Julot ne l'a jamais su.

Anecdote n° 3

Pendant l'été dernier, Julot, âgé de seize ans, a été démonstrateur d'ordinateurs à Terre des Hommes. Il y avait une dizaine d'appareils différents, et il pouvait tous les faire fonctionner et fabriquer de petits programmes pour chacun. À la question: «Quel langage as-tu utilisé?», il a répondu évasivement: «Boh, j'sais pas...».

En fait, il avait employé un Logo anglais, deux Logos français, trois sortes de BASIC, un Pilot, et aussi un langage d'assemblage pour le robot Hero 1.

Anecdote n° 4

Julot a toujours 16 ans, et il étudie au cégep. Hier il m'a dit:

«Le prof de physique a cru nous faire une surprise en mettant un VIC-20 à notre disposition. Il nous a demandé d'écrire un petit programme. Je lui en ai fait six dans la soirée.

— Connais-tu le BASIC du VIC-20?

— Non, mais mes programmes fonctionnent...»

CONCLUSION

«Messieurs les papes, prophètes, chantres et guerriers des langages de programmation, passez au vestiaire».

Ce qui importe aux jeunes, c'est seulement «à quoi ça sert» et «comment ça fonctionne» et ils passent sans difficulté d'un mode de fonctionnement à un autre. Nouveaux «bourgeois gentilshommes», ils font de la prose informatique sans le savoir.

Mais c'est vous, «langagistes», qui donnez à cette prose des titres de langages, et qui essayez de les enfermer dans vos idéologies.

Ne vous en déplaise, nos jeunes ordinomanes préfèrent «Stars Wars» à «Language Wars».

Les années trente ont été le théâtre de bagarres épiques entre automobilistes partisans des transmissions à deux, trois, quatre ou cinq vitesses, synchronisées ou non, avec embrayage à pignons, à disque sec ou dans l'huile, ou centrifuge, etc. Pendant ce temps, un comique a inventé la transmission automatique. On «sent» moins sa voiture; on a moins «le sens de la mécanique», mais c'est efficace, solide et facile d'utilisation pour tous.

Viendra le temps où l'on n'aura plus besoin, pour utiliser l'ordinateur, que d'un «livre de fonctionnement» qu'on pourra connaître en une heure.

L'ASPIRINE ET L'ORDINATEUR
juin 1985

L'aspirine

Il y a plus de deux mille ans, les Romains, lorsqu'ils avaient mal aux dents, mâchaient des pousses de saule marinées dans du vinaigre (probablement pour mieux les conserver). Plus tard, on s'avisa que ce remède soulageait aussi les maux de tête, les rhumatismes et diverses autres douleurs bénignes. Chaque famille prit l'habitude ou plutôt le rite, le printemps venu, de récolter des rameaux de saule gorgés de sève, au moment où l'écorce peut se séparer facilement pour faire des pipeaux, puis de les placer dans des jarres ou des bocaux avec du vinaigre. Comme chacun sait, le vinaigre ne manque pas, dans le monde méditerranéen où la chaleur ne favorise pas toujours la conservation des vins à faible teneur d'alcool. Chaque maison avait donc sa réserve bon marché de panacée anti-douleur. On en fit même des concentrés, des décoctions et des baumes. Certains allèrent jusqu'à mélanger la sève de saule à l'urine de jument enceinte pour, paraît-il, apaiser les douleurs des parturientes.

Quand les Européens conquirent l'Amérique, ils eurent la surprise de découvrir que les Indiens avaient coutume, pour lutter contre les fièvres, de mâcher de l'écorce de saule, en même temps que je ne sais quelle plante acide, le vinaigre de vin leur étant inconnu.

Plus tard, la médecine dite moderne contesta ce remède de bonne femme, mais ce fut en vain. Les gens du commun continuèrent d'y recourir. Alors on l'analysa, et l'on baptisa son élément actif du nom très savant d'acide «acétyl-salycilique» (étymologiquement vinaigre-saule).

Au début de ce siècle, un jeune et brillant chimiste suisse réussit à synthétiser cet acide sous la forme d'une poudre blanche qu'une compagnie pharmaceutique commercialisa en comprimés sous le nom désormais célèbre d'«aspirine», en lui associant les qualités de «fébrifuge et analgésique».

Qui n'a utilisé ce médicament peu coûteux, efficace et facile à se procurer partout sans prescription? Or, la recherche systématique sur ses modes d'action et ses effets est toute récente. Bien sûr, on avait depuis longtemps constaté qu'il ne fallait pas l'administrer aux femmes pendant leurs menstruations, mais c'est seulement il y a vingt ans qu'on a compris qu'elle agissait surtout en rendant le sang plus fluide. On lui découvre encore de nouvelles vertus, comme d'économiser le cœur des cardiaques, et des inconvénients comme de faire trop bon ménage avec certains virus de la grippe.

L'ordinateur

Pourquoi vous avoir entretenus si longuement de ce sujet pharmaceutique? Parce qu'il illustre fort bien un problème qui se pose dans l'introduction des microordinateurs en pédagogie.

En effet, certains chercheurs recherchés ou décideurs pas décidés prétendent qu'il est imprudent d'utiliser l'ordinateur en classe avant d'avoir effectué de longues recherches fondamentales à ce sujet.

L'humanité n'a pas découvert les champignons comestibles en les analysant en laboratoire. C'était pourtant une expérimentation autrement périlleuse que l'emploi de deux micro-ordinateurs par école dans l'enseignement.

Pendant ce temps, heureusement, une multitude d'innovateurs essaient cette nouvelle technologie en un grand nombre d'utilisations différentes, et ils voient bien si ça fait du bien ou si ça fait du mal.

Malheureusement, ils s'agitent comme des queues de veaux, car ils n'ont pas suffisamment de ressources, de guides et de guidage pour faire de la bonne recherche-développement et de la bonne recherche-appliquée.

Nous ne pouvons pas nous permettre de perdre plus de deux mille ans en tâtonnements comme dans le cas de l'aspirine, et l'on n'aura pas assez de toutes les têtes bien pleines et de toutes les têtes bien faites, pour assurer la réussite des recherches en cours.

Messieurs les chercheurs et les décideurs, cela est juste et bon que s'instaure un jour la recherche fondamentale dans ce domaine, mais laissez donc d'abord un certain nombre d'ordinateurs entrer dans le milieu scolaire, et aidez plutôt les gens audacieux à essayer de faire des choses valables avec ces machines. Il sera toujours temps, ensuite, de chercher les pourquoi et les comment.

L'aspirine et l'ordinateur

Et si mon discours ne vous a pas convaincus, je pourrai toujours en justifier le titre: «l'aspirine et l'ordinateur», en réaffirmant hautement la nécessaire complémentarité de ces deux entités, compte tenu des matériels, des logiciels et des genres d'applications qui sévissent actuellement dans nos écoles...

ASPECTS INTELLIGENTS DES INTERFACES DE COMMUNICATION ET UTILISATION EN ÉDUCATION

Aude Dufresne

L'intégration de l'informatique à l'école peut se faire de diverses façons, à travers l'utilisation de systèmes d'enseignement informatisés ou simplement par la mise en contact avec des logiciels que l'étudiant utilise. Différents aspects des interfaces des systèmes informatiques peuvent en faciliter l'appropriation. Un certain nombre de pistes nouvelles s'ouvrent à l'expérimentation et à la recherche dans ce domaine: progiciels, univers de la simulation, interface à hiérarchie de plans, «groupware».

Aude Dufresne, Ph. D., professeure au départment de Communication, faculté des Arts et Sciences de l'Université de Montréal. Madame Dufresne détient un Ph. D. en psychologie de l'Université de Montréal, dans le domaine de la modélisation informatique des processus d'apprentissage et de l'analyse automatisée des protocoles. Madame Dufresne travaille depuis de nombreuses années en Intelligence Artificielle et au développement de systèmes informatisés de communication. Ses recherches touchent aux problèmes de design et aux problèmes de l'intégration de ces systèmes dans divers milieux: enseignement, grand public (télétexte), diagnostic, entreprise. Sa recherche sur l'utilisation des salles de micros dans une école du Québec (*Apprentissage et socialisation*, 1988) a été très bien accueillie.

La présente analyse porte sur les prospectives actuelles de développement de l'informatique en éducation. Partant d'un regard critique sur les divers champs d'intégration de l'informatique en milieu d'apprentissage, que ce soit pour l'enseignement de contenus divers ou pour l'apprentissage de la programmation, elle fait ressortir les difficultés que pose le rapprochement de ces deux univers complexes. En milieu éducationnel, l'ordinateur a été utilisé soit pour des apprentissages de notions simples, à l'aide de systèmes faciles d'utilisation mais peu stimulants et ne permettant qu'un apprentissage par coeur (EAO); soit pour le développement de notions complexes, à l'aide de systèmes intelligents et stimulants, mais sur des contenus très limités (EIAO); soit enfin comme un outil aux multiples possibilités, mais complexe à aborder dans le contexte scolaire (apprentissage de la programmation ou des outils informatiques).

Le problème de l'appropriation des outils informatiques n'est pas unique à l'éducation et diverses recherches sur les interactions humain-ordinateur sont citées en ergonomie cognitive, qui suggèrent des orientations nouvelles de développement des interfaces, afin de favoriser l'intégration, l'acceptation et la diversification des applications informatiques. En effet, les recherches en psychologie cognitive ont influencé le développement de nouveaux genres d'interfaces de communication informatisée, et ces nouveaux outils peuvent être utilisés pour développer la recherche et les applications en éducation.

1. INTÉGRATION DE L'INFORMATIQUE EN ÉDUCATION

Le milieu de l'éducation a cherché à intégrer les ordinateurs de diverses façons, soit comme outil ou comme objet.

Un premier volet d'utilisation est celui de l'apprentissage de la programmation. Selon Papert (1980), la pensée humaine fonctionne de façon semblable à un ordinateur, aussi l'apprentissage de la programmation Logo devrait développer les capacités de penser des enfants, en les amenant à formaliser leurs processus. Inspirés de ces principes, des cours de programmation ont été offerts, d'abord aux niveaux supérieurs, puis pour les plus jeunes. Plusieurs en ont profité, mais contrairement aux attentes, la programmation n'est pas encore devenue aussi généralisée que le calcul ou le français. De plus, parmi ceux ayant suivi les cours, très peu s'en servent dans la vie courante, malgré le coût réduit et la grande diffusion des micro-ordinateurs. Même le Logo, qui permet pourtant de créer des dessins, n'est pas très populaire. L'expérience montre qu'en l'absence d'un soutien important de la part d'un adulte, très peu d'élèves parviennent à générer des procédures complexes et les jeunes se désintéressent vite d'une activité qui leur apparaît à la fois compliquée et restreinte. En effet, au delà de l'apprentissage de la syntaxe, les usages possibles et les façons de concevoir des systèmes plus puissants leur semblent inaccessibles (diSessa,1986).

Un second volet de développement est celui de l'enseignement par ordinateur (EAO). Il existe certes divers systèmes pour l'apprentissage du calcul ou du français, où le sujet doit progresser en parcourant une suite de leçons ou d'exercices tout en étant évalué. Ces leçons prennent parfois l'apparence de jeux sur la géographie, le calcul ou le français (comme la montgolfière ou le jeu de château, qui font partie de la «valise» du ministère de l'Éducation du Québec), mais ces jeux sont en général limités à quelques exercices, leur format est toujours le même et l'étudiant peut en épuiser le contenu en quelques leçons. Dans certains cas, le professeur pourrait développer de nouveaux exercices, mais il y a des limites au bénévolat et, pour «aller jouer dans la machine», ils ne reçoivent souvent que très peu de soutien et d'information. Un autre aspect à déplorer dans l'utilisation de ces jeux est que souvent l'apprenant peut gagner des renforcements extrinsèques (musique, apparition d'un dessin, etc.), sans avoir manifesté une réelle maîtrise de la matière. Il découvre très vite un raccourci à l'apprentissage visé (utiliser l'addition, plutôt que la multiplication, etc.) (voir Dufresne et Isabelle, 1988). Enfin, les systèmes d'EAO peuvent certes faire certaines choses, mais ils sont surtout discutables pour ce qu'ils ne font pas: en effet, ils n'encouragent la plupart du temps qu'un apprentissage par cœur des concepts (qui souvent se fait par essai et erreur), ce qui n'est pas le seul aspect d'une formation, dans quelque domaine que ce soit.

Enfin, certains systèmes «intelligents» d'enseignement (EIAO) ont été développés par les milieux de recherche. Une des principales limites des systèmes d'EAO précédemment décrits est, en effet, qu'ils ne cherchent qu'à enseigner la connaissance visée et sont incapables de tenir compte des différents niveaux possibles de connaissances intermédiaires. Ainsi, le système peut difficilement détecter et expliquer les erreurs. Au contraire, comme le dit Soloway (1986), les systèmes intelligents savent résoudre les problèmes posés à l'étudiant et peuvent donc mieux déduire d'où viennent les erreurs et quels éléments manquent. Les systèmes intelligents d'enseignement par ordinateur sont relativement peu nombreux, ils portent habituellement sur des domaines restreints, pour lesquels les connaissances et les règles sont alors spécifiées. La principale limite de ce genre de système est qu'ils sont rares et coûteux. Mais voyons plus précisément les aspects intéressants qui les caractérisent.

2. PREMIERS SYSTÈMES D'INTELLIGENCE ARTIFICIELLE EN ÉDUCATION

Pour rendre intelligents les systèmes d'enseignement par ordinateur, la première étape a été de chercher à décrire les connaissances du domaine à enseigner, de façon à pouvoir mieux diagnostiquer les erreurs et à ajuster les explications en conséquence. Certains de ces systèmes ont cherché à décrire les erreurs, les méthodes erronées, et à les corriger. D'autres apparaissent comme une extension des systèmes d'EAO: ils présentent une décomposition adéquate de la matière à enseigner et fournissent à l'étudiant l'occasion de l'explorer en prévoyant de multiples tests et voies secondaires, qui tiennent compte des cheminements possibles de l'étudiant. Comme l'a montré Clancey (1986), le modèle utilisé dépend des propriétés du problème à enseigner: connaissances spécifiques, lois fonctionnelles, résolution heuristique ou algorithmique. Nous donnerons deux exemples typiques de ces systèmes basés sur la description des connaissances.

Un des premiers programmes développés, le système *Buggy* (Brown et Burton, 1978) sur l'apprentissage du calcul, s'intéressa à la catégorisation et au feedback à donner selon différents types d'erreurs. Le système caractérise le domaine par un ensemble de buts et, pour les atteindre, par un ensemble de méthodes justes et erronées. Évidemment, la correction d'erreurs n'est pas toujours suffisante pour faire progresser les connaissances. Aussi, ils ont développé par la suite le système *Debuggy*, qui combine des fonctions de diagnostic avec un algorithme permettant de générer des exemples appropriés. Ce genre de modèle est approprié pour des domaines bien définis, où le nombre de possibilités de comportement est restreint et où le but cherché est unique et fixé à l'avance (*Advisor, Guidon II*). Cependant, dans des domaines de résolution plus complexe, une telle approche est très limitative.

D'un autre côté, avec l'intérêt pour les modèles de représentation des connaissances, divers systèmes ont été développés en utilisant la représentation sémantique des concepts à apprendre pour se conformer à une stratégie pédagogique. Woolf et McDonald (1983) développent ainsi une stratégie pédagogique utilisant les graphes de représentations génétiques (Goldstein, 1979); chaque concept à apprendre est un nœud dans le réseau et des règles spécifient de quelle façon l'élève doit explorer ces nœuds: quels sont les concepts élémentaires à posséder d'abord, les exemples ou les concepts avec lesquels on peut tester la généralisation, etc. Le système conserve une image des nœuds du réseau explorés et réussis par l'élève et cherche à étendre ses connaissances en lui faisant explorer les branches avoisinantes. Des stratégies pédagogiques simples sont utilisées: explorer la compétence, corriger les connaissances fausses, fournir un peu d'information, explorer le niveau d'intégration de l'information nouvelle, etc. Le système intègre donc:

un modèle du domaine:	le réseau des connaissances
un modèle de l'usager:	les parties explorées du réseau
un modèle du tuteur:	règles guidant l'exploration des parties adjacentes du réseau exploré (c'est-à-dire si une nouvelle connaissance est acquise, alors tester si elle peut être généralisée)

Ce modèle a l'avantage de permettre à la fois le diagnostic des erreurs et l'enseignement de nouveaux concepts. Il a été développé pour un jeu d'exploration (*Wumpus*), et appliqué à l'apprentissage de la géographie et de la programmation de procédures simples. L'organisation des concepts sous cette forme limite nécessairement le domaine et l'ampleur possible des applications. En effet, si on regarde le jeu de *Wumpus*, qui en est l'origine, il consiste à explorer un labyrinthe, dont chaque couloir et chaque pièce doivent être définis. De plus, ce type de modèle évalue le développement de connaissances précises; il ne peut, par exemple, s'élargir facilement à l'apprentissage de processus plus complexes de résolution de problèmes. Par exemple, pour l'apprentissage de la programmation, les erreurs de syntaxe peuvent être assez facilement détectées; cependant, les erreurs dans l'élaboration d'opérations plus complexes et la façon de faire progresser l'apprenant dans cette direction ne sont pas cernables par le programme.

Les concepteurs de systèmes intelligents d'enseignement par ordinateur ont privilégié surtout la dimension du contenu à apprendre et l'analyse des tâches ou des erreurs liées à cet apprentissage. Cependant, si l'on veut maximiser l'utilisation des ordinateurs en éducation, il faut chercher à développer un environnement d'apprentissage qui, sans être aussi explicite (et donc limité et coûteux), favorise néanmoins l'exploration et le développement des connaissances. Pour cela, il faut chercher à considérer de façon plus générale les propriétés de communication requises, pour faciliter l'apprentissage d'une matière sur un système informatisé (Frye et Soloway, 1987). Selon Brown (1983), pionnier de cette nouvelle approche, il faut pour cela planifier les systèmes, non en fonction des produits mais bien des processus. Un bon environnement d'apprentissage doit utiliser les caractéristiques de l'ordinateur pour mémoriser et organiser l'information, et s'en servir pour faciliter la représentation des concepts et leur organisation, pour inciter à l'exploration et pour faciliter la correction des erreurs, en fournissant à l'usager un reflet de ses processus. Stefik (1986) parle d'un nouvel outil interactif de connaissance.

Pour développer plus avant les modèles d'enseignement informatisé, il apparaît important de chercher un compromis entre les petits exercices de l'EAO, l'environnement multiple mais non structuré de l'apprentissage de la programmation et, enfin, les systèmes intelligents basés sur le morcellement des connaissances. En effet, les divers essais d'intégration de l'informatique en éducation illustrent la difficulté à introduire un objet aussi complexe que l'ordinateur dans une activité d'enseignement. La tâche d'enseignement fait certainement partie des problèmes mal définis et ce pour les deux acteurs en cause: d'une part, le professeur doit évaluer les connaissances de l'élève et lui en apprendre de nouvelles; d'autre part, l'apprenant doit cerner les connaissances à apprendre et les utiliser. Pour transposer la complexité de cette résolution sur un système informatisé, il faut tenir compte des activités cognitives qui sont en jeu et voir à ce qu'elles puissent trouver place sur ce nouveau médium.

3. DES PROBLÈMES DE CONNAISSANCE AUX PROBLÈMES DE COMMUNICATION

L'étude des interactions humain-ordinateur explore les problèmes d'utilisation des systèmes informatisés et jette un éclairage important sur cette problématique. En effet, l'utilisation d'un ordinateur, même au simple niveau de choix des menus, suppose toujours une adaptation de l'usager; ces problèmes de communication sont donc primordiaux, pour qui cherche à faciliter un apprentissage quelconque. En effet, l'utilisation d'un système informatisé suppose la transcription des intentions de l'utilisateur dans les termes acceptés par le système. Ceci ne constitue pas une tâche qui va de soi. En effet, plus les systèmes symboliques sont distincts et complexes, plus difficiles sont la conception et l'évaluation des opérations. Il est donc important de cerner les diverses phases du processus d'interaction en situation d'apprentissage, de considérer comment les limites cognitives et motivationnelles des sujets peuvent jouer dans une telle situation, et enfin quels aspects des systèmes informatisés peuvent favoriser ou freiner ce processus.

a) Problématique de l'adaptation aux systèmes informatisés

Norman (1986) décrit différents critères pour évaluer la complexité de transfert des processus requis pour utiliser un système informatisé; selon lui, il faut considérer différents niveaux de difficulté:

Difficulté à identifier: Le sujet doit identifier les correspondances entre les deux systèmes symboliques: quelle commande permet d'effacer, laquelle sélectionne un paragraphe, etc.

Difficulté à contrôler: Certaines opérations sont souvent plus ardues à contrôler, soit parce qu'elles exigent une certaine dextérité (synchronisme des commandes, désignation précise) ou parce qu'elles exigent un grand nombre d'étapes, souvent difficiles à mémoriser, à cause de leur caractère arbitraire (ponctuation dans les commandes, etc.)

Difficulté à évaluer: Il est parfois difficile d'évaluer si les résultats cherchés sont atteints et, sinon, ce qui s'est passé.

De plus, le nombre de commandes ou d'opérations différentes que suppose un système informatisé vient compliquer considérablement leur apprentissage. En effet, si l'on pense à l'apprentissage de deux commandes dont les effets se combinent, par exemple le thermostat d'un réfrigérateur et celui d'un congélateur, il est très difficile de savoir les ajuster en situation réelle. C'est ainsi que, dans l'exemple choisi, il faut également tenir compte des facteurs de température extérieure et des contenus qui varient. On peut donc imaginer la difficulté que suppose l'apprentissage d'un système informatisé comportant un nombre beaucoup plus grand d'opérations ou de situations possibles.

Pour illustrer le processus d'adaptation aux systèmes informatisés, Norman (1986) parle du fossé entre l'univers physique et l'univers du système, fossé qu'il faut traverser pour concevoir ce qu'on veut faire et aussi pour évaluer les résultats obtenus.

Il décompose le processus de communication en diverses phases, reliées d'une part à la conception d'une application et d'autre part à l'évaluation de ce qui est produit:

Phases de conception: Préciser ses intentions, les décomposer en une série d'actions, transcrire ces actions dans le langage du système.

Phases d'évaluation: Identifier à l'écran les résultats de l'opération ou les messages du système, en interpréter la signification, évaluer le niveau de réalisation des intentions et réajuster celles-ci en conséquence.

Selon lui, la distance est la même dans les deux sens, c'est-à-dire que plus le sujet a dû faire d'inférences, d'ajustements et de transformations pour adapter ses buts au système, plus il aura de la difficulté à évaluer ce qu'il a mal fait et ce qu'il peut faire d'autre.

En situation d'apprentissage ou de résolution de problèmes complexes, les caractéristiques de l'interface sont d'autant plus importantes. L'usager fait nécessairement plus d'erreurs et peut avoir de la difficulté à distinguer les erreurs dues à sa compréhension du système de celles dues à sa compréhension du domaine de connaissance. À titre d'exemple, les délais de réponse du système peuvent nuire à la résolution (Goodman et Spence, 1978): s'il sont irréguliers, ils peuvent amener l'usager à évaluer négativement une méthode et à essayer autre chose sans attendre; dans certains cas, ils favorisent au contraire plus de réflexion avant d'émettre une commande (Grossberg, Wilson et Yntema, 1976).

Van der Veer, Tauber, Waerm et Muylwuk (1985) décrivent de façon fort intéressante comment des facteurs de personnalité comme l'impulsivité, la peur de l'échec, la dépendance de champ ou les styles d'apprentissage entrent en interaction pour compliquer la situation d'adaptation. Selon eux, il est important d'introduire des éléments de métacommunication pour tenir compte de ces aspects. Ils définissent la métacommunication comme l'ensemble des activités qui ont pour fonction de faciliter la communication. Certains problèmes généraux existent, en effet, dans toute situation d'apprentissage et il est important de définir les principes de métacommunication pouvant faciliter l'interaction par rapport à divers aspects du processus: recherche d'information, élaboration de stratégie, apprentissage fondé sur les erreurs, motivation à la pratique et à l'exploration, etc. (Brown, 1983). Ainsi, les façons d'introduire, de rappeler et d'encourager la formulation de stratégies, d'informer sur la progression et de rendre accessible un rappel de ce qui a été fait, sont autant de techniques qui peuvent être ajoutées pour faciliter la résolution et l'apprentissage à l'aide de systèmes informatisés.

De plus, les problèmes d'adaptation sont très différents au fur et à mesure que l'usager acquiert une certaine expertise, ce qui devrait être considéré dans le développement d'interfaces pour l'éducation; au début, l'usager ne peut pas identifier la signification des symboles, la structure et l'étendue des possibilités; par la suite, il possède une meilleure représentation du système, il cherche les raccourcis et peut profiter de suggestions plus techniques. Il acquiert alors un style qui peut être reconnu, favorisé et utilisé par le système.

Par rapport à l'apprentissage de la programmation ou d'applications complexes, Carrol et Rosson (1985) définissent les propriétés du processus de design et montrent que celui-ci est non hiérarchique, qu'il procède par des approximations et des transformations successives; en ce sens, le processus d'apprentissage des systèmes informatisés complexes ne peut se faire de façon trop structurée, mais doit permettre la recherche graduelle d'une formulation adéquate.

Enfin, selon diSessa (1986), un des principaux problèmes actuels est celui de la «barrière d'utilité». Il faut savoir jouer avec l'ordinateur, il faut y avoir touché, mais au-delà de cela, à quoi sert-il? On n'apprend pas aux gens la poésie ou la réthorique en leur montrant la grammaire, et les programmes actuels en milieu d'éducation n'ont pas toujours l'envergure et les qualités requises pour susciter et justifier l'investissement de temps nécessaire pour apprendre des utilisations plus complexes.

Une des solutions envisagées, pour faciliter l'adaptation aux systèmes informatisés, est d'élaborer un système utilisant la langue naturelle, ce qui pourrait minimiser pour l'usager l'apprentissage d'un nouveau système symbolique.

b) Utilisation de systèmes en langue naturelle

Certains systèmes d'enseignement, qui utilisent la langue naturelle, ont été développés. Le système possède parfois des règles de composition ou de décomposition syntaxique, indépendantes du système sémantique, mais le plus souvent ces systèmes utilisent des schémas d'intervention, auxquels viennent se greffer des connaissances spécifiques. Évidemment, ces systèmes ne peuvent porter que sur des domaines restreints, mais de plus ils ne semblent pas régler tous les problèmes. En effet, certaines recherches montrent que l'utilisation de la langue naturelle pose quelques problèmes, entre autres au niveau du transfert inapproprié de schémas propres à la langue, de la combinaison logique des énoncés et de l'utilisation de référents (Allen, 1982). Pour l'usager, les énoncés à lire ou à écrire s'avèrent plus longs, ce qui allonge le temps d'exécution (Giroux et Larochelle, 1987). Les sujets font souvent moins d'erreurs avec un langage stéréotypé, structuré et approprié à la tâche; cependant, plus ce langage est près de la langue naturelle (abréviations), plus il est cohérent et moins il y aura d'erreurs. Mais la principale limite des systèmes en langue naturelle est qu'ils sont encore incapables de faire face à la complexité du dialogue en situation non restreinte (Michaelis *et al.*,1982).

Il semble donc que tous les problèmes de communication des systèmes d'enseignement par ordinateur ne peuvent se régler à court terme par l'intégration de la langue naturelle, d'une part à cause du coût et des difficultés à généraliser ce genre de systèmes, et d'autre part parce que cela ne réduit pas vraiment la tâche de formalisation des intentions par l'usager. En effet, même en langage naturel, l'usager doit spécifier et décomposer ses buts ainsi que les évaluer. Faciliter l'élaboration des séquences d'action est un problème à résoudre quel que soit le langage de communication utilisé.

Il semble donc qu'en attendant le tuteur qui aura une base de connaissance et des capacités de compréhension et d'expression verbale relativement générales, il est important d'aider l'usager à s'y retrouver et à progresser dans le langage de l'ordinateur, et pour cela il faut chercher à intégrer aux recherches ce que suggèrent les recherches actuelles sur les interactions humain-ordinateur. Si l'on veut éventuellement favoriser le développement de processus d'interaction intelligents et complexes, tant du point de vue de l'apprenant que du point de vue d'un tuteur informatisé, il semble important de fournir un environnement permettant ce type d'activités. Voyons donc quelles caractéristiques devraient posséder des environnements d'apprentissage, faciles d'utilisation.

4. PRINCIPES DE DESIGN DES INTERFACES DE COMMUNICATION

a) Aspects cognitifs et motivationnels

Les limites cognitives des utilisateurs sont à considérer dans le design de toute interface de communication.

1) Les limites de perception: si les signes sont trop petits, trop semblables ou trop nombreux, ils risquent davantage d'entraîner des erreurs de compréhension ou d'utilisation.
2) Les limites de mémoire à court terme: l'usager a de la difficulté à considérer simultanément plusieurs éléments; il est préférable qu'il les aborde en succession ou qu'il puisse les organiser en sous-unités.
3) Les limites de mémoire à long terme: pour être emmagasinées et rappelées, les connaissances doivent être organisées; le temps pour assimiler et la répétition favoriseront également l'apprentissage.

D'autre part, la motivation est un facteur primordial pour un système d'apprentissage; en effet, l'anxiété nuira, alors que l'intérêt favorisera l'utilisation, l'exploration et l'attention essentielles au développement et à la rétention des connaissances.

Considérant ces contraintes, Schneiderman (1980) décrit diverses caractéristiques ergonomiques que doit posséder un système pour être agréable, compréhensible et facile à utiliser:

1) D'une part, le système doit être facile à apprendre. Pour cela, le vocabulaire utilisé doit signifier sans ambiguïté l'opération qu'il commande, il doit être restreint et introduit graduellement. Des correspondances physiques doivent exister autant que possible entre les deux systèmes symboliques. Laurel (dans Norman et Draper, 1986) parle de mimer l'univers réel. Ainsi, non seulement les objets mais les opérations sur ces objets seront plus facilement

identifiés. Duke (1974) et Owen (1986) soulignent qu'il faut cependant se méfier des correspondances erronées entre la représentation du système et l'univers physique, que celle-ci utilise des mots ou des icônes. Comment se vide une poubelle ? Comment se fouille-t-elle?

2) Le système doit laisser, autant que faire se peut, le plus de contrôle possible à l'usager. En effet, plus l'usager a de contrôle, plus il aura de la facilité à ordonner ses activités en fonction de sa compréhension, plus il subordonnera en quelque sorte les actions à ses buts et plus il sera en mesure de s'évaluer et de se réajuster.

3) Le système doit être transparent. Il doit rendre visibles les opérations effectuées. Les opérations possibles du système et de l'usager doivent être proposées de façon évidente. Lorsqu'elles sont effectuées, elles doivent être le plus apparentes possibles. L'usager doit voir ce qui se passe au fur et à mesure.

4) Le système doit être facile à retenir. Divers aide-mémoire peuvent être introduits pour favoriser le rappel des opérations effectuées, de l'état du système et du problème. La présence de ces aide-mémoire crée une situation de répétition, qui favorise la mémorisation de la structure générale du système et des connaissances.

5) Le système doit favoriser la fermeture, c'est-à-dire découper la tâche en unités distinctes. En effet, selon Arblaster (1982), diverses recherches montrent qu'il est plus facile de développer des pro-

grammes, lorsque la tâche peut être divisée en sous-tâches distinctes dont les relations sont clairement établies. Le même principe s'applique à toute utilisation d'un système informatique; en effet, plus la tâche est circonscrite, plus il est facile de la planifier, de l'exécuter et de la corriger.

6) Enfin, le système doit minimiser l'anxiété, d'une part pour être agréable et d'autre part parce que l'anxiété nuit aux activités cognitives.

Selon Bensabat et Wand (1984), un bon système interactif doit être souple, mais doit toujours laisser à l'usager le contrôle du type d'interaction qu'il préfère. Dans ce sens, il y a divers principes à respecter: l'apprentissage du système doit se faire par expérience, car un système interactif est très difficile à expliquer; il est aussi important de considérer les forces que les faiblesses des usagers; les actions du système doivent toujours être une conséquence claire des actions de l'utilisateur; le système peut utiliser la trace et des modèles d'usagers pour s'adapter au style de l'utilisateur et l'aider s'il est en difficulté; l'usager doit avoir la possibilité de prendre l'initiative en spécifiant un groupe d'instructions ou d'attendre que le système lui en fasse la demande; le système doit permettre à l'usager d'utiliser des abréviations ou de spécifier lui-même des classes ou des commandes; la terminologie et les opérations doivent être uniformes dans tout le système; chaque opération doit posséder des fonctions d'aide, de vérification, d'arrêt d'exécution et éventuellement des valeurs de défaut ou des fonctions de correction.

Au plan motivationnel, l'étude des jeux vidéo (Malone, 1984; Duke,1974) fait ressortir divers aspects pouvant favoriser l'intérêt des utilisateurs:

- présence de rétroaction (information sur sa performance);
- aspect constructif de la rétroaction (information sur la façon d'améliorer sa performance);
- pointage cumulatif;
- effets de surprise ou de hasard;
- utilisation de la compétition ou de la coopération;
- addition de musique;
- addition de fantaisie intrinsèque ou extrinsèque (illustration, personnalisation, dramatisation, ayant un rapport avec le contenu ou non).

L'étude de Malone (1984) semble même indiquer que ces divers aspects peuvent jouer différemment en fonction du sexe des utilisateurs (les filles réagiraient moins bien au pointage, les garçons moins bien à la rétroaction constructive). Les systèmes informatisés pourraient ainsi servir à expérimenter divers aspects des stratégies didactiques, et éventuellement à fournir des systèmes qui s'adapteraient au style d'apprentissage de l'utilisateur.

b) Émergence de systèmes à manipulation directe

Pour répondre à ces diverses exigences, une nouvelle génération d'interfaces a été développée, utilisant la «manipulation directe» des unités du système informatisé. Comme l'explique Schneiderman (1980), ces systèmes ont entraîné un meilleur apprentissage et un certain enthousiasme chez les utilisateurs: apprentissage facile, maîtrise, sentiment de compétence, motivation à l'utiliser, à en apprendre de plus en plus et à le montrer.

Le Macintosh est le représentant de cette génération: il a eu un tel succès que, de plus en plus, des développements de logiciels s'en inspirent. Pour caractériser certains aspects des systèmes à manipulation directe, Schneiderman (1980) décrit l'exemple du traitement de textes:

- affichage de la version finale du texte;
- mouvement visible du curseur et mise en évidence des choix;
- lien physique entre l'opération qui désigne et celle qui est désignée (à droite, pointer, etc.);
- affichage immédiat;
- rapidité d'affichage et d'opération;
- action facilement réversible.

Ces propriétés des systèmes semblent diminuer l'anxiété chez les utilisateurs (réversibilité), favoriser la rétention chez les usagers occasionnels, accélérer l'utilisation par les experts, permettre une meilleure évaluation et adaptation des buts visés au système.

Divers logiciels ont été conçus en s'inspirant des principes de la manipulation directe: les chiffriers électroniques, les bases de données, les systèmes de manipulation graphique (design architectural, conception d'animation), les systèmes de simulation (simulateur de vol, système de conception musicale, simulation de principes physiques), etc.

Sheil (1983) montre que la conception des systèmes à manipulation directe a découlé des besoins ressentis par les chercheurs en intelligence artificielle. En effet, la modélisation de systèmes, qui ne sont pas toujours bien définis, se fait de façon itérative, par l'exploration, la combinaison et la vérification graduelle (Brown, 1983). Il est facile de voir la correspondance entre cette situation et celle de l'étudiant, qui doit utiliser un outil pour explorer un domaine de connaissance inconnu. Dans cette situation le problème est certes mal défini, les éléments sont disparates et les règles liant entre eux les éléments de connaissance et ceux du système doivent être construites par approximation. Les systèmes à manipulation directe favorisent un tel apprentissage en rendant plus accessibles les éléments et les opérations du système.

c) Émergence de progiciels ou systèmes possédant une sémantique plus générale

Les systèmes à manipulation directe ont été associés au développement de progiciels, c'est-à-dire de programmes ayant une sémantique très générale, que l'usager peut composer et spécifier à sa guise. Très proches des langages de programmation, les progiciels sont cependant plus spécifiques et plus accessibles pour les usagers. La sémantique y est spécifique, mais s'applique à un grand ensemble d'applications. Voici quelques exemples de progiciels et d'applications possibles dans chaque cas:

Progiciel	Applications
bases de données	information formation bibliographie informations diverses
conférences par ordinateur	conférences messagerie bases de données partagées sondages, etc.
chiffrier	comptabilité gestion d'inventaires gestion de grille horaire, etc.
logiciel de système expert	prise de décision en gestion diagnostic classification automatisée de l'information, etc.

Ces différents progiciels facilitent la création, la transformation, l'enregistrement, la consultation, la composition et l'impression de données textuelles et numériques. Ils peuvent habituellement être utilisés par des usagers n'ayant aucune formation en programmation. Certains progiciels permettent même à l'usager de définir des règles «intelligentes» pour utiliser des informations enregistrées ou pour résoudre des problèmes.

En fait, la gestion d'un grand nombre d'informations pose des problèmes qu'aucun système classificatoire simple ne peut résoudre. Il devient cependant possible d'utiliser les propriétés spécifiques des ordinateurs pour installer des fonctions de vérification, de contrôle, de contraste et d'organisation des informations, afin d'assurer la qualité de ce qui est enregistré et la facilité d'accès à ces informations. Ainsi, certains progiciels offrent des fonctions permettant:

- de corriger certaines fautes;
- d'éviter les redondances dans les textes;
- de classifier automatiquement l'information en fonction de ses caractéristiques;
- de définir individuellement les critères de classification de l'information.

Malone, Grant et Turbak (1986) décrivent ainsi un système de messagerie où l'usager peut spécifier les caractéristiques des messages qu'il reçoit et définir des règles pour l'accès et le traitement de ces messages. Diverses formes de *groupware* peuvent ainsi être mises au point pour permettre à un groupe d'utilisateurs de spécifier les caractéristiques du système qu'ils partagent. Malone (1985) soutient qu'il faut penser aux fonctions économiques, politiques et sociales qui peuvent s'intégrer aux systèmes, car ces fonctions sont essentielles pour assurer une bonne adaptation et une meilleure qualité des systèmes informatiques: répartition des coûts, contrôle de qualité, possibilité de regroupement, possibilité d'échanges informels et participation à la gestion du système.

d) Émergence de systèmes hiérarchiques de gestion des plans

Au-delà des systèmes à manipulation directe, dans les domaines nécessitant des opérations plus complexes (apprentissage de la programmation, rédaction de textes plus longs), divers systèmes ont été développés, offrant un niveau hiérarchique d'élaboration. Dans ces cas, en effet, les opérations de l'usager supposant elles-mêmes une hiérarchie de buts et de sous-buts, il est apparu important de fournir à celui-ci un outil lui permettant de manipuler d'abord le niveau supérieur des plans, pour ensuite passer à une élaboration plus détaillée.

Weiser et Shertz (1982) ont montré que les connaissances des experts ne se situent pas au niveau des commandes mais au niveau plus général des processus. En ce sens, les systèmes de manipulation de plans accélèrent certainement l'élaboration d'une expertise chez les apprenants.

Simplement pour le traitement de textes, il est apparu important, pour favoriser la rédaction de textes longs et complexes, de fournir à l'usager une structure hiérarchique pour élaborer le texte. Par exemple, le système *Thinktank* permet de spécifier les grandes lignes d'un texte, puis les détails. En tout temps, l'usager peut choisir le niveau de détail qui l'intéresse, pour se relire, pour compléter ou modifier le texte. *More* ajoute même la possibilité de définir des «clones», c'est-à-dire qu'une partie de texte désignée comme «clone» peut être répétée ailleurs, et toute modification à l'une sera appliquée à l'autre.

5. APPLICATION EN ÉDUCATION DES RECHERCHES SUR LES INTERFACES

Quelques systèmes, qui intègrent certains de ces principes au domaine de l'apprentissage, ont été développés. Voyons donc de quelles façons ces nouvelles interfaces peuvent s'intégrer dans le monde de l'éducation: progiciel polyvalent où chaque professeur peut étaler des connaissances à apprendre, environnements de manipulation, systèmes de planification. Cependant, dans les deux derniers cas, où l'apprentissage est plus libre, il est important de considérer les fonctions tutorielles, qui peuvent y être intégrées. En effet, sans un instructeur pour les pousser ou les conseiller, les utilisateurs peuvent acquérir une représentation restreinte ou même erronée du domaine d'apprentissage (comme semblait le montrer l'expérience des jeux dans les écoles).

a) Progiciels

Dans le milieu de l'éducation, les progiciels comme le traitement de textes, le graphisme par ordinateur, le chiffrier, le vidéotexte ou les conférences par ordinateur sont parfois utilisés dans le cadre de cours ou d'activités parascolaires; ces systèmes se prêtent en effet à un grand nombre d'applications et sont relativement faciles d'accès. Selon nos recherches (Dufresne et Isabelle, 1988), un des intérêts à sensibiliser les étudiants aux progiciels est qu'ils en viennent rapidement à leur trouver d'eux-mêmes de nouvelles applications à l'école ou à la maison.

En outre, plusieurs des progiciels développés, tels *Pilot, Platon* et *le Magicien*, permettant au professeur de définir une série de leçons, d'exercices et de vérifications des connaissances. Ces systèmes n'ont pas encore connu un essor considérable, soit parce qu'ils étaient difficiles à utiliser (considérant l'absence de séances de formation et la surcharge des professeurs), ou qu'ils n'étaient pas suffisamment répandus pour encourager le développement de programmes élaborés. Une des principales limites de ces systèmes est cependant qu'ils permettent simplement de faire des systèmes d'EAO, où la mémorisation prime, et souvent peu d'éléments de motivation (musique, dessins, pointage cumulatif, compétition, etc.). Le système *Scénario* intègre cependant ces différents aspects. Ce type de progiciel reste une piste à suivre, notamment les systèmes plus spécialisés (pouvant intégrer des éléments d'illustration ou de manipulation) pour l'arithmétique, l'orthographe, la géographie ou les sciences. Smith (1987) présente ainsi le système ARK (*Alternate Reality Kit*), qui est une métaphore de la réalité physique, mais dont l'usager peut manipuler à sa guise les lois pour mieux les comprendre; une série d'univers physiques et d'exercices peuvent être préparés pour initier graduellement l'étudiant.

La possibilité d'insérer dans l'utilisation de ces systèmes des fonctions de *groupware* (Malone, 1984) est également une piste intéressante: addition par les usagers d'exemples ou d'explications, évaluation de l'information, gestion commune de bases de données, concours, bibliographie commune, groupes d'intérêt.

b) Jeux de manipulations

Comme l'expliquent Burton et Brown (1982), il est possible d'utiliser certains environnements d'apprentissage «informel», ressemblant aux jeux vidéo, pour aider l'apprenant à développer diverses habiletés spécifiques ou générales. Selon Clancey (1986), l'utilisation des icônes facilite l'apprentissage, en réifiant le processus de résolution, en en révélant la structure et les régularités, ce qui facilite le processus de planification.

Tout d'abord, certains programmes didactiques utilisent des environnements d'exploration et de jeux, qui comportent des aspects de manipulation directe. *Sophie II* (Brown *et al.*, 1982) reproduit, dans un environnement à manipuler, l'intelligence des principes électroniques. Le système fournit à l'usager un environnement peu coûteux et moins dangereux pour expérimenter la construction et la réparation de circuits. Un instructeur intégré au système vérifie diverses activités de l'étudiant (logique de ses assertions et de ses hypothèses, erreurs); celui-ci répond également aux questions d'information. Certains aspects de métacommunication y sont intégrés: limiter les critiques, faire référence à des événements récents et évidents pour expliquer les erreurs. Une version a été développée permettant de jouer à deux, intégrant ainsi des aspects motivationnels de compétition pour stimuler l'apprentissage. Le système constitue certes un modèle du genre; cependant il utilise une interface en langage naturel et les connaissances y sont intégrées de façon relativement spécifique. Les aspects didactiques et d'explication ne sont donc pas vraiment morcelés et distribués dans les systèmes de manipulation, les deux modules fonctionnant indépendamment l'un de l'autre.

Au contraire, le système *West* (Burton et Brown, 1982; Gascon, 1984) correspond davantage au concept de système tuteur à manipulation directe. Il offre un environnement à l'intérieur duquel le sujet doit créer des équations utilisant trois nombres, afin de progresser sur un parcours. Il y a manipulation directe puisque le sujet est laissé libre de progresser et de tester des opérations de plus en plus complexes. L'intérêt de ce système est double: d'une part, il est motivant et efficace pour susciter des apprentissages; d'autre part, il aborde divers problèmes d'analyse des comportements d'apprentissage et d'interprétation automatisée de la trace, en situation mal définie. Y sont introduits le concept de modélisation différentielle (qu'est-ce qu'un expert aurait fait?), la distinction entre les erreurs de commission et d'omission, l'assignation du blâme aux diverses notions qui peuvent être à l'origine des erreurs, de même que les principes tutoriaux pour décider des interventions utiles. La comparaison à un groupe contrôle du groupe ayant été conseillé montre que ces derniers utilisent des opérations plus complexes, lorsque cela est à leur avantage.

Pour l'apprentissage de la programmation, Lieberman (1984) décrit le système *Thinker*, une interface qui permet de visualiser l'exécution d'un programme. Le programme est construit étape par étape et activé au fur et à mesure. Selon lui, la représentation graphique du comportement du programme est une aide précieuse pour la conception et la correction. En effet, la visualisation aide à localiser et à prévenir les erreurs; elle favorise la programmation de bas en haut; sans elle, la programmation ressemble à une partie d'échecs jouée les yeux bandés. L'illustration de l'exécution se fait à l'aide d'exemples, que le programmeur insère pour vérifier les parties de diverses opérations. Il décrit l'application du système à une tâche de programmation d'une recherche *minimax* et montre comment le programme et la représentation se développent conjointement. Ce type de système est selon lui particulièrement utile pour la programmation graphique. Sa généralisation semble cependant restreinte, la représentation de l'exécution d'opérations complexes ou abstraites pouvant poser des problèmes.

D'autres systèmes à manipulation directe, proposant des exercices à difficulté graduée, mais sans composante de tutoriel intelligent, ont également été développés pour divers domaines physiques ou mathématiques: *Rocky's Boot* (électricité), géométrie, physique, géographie des volcans, luttes contre les feux de forêts, etc. La facilité conceptuelle et les aspects motivationnels intégrés à ces systèmes (contrôle, fantaisie, rétroaction intrinsèque, musique, difficulté graduée, etc.) les rendent attrayants et y favorisent l'apprentissage.

Selon Mayer (1976, *in* Allen, 1986) la schématisation des interactions, fournie par les systèmes à manipulation directe, favorise grandement la compréhension, ce qui permet des activités d'inférence créatrice; alors que ce genre d'interface est moins adaptée à des apprentissages requérant surtout de la mémorisation. Il faut donc penser dans certains cas à combiner éventuellement ce type d'interface à des jeux de mémorisation ou à des exercices du type EAO, pour que les étudiants ne fassent pas que comprendre mais puissent maîtriser le domaine de connaissance.

c) Interfaces de planification

Le principe d'interface de planification a été utilisé pour l'apprentissage de la programmation. En effet, le type d'environnement réactif (Genesereth, 1982) des systèmes à manipulation directe, où l'usager peut voir directement ses erreurs à partir de la rétroaction du système, est souvent inefficace dans un environnement où les opérations sont imbriquées et complexes, et où il y a plusieurs possibilités de solution.

Miller (1982) soutient que bien que l'on soit encore loin de systèmes tuteurs possédant des qualités humaines, certains environnements d'édition peuvent faciliter l'apprentissage, s'ils utilisent un vocabulaire conceptuel et s'ils offrent à l'usager des choix au niveau du design. L'environnement *Spade-0*, qu'il a développé pour l'apprentissage de la programmation, n'est donc pas un tuteur à proprement parler, mais son développement a permis de mettre à jour et d'adapter le système à divers aspects du processus de design. L'usager définit ainsi son programme à travers une hiérarchie de plans: au premier niveau, le système lui offre d'abord d'«identifier» le problème en l'associant à des opérations déjà définies, puis de le «décomposer» en sous-problèmes;

chacun des sous-problèmes est ensuite reconnu comme une «conjonction» ou une «répétition», «itérative» ou «récursive», etc. Une fois le programme spécifié en terme de plans spécifiques et répondant à une structure informatique, chaque partie peut être codée. L'intérêt du système, c'est qu'il permet de développer d'abord au niveau général des idées et de coordonner les éléments du plan, sans être incommodé par les détails du code. L'expérimentation du système a également montré qu'une représentation en terme de transformation de plans s'adaptait mieux aux processus des sujets, qu'une représentation sous forme de grammaire.

Par la suite, pour enrichir les conseils donnés par le système, une composante d'analyse du problème a été ajoutée (*Spade-1*), qui s'inspire du modèle de représentation des connaissances de Goldstein et Miller (1976). Cependant, le niveau de précision requis dans la spécification des plans apparaît vite excessif pour l'usager qui gagne de l'expérience. Aussi, une nouvelle version du système(*Space-2*) a-t-elle cherché à ajouter des fonctions de reconnaissance de plans, mais on se heurte alors à la dimension combinatoire du problème. En résumé, un contraste se dessine entre le premier environnement plus structuré, qui sans doute favorise un premier apprentissage, et l'environnement moins structuré mais plus sophistiqué, qui laisse davantage l'initiative à l'usager mais est plus complexe à aborder. Selon Miller, l'environnement optimal d'apprentissage n'est pas nécessairement le même pour tout le monde. Il faut donc envisager un environnement qui offrirait de fonctionner selon divers degrés de structuration (Bensabat et Wand, 1984).

DiSessa (1986) croit qu'il est possible de faciliter le processus de programmation en insérant dans cette activité des aspects de manipulation et de hiérarchie. Selon lui, les structures de programmation sont trop linéaires et une instruction comme «END» ne traduit pas du tout la fonction de marqueur qu'elle joue; de plus, les états du système sont très peu apparents. Le système *Boxer*, qu'il décrit, permet de définir un programme de type Logo, comme un ensemble de boîtes manipulables et exécutables. Le système a l'avantage d'être très facile à utiliser: d'une part, parce qu'il favorise la visualisation, et d'autre part, parce qu'il met en relief le contexte entourant chaque opération. La hiérarchie et les limites des boîtes sont visibles et facilement modifiables; les boîtes peuvent au besoin être rapetissées ou vues en détail; de plus, l'exécution du programme peut être rendue apparente, en particulier les opérations sur les variables. La notion de port y est introduit, qui permet de définir simplement des variables communes et surtout d'organiser l'information de façon non hiérarchique. *Boxer* peut être utilisé pour définir facilement des applications utilisant du texte, des graphiques et des opérations, et il est conçu spécialement pour définir des environnements de développement et d'apprentissage. Un système est ainsi décrit, qui permettrait :

- d'explorer du texte et des opérations graphiques, en grossissant et en exécutant des boîtes;
- de manipuler et de modifier ces opérations;
- d'ajouter des annotations ou des références;
- de réunir les notes ainsi prises pour faire des résumés.

Cependant, ce type de système n'existe qu'en version expérimentale et requiert de plus un équipement très coûteux.

6. INTÉGRATION DE FONCTIONS INTELLIGENTES SUR CES SYSTÈMES

Ces nouvelles interfaces facilitent certainement l'accès aux ordinateurs en milieu éducationnel, mais elles y ouvrent également de nombreuses portes: d'une part, elles fournissent des outils pour expérimenter et observer les processus d'apprentissage et, d'autre part, elles favorisent l'insertion de fonctions intelligentes pour guider l'apprenant. En effet, la répartition des fonctions didactiques et d'explication dans les systèmes à manipulation directe ou de gestion de plans doit être définie à partir de l'observation de l'utilisation de ces systèmes. Ainsi, pour pouvoir conseiller l'usager et le guider vers une connaissance plus approfondie des possibilités du système, il faut s'attaquer au problème de la reconnaissance des plans.

a) Outil d'observation des processus

Brown distingue trois niveaux possibles au développement des systèmes d'intelligence artificielle:

Le niveau le plus élevé, simulant des modèles causaux (lois physiques, lois de cause à effet, planification en fonction de sous-buts). Ainsi, le programme *Sophie* utilise les lois de l'électricité et peut fournir des explications causales à l'apprenant.

Le niveau moyen, utilisant des stratégies empiriques ou mathématiques (insertion de probabilités dans les règles, apprentissage par approximation successive, utilisation d'algorithmes mathématiques de recherche). *West* introduit des éléments de stratégies empiriques à ses interventions (risque associé à l'erreur, probabilité qu'un concept soit connu, impact négatif de trop de corrections successives, etc.).

Le niveau le plus bas, celui des outils informatiques favorisant la définition des problèmes mal définis (l'introduction d'éléments et les recherches effectuées pour relier entre eux ces éléments par des règles). Ce niveau est souvent le seul permettant de cerner et de modéliser l'intelligence dans les situations moins définies. Dans les domaines complexes comme l'apprentissage de la programmation ou des sciences, la majorité des recherches ont cherché à simplifier et à décomposer les interfaces pour permettre l'observation des stratégies et l'intervention.

Selon Brown, une des premières voies de l'IA est au niveau le plus bas, entre autres pour la structuration d'environnements de programmation. En effet, la structuration d'un environnement adapté aux processus des utilisateurs fournira nécessairement des connaissances sur ces processus, de même qu'un instrument pour les observer, les diagnostiquer et y intervenir. En effet, il est impossible de prévoir à l'avance les difficultés et les processus qui seront engendrés par la situation d'interaction (Van der Veer *et al.*, 1985). Seule une observation détaillée permettra éventuellement d'élaborer une structure intelligente. En ce sens, il est important de concevoir des outils qui permettront éventuellement l'analyse de la trace informatique.

Elkerton et Wilges (1985) montrent qu'on peut dégager des profils d'utilisation à partir des traces d'utilisation, et entre autres des profils d'experts. Ainsi, le système *Prose* de Macdonald (*in* Elkerton et Wilges, 1985) développe des standards à partir des traces d'utilisation d'écrivains expérimentés, et les utilise pour aider dans une tâche de rédaction technique. Ce type de modèle basé sur la performance peut donc permettre de dégager un modèle de l'expert, mais aussi un modèle de divers styles ou niveaux d'utilisation, soit divers modèles d'usagers. Les modèles extraits peuvent ainsi permettre de reconnaître les stratégies efficaces ou les stratégies inefficaces.

En ce sens, divers profils ou stratégies d'appropriation pourraient être reconnus par le système et des fonctions didactiques d'aide et d'explication seraient éventuellement prévues en conséquence. Genesereth (1982), dans son programme *Macsyma*, a ainsi cherché à utiliser la reconnaissance de plans pour diagnostiquer les plans erronés et apporter des conseils sur les conceptions fausses, qui peuvent en être la cause. La réalisation de ce type de modèle dynamique de l'usager requiert de nombreuses recherches sur l'analyse de protocoles avec verbalisations, l'analyse automatisée des traces, la modélisation et la simulation des interventions.

e) Problématique de la reconnaissance des plans

Le problème de la reconnaissance des plans a été abordé dans le cadre des tutoriels intelligents. Cependant, comme l'a montré Lewis (1986), le problème est souvent simplifié dans ces cas: le but est fixé et donc connu au départ, seuls les sous-buts doivent être reconnus; il n'y a qu'un seul but et non plusieurs; le modèle du sujet ne peut être qu'un sous-ensemble de celui de l'expert. Selon lui, le problème de la reconnaissance des plans en situation d'utilisation libre est très différent: plusieurs buts peuvent surgir simultanément, ils peuvent changer dans le temps, le sujet n'utilise pas toujours une stratégie optimale afin de ménager sa mémoire. Aussi, divers problèmes d'identification du comportement surgissent: les différents buts sont difficiles à cerner; il y a plus d'une stratégie experte possible; le système a tendance à sous-estimer les connaissances de l'usager; faute d'un modèle adéquat des erreurs, plusieurs actions ne peuvent être expliquées dans le cadre des plans possibles.

Parmi les systèmes de reconnaissance de plans citons ceux qui cherchent à reconnaître l'utilisation appropriée des commandes (Burton et Brown, 1982; Desmarais *et al.*, 1986). Ces systèmes utilisent une description des réseaux de plans alternatifs (*Procedural Transition Network*), c'est-à-dire différentes séquences de commandes possibles pour atteindre un but, et ils cherchent à identifier une hiérarchie dans l'apprentissage de ces plans. Ils reconnaissent ensuite, par rapport à un but, si le sujet utilise le plan optimal. Le système postule que si le sujet n'utilise pas la séquence optimale, c'est qu'il ne connaît pas les commandes du niveau supérieur et il intervient pour les lui enseigner. Comme l'a montré Desmarais *et al.* (1986), il est souvent difficile d'ordonner hiérarchiquement l'apprentissage des commandes et dès que plusieurs plans de niveau égal sont possibles, il devient très difficile d'établir les connaissances de l'usager. Ce type de modèle est en partie efficace, mais il s'adapte difficilement aux tâches complexes comme la programmation, où la représentation des différents plans et la reconnaissance de ces plans deviennent vite très difficiles.

Néanmoins, en favorisant l'extériorisation des processus de recherche et de planification, les nouvelles interfaces ne peuvent que favoriser la reconnaissance des représentations et des stratégies de l'usager, permettant ainsi l'insertion de fonctions intelligentes d'explication et d'assistance.

c) Intégration de fonctions intelligentes d'assistance

L'utilisation d'un système à manipulation directe rend beaucoup plus accessible à l'usager la découverte des lois du domaine de connaissance, ce qui réduit la nécessité d'expliquer les erreurs (ce qui ne va pas, étant rendu physiquement évident). De plus, comme l'usager garde le contrôle, il n'a pas à interpréter les intentions du système tuteur, mais définit lui-même ses tâches; il peut ainsi doser la difficulté de ce qu'il entreprend, surtout si l'accès aux possibilités du système est graduel, comme dans les *training wheels* de Catambrone et Carrol (1987). L'usager acquiert de cette façon une représentation du domaine de connaissance qui est plus cohérente, mieux intégrée, que si le rythme et les exemples sont imposés de l'extérieur. Les interventions du système étant réduites, la nécessité d'explication l'est également. C'est surtout au niveau des fonctions d'aide, que ces systèmes doivent se développer pour améliorer les explications, afin de tenir compte du contexte et des erreurs de représentation, qui apparaîtront les plus fréquentes. C'est ainsi que, sur le chiffrier, un usager naïf aura tendance à commander une opération avant d'avoir spécifié ce à quoi elle s'applique; le message d'erreur pourrait dans ce cas être plus explicite et décrire la démarche entière dans l'ordre où elle doit être utilisée. Dans plusieurs cas, des fonctions d'assistance spontanée peuvent être spécifiées, pour suggérer de remplacer des séquences d'opérations élémentaires par une opération plus avancée (Desmarais *et al.*, 1986).

D'autre part, les systèmes qui facilitent la manipulation des plans fourniront des protocoles plus explicites et faciliteront éventuellement l'élaboration de systèmes d'analyse de la trace informatique, de diagnostic et de tutorat. En effet, les systèmes hiérarchiques permettent théoriquement d'adapter au niveau supérieur, une structure d'aide à l'usager qui serait totalement impossible à partir du niveau inférieur. Ces systèmes fournissent, en effet, une meilleure idée du contexte dans lequel évolue l'usager (Croft, 1984) et permettent ainsi divers types de rétroaction: reconnaissance, proposition ou complétion d'actions, interrogations et explications. Le morcellement et la hiérarchisation des activités réduisent non seulement le recours aux messages d'erreur (Schneiderman, 1982), ils donnent également accès à un niveau d'explication adapté aux processus et respectent les conventions de métacommunication, liées à un niveau précis de résolution. En ce sens, Kidd et Cooper (1985) notent que les justifications fournies par les experts n'ont pas toujours un lien direct avec la règle qu'ils utilisent, mais font appel à des notions de plus haut niveau, qui s'avèrent plus efficaces pour favoriser la compréhension. Ainsi, dans un système à gestion de plans, une erreur dans la démarche peut être expliquée en fonction d'un contexte plus large (autres types de plans possibles, lien entre les parties du plan, etc.).

Enfin, les interfaces peuvent fournir une façon dynamique d'intégrer des fonctions d'aide; Owen (1986) suggère en effet une façon intéressante de fournir des explications appropriées aux usagers apprenants: il demande aux usagers de les fournir eux-mêmes, lorsqu'ils les découvrent. Il décrit le système *DYK* (*Did You Know*), qui permet aux usagers d'ajouter des informations qui sont acheminées vers les autres, jugées et éventuellement censurées par ceux-ci. Selon lui, de telles informations qui apparaissent d'elles-mêmes, sont très utiles pour aborder des domaines complexes, où les questions et les besoins sont difficiles à formuler, et pour amener les utilisateurs à parfaire leurs stratégies.

7. CONCLUSION ET PROSPECTIVE

Le développement de l'utilisation des ordinateurs en éducation est actuellement limité, d'une part par les limites motivationnelles et pédagogiques des systèmes d'EAO, d'autre part par la difficulté à spécifier les connaissances requises pour des programmes d'intelligence artificielle, et enfin par l'impossibilité de fournir l'encadrement suffisant à l'apprentissage des fonctions de programmation. Cependant, on assiste au développement d'une problématique plus générale, qui souligne l'importance des problèmes liés à l'appropriation des systèmes informatiques. En effet, les recherches sur la communication avec les systèmes informatisés montrent la difficulté que représente pour l'usager la transcription de ses intentions dans le langage du système et l'interprétation des états et réponses du système. Divers facteurs peuvent favoriser l'utilisation, l'exploration et la satisfaction des usagers: consistance des représentations symboliques, transparence des opérations, rapidité, réversibilité, fermeture, respect des contraintes perceptuelles et de mémoire, cohérence. De plus, les aspects motivationnels ont souvent une très grande influence sur l'utilisation ou le rejet du système.

Dans le domaine de l'éducation, que ce soit pour la programmation ou pour tout apprentissage de connaissances, l'apprenant ne peut accéder au domaine qu'à travers le filtre de l'interface. La difficulté d'utilisation du système se combine donc avec l'ignorance du domaine et il est d'autant plus difficile pour l'étudiant d'interpréter ses erreurs et de progresser. De plus, la frustration et la monotonie, qui caractérisent souvent l'utilisation de ces machines, peuvent avoir une influence décisive sur la motivation à apprendre.

Une nouvelle génération de systèmes est née de ces considérations et des connaissances en ergonomie cognitive: systèmes à manipulation directe, progiciels, gestion hiérarchique des plans. Ceux-ci ouvrent diverses possibilités à l'éducation, d'abord simplement parce qu'ils favorisent l'utilisation des ordinateurs (souvent même sans instructeur et pour des tâches beaucoup plus complexes qu'avant), ensuite parce qu'ils fournissent un terrain plus riche à l'observation des processus et aux interventions intelligentes.

Ces systèmes favorisent l'utilisation des ordinateurs parce qu'ils ont l'avantage, notamment par rapport aux systèmes d'EAO, d'offrir beaucoup d'autonomie à l'apprenant, ce qui est essentiel au développement des connaissances générales. En effet, les théories piagétiennes suggèrent que l'apprentissage se fait par assimilation et accommodation des schèmes de connaissance à des situations nouvelles. Le système doit donc permettre à l'apprenant d'appliquer les schèmes qu'il possède, en lui laissant l'occasion d'expérimenter et de confronter ses connaissances. Pour permettre cette expérimentation, les systèmes doivent offrir une simulation de la réalité à apprendre et fournir à l'usager l'occasion de la manipuler et d'en composer les éléments. Ces systèmes doivent être relativement souples et passifs, ce qui peut les rendre opaques. Ainsi le Logo, qui visait à permettre l'expérimentation, était cependant très difficile à utiliser sans aide. Les nouveaux systèmes sont donc plus ouverts; ils ne sont pas tout faits, mais laissent souvent à l'usager la possibilité de s'en servir en fonction de ce qui l'intéresse et avec la méthode qu'il préfère (entre autres, selon son degré d'expertise). Ils sont cependant plus explicites, plus transparents et comportent plus de fonctions d'aide que les systèmes précédents. De plus, la fermeture (processus courts), la rapidité et la réversibilité des opérations les rendent plus attrayants à explorer. De tels environnements structurés sont donc propices à l'accommodation, car ils permettent à l'étudiant de progresser à son rythme avec plus ou moins de soutien et d'assistance selon les cas, en acquérant graduellement de nouvelles habiletés. De plus, les possibilités graphiques et musicales, ainsi que l'utilisation des jeux peuvent y être utilisées pour rendre attrayants les processus d'acquisition des connaissances.

D'une part, cette approche ouvre un nouveau champ aux recherches théoriques afin de définir le morcellement et la représentation des connaissances dans différents domaines. D'autre part, contrairement aux situations d'enseignement traditionnel, l'utilisation de ces systèmes fournit une trace détaillée des processus impliqués dans le développement de connaissances. L'étude de ces traces permettra de faire progresser les connaissances en pédagogie et en ergonomie cognitive, mais aussi, au plan pratique, de parfaire le système en le modifiant ou en y insérant des fonctions didactiques. Diverses stratégies ou niveaux de connaissance peuvent être ainsi extraits et suggérer l'insertion de stratégies d'intervention: conseils, questions, messages d'erreur, contre-exemples, exercices, etc. L'efficacité des stratégies peut également être évaluée de façon globale ou par rapport à un usager particulier.

La notion d'interface hiérarchique est particulièrement intéressante à développer en milieu d'éducation, car elle favorise une distance entre les intentions et les actions et repose sur la nécessité d'abstraire la réalité. En cela, elle favorise la réflexion et la déduction personnelles, qui sont essentielles dans toute recherche de formalisation scientifique et dans tout développement de connaissances. De la rédaction de texte à celle de problèmes en mathématiques ou en sciences, divers domaines se prêtent au développement d'interfaces hiérarchiques, qui permettent de distinguer: mise en place des plans ou des spécifications, réalisation des plans, évaluation et correction des plans ou de leur réalisation, explications à ces divers niveaux.

Enfin, il est également intéressant de penser à des interfaces qu'un ou plusieurs usagers perfectionneraient eux-mêmes, en y ajoutant des spécifications, des fonctions, des commentaires, des exemples ou des messages d'aide. Ce type de *groupware* ne peut que favoriser l'utilité, l'adéquation et l'adaptation des systèmes informatiques aux divers milieux, de même que la motivation à les utiliser.

Ces réflexions sur les caractéristiques et les possibilités offertes par les nouvelles interfaces peuvent s'appliquer aux divers champs de développement de l'utilisation des ordinateurs en éducation. Ainsi, un système d'EAO peut être plus efficace s'il permet à l'apprenant d'avoir accès à un très grand nombre d'informations, de façon motivante et adaptée au contexte où il se trouve (la réversibilité peut être importante à ce niveau). Un système d'EIAO devient plus abordable en terme de complexité, d'utilité et de coût, s'il est organisé hiérarchiquement et si les structures de communication et d'information sont définies de façon plus générale et réduite, comme des unités composables liées aux éléments de représentation à chacun des niveaux de planification. Enfin, les nouveaux environnements d'utilisation des progiciels (chiffrier, «videoworks») peuvent être utilisés avantageusement comme introduction à certains concepts de programmation: récursion, sous-programme, condition, variable.

RÉFÉRENCES

Allen, R. B. (1982). Cognitive Factors in Human Interaction with Computers 1. *In* A. Badre, B. Shneiderman (Eds.), *Directions in human computer interaction,* pp. 1-26. 2nd ed. Norwood, NJ: Ablex.

Arblaster, A. (1982). Human factors in the design and use of computing languages. *International Journal of Man-Machine Studies, 17,* pp. 211-224.

Benbasat, I., Wand, Y. (1984). A structured approch to designing human-computer dialogues. *International Journal of Man-Machine Studies, 21,* pp. 105-126.

Brown, J. S. (1983). *Process versus product: a perspective on tools for communal and informal electronic learning*. Report from the learning lab: Education in the Electronic Age. Palo Alto, Californie: The Educational Broadcasting Corporation.

Brown, J. S. (1984). The low road, the middle road and the high road. *In* P. Winston (Ed.), *The AI Business: The Commercial Prospects for Artificial Intelligence*. Cambridge, Mass.: M.I.T. Press.

Brown, J. S., Burton, R. R. (1978). Diagnostic models for procedural bugs in basic mathematical skills. *Cognitive Science, 2*, pp. 155-192.

Brown, J. S., Burton, R. R., de Kleer, J. (1982). Pedagogical, natural language and knowledge engineering techniques in SOPHIE I, II and III. *In* D. Sleeman, J. S. Brown (Eds.), *Intelligent Tutoring Systems*, pp. 227-282. New York: Academic Press.

Burton, R. R., Brown, J. S. (1982). An investigation of computer coaching for informal learning activities. *In* D. Sleeman, J. S. Brown (Eds.), *Intelligent Tutoring Systems*, pp. 79-98. New York: Academic Press.

Catrambone, R., Carrol, J. M. (1987). Learning a Word Processing System with Training Wheels and Guided Exploration, *Chi87 Proceedings*. Baltimore, NJ: ACM.

Carrol, J. M., Rosson, M. B. (1985). Usability Specifications as a Tool in Iterative Development. *In* H. Rex Hartson (Ed.), *Advances in Human-Computer Interaction,1*. Norwood, NJ: Ablex.

Clancey, W.J. (1986). Qualitative Student Models. *Annual Review of Computer Science, 1*, pp. 381-450.

Croft, W.B. (1984). The role of context and adaptation in user interfaces. *International Journal of Man-Machine Studies, 21*, pp. 283-292.

Desmarais, M. C., Giroux, L., Larochelle, S. (1986). *User Modeling for a Text-Editor Coach.* Document interne, Département de communication, Université de Montréal.

diSessa, A. A. (1986). Notes on the future of programming: breaking the utility barrier. *In* D. A. Norman et S. W. Draper (Eds.), *User Centered System Design: New Perspectives on Human-Computer Interaction,* pp. 125-152. Hillsdale, NJ: Lawrence Erlbaum Associates.

Dufresne, A. et Isabelle, C. (1988). L'utilisation des micro-ordinateurs par les filles du primaire. *Apprentissage et socialisation, 11*, pp. 225-229.

Duke, R.D. (1974). *Gamings: The Future's Language.* Berkeley, California: Sage.

Elkerton, J., Williges, R.C. (1985). A performance profile methodology for implementing assistance and instruction in computer-based tasks. *International Journal of Man-Machine Studies, 23*, pp. 135-152.

Frye, D., Soloway, E. (1987). Interface Design: A neglected Issue in Educational Software. *Chi87 Proceedings.* Baltimore, NJ: ACM.

Gascon, J. (1984). *WEST: An Expert Coach for Informal Learning Environment.* Conférence prononcée dans le cadre de la Journée Augustin Frigon, École Polytechnique de Montréal.

Genesereth, M. R., (1982). The role of plans in intelligent teaching systems. *In* D. Sleeman, J. S. Brown (Eds.), *Intelligent Tutoring Systemss,* pp.137-155. New York: Academic Press.

Giroux, L. et Larochelle (1987). *L'ergonomie cognitive des systèmes informatiques: état de la question et pistes de recherche*. Document interne, CCRIT, Montréal.

Goodman, T., Spencer R. (1978). The effect of system response time on interactive computer-aided problem solving. *Proceedings SIGGRAPH,* Atlanta, pp.100-104.

Goldstein, I.P. (1979). The Genetic Graph: A Representaion of Procedural Knowledge. *International Journal of Man-Machine Studies, 1*,11, pp. 51-78.

Goldstein, I.P. (1982). The genetic graph: a representation for the evolution of procedural knowledge. *In* D. Sleeman, J. S. Brown (Eds.), *Intelligent tutoring systems,* pp. 51-78. New York: Academic Press.

Grossberg, M., Wilson, R. A., Yntema, D. B. (1976). An experiment on problem solving with delayed computer responses. *IEEE Transactions on Systems, Man, and Cybernetics*, SMC-6, pp. 219-222.

Kidd, A.L., Cooper, M.B. (1985). Man-machine interface issues in the construction and use of an expert system. *International Journal of Man-Machine Studies, 22*, pp. 91-102.

Lewis, J.M. (1985). *A survey of plan recognition.* DAI Working Paper n° 184. University of Edinburgh.

Lieberman, H. (1984). Seeing what your programs are doing. *International Journal of Man-Machine Studies, 21*, pp. 311-332.

Malone, T.W. (1984). Heuristics for Designing Enjoyable User Interfaces: Lessons from Computer Games. *In* J. C. Thomas and M. L. Schneider (Eds.), *Human Factors in Computing Systems*. Norwood, NJ: Ablex.

Malone, T.W. (1985). Designing Organizational Interfaces. *Chi85 Proceedings.* Baltimore, NJ: ACM.

Malone, T. W., Grant, K. R., Turbak, F. A. (1986). The Information Lens: An Intelligent System for Information Sharing in Organizations. *Chi86 Proceedings.* Baltimore, NJ: ACM.

Michaelis, P. R., Miller, M. L. , Hendler, J. A. (1982). Artificial Intelligence and Human Factors Engineering: A Necessary Synergism in the Interface of the Future. *In* A. Badre, B. Shneiderman (Eds.) (1980), *Directions in human computer interaction,* pp. 79-94, (2nd ed.). Norwood, NJ: Ablex.

Miller, M. L. (1982). A structured planning and debugging environment for elementary programming. *In* D. Sleeman, J. S. Brown (Eds.), *Intelligent Tutoring Systems,* pp. 119-135. New York: Academic Press.

Miller, M.L., Goldstein, I.P. (1976). *PAZATN: a linguistic approch to automatic analysis of elementary programming protocols.* M.I.T. AI Memo 388.

Neal, L.R. (1987). Cognition-Sensitive Design and User Modeling for Syntax-Directed Editors. *Chi87 Proceedings,* Baltimore, NJ: ACM.

Norman, D.A. (1986). Cognitive Engineering. *In* D. A. Norman, S. W. Draper (Eds.), *User Centered System Design: New Perspectives on Human-Computer Interaction,* pp. 31-62. Hillsdale, NJ: Lawrence Erlbaum Associates.

Owen, D. (1986). Answer first then question. *In* D. A. Norman, S. W. Draper (Eds.), *User Centered System Design: New Perspectives on Human-Computer Interaction*, pp. 31-62. Hillsdale, NJ: Lawrence Erlbaum.

Papert, S. (1980). *Mindstorms: Children, Computers and Powerful Ideas*. New York: Basic Books.

Schneiderman, B. (1980). Interactive interface issues. *Software Psychology: Human Factors in Computer and Information Systems,* pp. 216- 251. Cambridge, Mass.: Winthrop.

Schneiderman, B. (1982). The future of interactive systems and the emergence of direct manipulation. *Behavior and information technology, 1*, n° 3, pp. 237-256.

Sheil, B. (1980). Teaching procedural litteracy. Proceedings of the 1980 ACM National Conference, pp. 125-126, Nashville, Tenn.

Sheil, B. (1982). *Coping with Complexity*. Cognitive and instructional Sciences Series, CIS-15. Palo Alto, California: XEROX Corp.

Sheil, B (1983). The artificial tool box. *In* W. Reitman (Ed.), *Proceedings of the NYU Symposium on Artificial Intelligence* pp. 1-8. Norwood, NJ: Ablex.

Sloan, D. (1984). *The computer in education. A critical perspective.* New York: Teachers College Press.

Smith, R. B. (1987). Experiences With The Alternate Reality Kit: An Example of the Tension Between Literalism and Magic. *Chi87 Proceedings.* Baltimore, NJ: ACM.

Soloway, E. (1986). *An Overview of Artificial Intelligence.* Tutorial 10, *Chi'86*.

Stefik, M. (Spring 1986). The Next Knowledge Medium. *The AI Magazine*, pp. 34-46.

Thomas, J.C. (1978). A Design-Interpretation of Natural English with Applications to Man-Computer Interaction. *International Journal of Man-Machine Studies, 10*, pp. 651-668.

Van der Veer, G. C.,Tauber, M. J., Waern, Y., Van Muylwuk, B. (1985). On the Interaction Between System and User Characteristics. *Behaviour and Information Technology, 4,* n° 4, pp. 289-308.

Weiser, M., Shertz, J. (1983). Programming problem representation in novice and expert programmers. *International Journal of Man-Machine Studies, 19,* pp. 391-398.

Woolf, B. and McDonald, D.D. (1983). *Human-Computer Discourse in the design of a Pascal Tutor. Chi' 83*. Baltimore, NJ.

L'INTELLIGENCE ARTIFICIELLE EN ÉDUCATION

Martin Gagnon

Les apports possibles de l'intelligence artificielle en éducation impliquent une contribution de la part des éducateurs dans la mesure où l'expertise pédagogique est assez mal définie. Cet apport passe par une meilleure compréhension des aspects fonctionnels de l'intelligence artificielle, en particulier pour ce qui est des systèmes de règles de production. De plus, l'acquisition de connaissances permettant de définir l'expertise pédagogique implique des méthodologies pertinentes tant du point de vue de l'intelligence artificielle que de celui de l'éducation.

Martin Gagnon est professeur au département des sciences de l'éducation de l'Université du Québec à Montréal. Après l'obtention d'un Ph.D. en psychologie, il a concentré ses recherches sur les méthodologies d'acquisition de connaissances susceptibles d'augmenter l'expertise pédagogique des systèmes intelligents d'enseignement.

INTRODUCTION

En tant que sous-domaine de la science informatique, l'intelligence artificielle est une technique servant à la résolution de problèmes de nature symbolique plutôt que numérique. Le comportement intelligent des programmes utilisant ces techniques provient de leur capacité de traiter ces symboles en termes de concepts et d'idées et non pas comme un ensemble dépourvu de signification. Par exemple, un logiciel de traitement de textes n'est pas intelligent, car bien qu'il traite avec efficacité les chaînes de caractères qu'on lui soumet, il ne peut pas extraire de ces chaînes de caractères les liens (sémantiques ou syntaxiques) entre les mots, la structure discursive du texte et les relations conceptuelles impliquées par le texte.

Ces techniques, bien que laborieuses d'application, sont relativement simples et à la portée de plus en plus de toutes les bourses et de tous les esprits suffisamment curieux. Mais cette facilité d'accès ne fait qu'amplifier les deux problèmes fondamentaux suivants: celui de trouver une représentation adéquate de la connaisance et celui, non moins ardu, de définir les connaissances pertinentes à représenter, autant celles de nature factuelle que de nature relationnelle et conceptuelle.

Par contre, cette tâche de définition des connaissances n'est pas, sous plusieurs aspects, une tâche purement technique. En effet, elle fait souvent appel à des compétences et des techniques ne relevant pas de la science informatique: psychologie cognitive, mise en situation de problèmes, analyse de protocoles, habiletés de discussion, etc. En ce sens, les éducateurs de tout niveau seront appelés de plus en plus à participer, sous une forme ou une autre, à cet effort de recherche et de développement. Cela justifie amplement la diffusion des connaissances de ce domaine afin de garantir aux éducateurs une place qui leur revient de plein droit, car ces techniques risquent fort d'aboutir à une refonte du geste éducatif au cours des cinq à dix prochaines années.

LES DOMAINES DE L'INTELLIGENCE ARTIFICIELLE

Le terme *intelligence artificielle* s'applique à des programmes affichant des comportements normalement produits par un sujet humain. Bien que la structure interne de ces programmes ne corresponde pas nécessairement à celle de l'intelligence humaine, ces programmes semblent pourtant comprendre les langues naturelles, manipuler des concepts et des idées et inférer à partir des faits qui leur sont soumis.

Ces programmes recouvrent actuellement trois grands domaines[1]: la perception artificielle (vision, audi-

1. Les deux volumes de Rauch-Hindin (1986) constituent un bon texte d'introduction sur les fondements et les applications de l'intelligence artificielle

tion, etc.), les langages naturels (c'est-à-dire la langue que nous utilisons quotidiennement) et les systèmes intelligents (systèmes-experts, systèmes d'enseignement ou autres).

Dans le domaine de la perception artificielle, l'intérêt se porte vers la production de systèmes informatiques permettant au moins une perception simplifiée, de nature visuelle, auditive ou autres, et peut aussi inclure l'émission de messages s'adressant à ces sens. La perception artificielle est particulièrement importante pour la conception de systèmes robotiques plus autonomes et polyvalents.

Les systèmes traitant les langages naturels aspirent à la compréhension et la production du langage humain soit pour faciliter la communication humain- ordinateur, soit pour faciliter la communication entre humains de langues différentes, soit pour faciliter l'assimilation d'informations déjà écrites. On parlera donc d'interface en langage naturel, de traduction automatique ou assistée et de synthèse automatique de textes. Le grand défi, depuis au moins 20 ans, que doivent relever les chercheurs dans ce domaine est celui de l'analyse sémantique, i.e. la compréhension du sens des textes lus.

Le domaine des systèmes intelligents, celui qui intéresse le plus la presse spécialisée, présente un grand intérêt en éducation. La *vedette* dans ce domaine, c'est le système-expert. Un système-expert est un programme parvenant à imiter le raisonnement humain en s'appuyant: (1) sur une base de connaissances où est stocké un ensemble de connaissances humaines empiriques et (2) sur un moteur d'inférences utilisant la base de connaissances pour résoudre un problème. Ces deux composantes du système-expert le rendent apte à résoudre des problèmes difficilement solubles à l'aide des techniques conventionnelles de programmation.

Nous reviendrons sur ce sujet un peu plus tard, mais il est utile de mentionner tout de suite ce que certains auteurs classent au plus haut de la hiérarchie des systèmes-expert en termes de complexité de la base de connaissances et du moteur d'inférences: les systèmes intelligents d'enseignement. Ces systèmes risquent, à certaines conditions, d'avoir un impact majeur en éducation et méritent une discussion approfondie.

LES SYSTÈMES INTELLIGENTS D'ENSEIGNEMENT[2]

Une définition adéquate des systèmes intelligents d'enseignement exige que l'on en considère deux caractéristiques. Premièrement, il s'agit d'environnements informatiques qui, dans le contexte d'une matière à assimiler (les opérations arithmétiques élémentaires, par exemple), établissent et maintiennent une interaction continue avec l'élève. Cette caractéristique descriptive ne suffit pas pour définir de tels systèmes, étant donné que plusieurs bons didacticiels répondent à cette défini-

2. Nous adoptons pour des raisons pratiques ce terme traduit de *intelligent tutoring systems* bien que certains auteurs les appellent aussi *systèmes d'enseignement intelligemment assisté par ordinateur* (systèmes d'EIAO).

tion sans constituer pour autant des systèmes intelligents d'enseignement. La deuxième caractéristique est fonctionnelle et tient à la manière dont ces systèmes intelligents d'enseignement s'acquittent de leur tâche. En effet, ce sont des systèmes qui effectuent le contrôle de l'environnement pédagogique non pas suite à une préprogrammation (comme dans un didacticiel où tout doit être prévu à l'avance), mais par l'incorporation de règles générales pertinentes à ce contrôle. Une formulation adéquate de ces règles permet au système de réagir dynamiquement dans une situation d'apprentissage donnée, autant au niveau de la matière présentée à un moment donné, qu'au niveau de la détection et du rattrapage des erreurs de l'élève.

Cette deuxième caractéristique est particulièrement importante, car elle justifie l'intérêt pour la création de tels systèmes, dans la mesure où ils constituent une solution possible aux problèmes de développement que posent l'utilisation de l'ordinateur à des fins pédagogiques, en particulier en évitant d'avoir à modifier le programme à chaque fois qu'une nouvelle matière doit être intégrée au programme.

Pour atteindre cet objectif, les chercheurs dans le domaine des systèmes intelligents d'enseignement ont recours à toute la panoplie d'outils et de principes de l'intelligence artificielle autant au niveau des matériels technologiques disponibles (machineries et logiciels de soutien au développement) qu'au niveau des théories au sens restreint (interactions en langages naturels, analyses syntaxiques et grammaticales des comportements observés, comparaisons de patrons à différents niveaux, générations automatiques de solutions, différentes représentations de la connaissance, etc.).

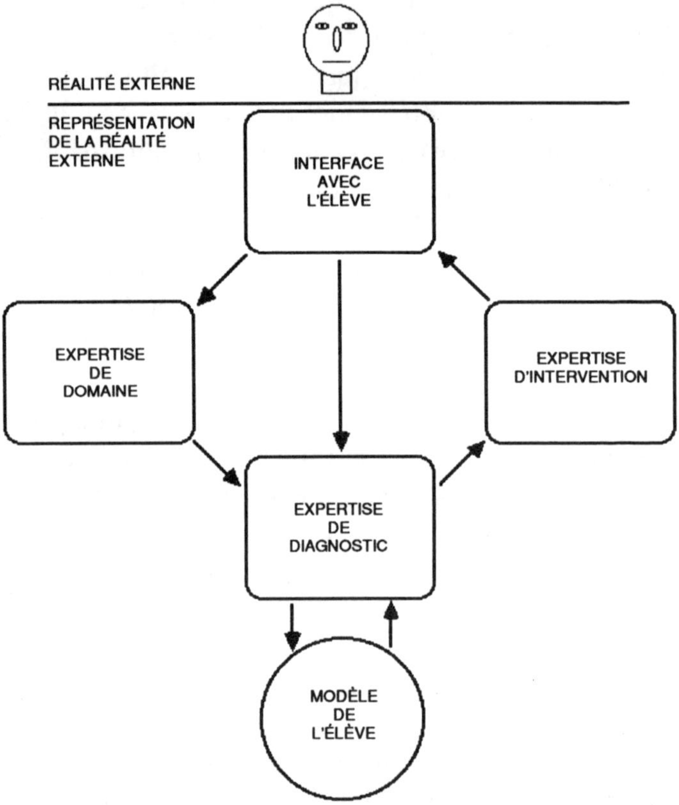

Figure 1. Représentation schématique d'un système intelligent d'enseignement.

Tableau 1
Les systèmes intelligents d'enseignement existants[1]

Nom	Matière présentée Référence	Représentation utilisée	Modèle de l'élève utilisé	Style du tuteur	Utilisation[2]
SCHOLAR	Géographie Carbonell, 1970	Réseau sémantique	Transposition	Dialogue socratique	5
NLS-SCHOLAR	Edition de texte Grignetti *et al.*, 1975	Réseau sémantique	Transposition	Dialogue socratique	1
WHY	Causes des pluies Stevens et Collins, 1977	Scénarios	Détecteur de malentendus	Dialogue socratique	5
SOPHIE III	Electronique Brown *et al.*, 1982	Réseau sémantique, simulateur	Transposition	Réactif avec interactions dirigées	4
STEAMER	Propulsion à vapeur Williams *et al.*, 1983	Réseau procédural	Transposition	Réactif	4
EXCHECK	Logique Suppes, 1981	Règles	Transposition	Réactif	1,4
INTEGRATION	Intégration symbolique Kimball, 1982	Règles	Transposition	Réactif	3
BIP II	Langage BASIC Westcourt *et al.*, 1977	Règles	Transposition	Réactif	1,3
QUADRATIC	Equations quadratiques O'Shea, 1979	Règles	Transposition	Réactif	5
WEST	Arithmétique Burton & Brown, 1979	Règles	Transposition	Réactif avec entraîneur	3

Nom	Matière présentée Référence	Représentation utilisée	Modèle de l'élève utilisé	Style du tuteur	Utilisation[2]
WUSOR III	Jeu de logique Goldstein, 1982	Réseau génétique	Transposition (réseau)	Réactif avec entraîneur	3
DEBUGGY	Soustraction Burton, 1982	Réseau procédural	Détecteur de malentendus	Réactif	5
LMS	Procédés algébriques Sleeman, 1983	Règles	Règles	Diagnostic réactif	2
SPADE	Langage LOGO Miller, 1982	Règles	Transposition	Réactif avec entraîneur	5
MACSYMA Advisor	Progiciel MACSYMA Genesereth, 1982	Règles	Détecteur d'erreurs de planif.	Réactif	5
MENO-II	Langage PASCAL Soloway *et al.* 1983	Réseau sémantique	Détecteur de malentendus	Réactif	4
GUIDON	Maladies infectueuses Clancey, 1987	Règles (et méta-règles)	Transposition	Réactif (avec (interactions structurées)	5
Geometry Tutor	Géométrie Anderson *et al.*, 1985	Règles	Détecteur de malentendus	Réactif	2
LISP Tutor	Langage LISP Anderson *et al.*, 1984	Règles	Détecteur de malentendus	Réactif	2
ALGEBRA	Algèbre Lantz et al., 1983	Règles	Transposition	Réactif avec entraîneur	4
ALGEBRALAND	Algèbre Brown, 1985	Règles	Transposition	Réactif avec entraîneur	4

1. Dérivé en partie de Fletcher (1984) et de Wenger (1987)
2. Légende des indicateurs:
   1: Utilisé en classe 2: Au stade de l'évaluation avec des élèves 3: Abandonné pour des raisons incontrôlables
   4: En développement 5: Pas terminé ou expérimental

Le schéma de la figure 1 représente la structure générale des quelques vingt systèmes intelligents d'enseignement existant actuellement (présentés au tableau 1). Ils sont donc constitués de modules plus ou moins indépendants qui remplissent des tâches spécifiques: modules d'expertise de domaine (i.e. de la matière présentée), de diagnostic et d'intervention couplés à une représentation de l'élève et à une interface adéquate de communication entre l'élève et le système. L'examen du tableau 1 révèle que ces systèmes sont fondés, pour la plupart, sur une représentation en termes de règles de production que nous préciserons plus loin; ils constituent des environnements réactifs (aux actions de l'élève); et ils sont encore, à toutes fins pratiques, des systèmes prometteurs mais expérimentaux.

Leurs faiblesses principales sont les suivantes. Premièrement, il n'existe pas de représentation générale de l'usager ou de l'élève; Goldstein (1982) souligne la nécessité de s'intéresser à l'élève en tant que sujet modifiant dynamiquement sa représentation du domaine au fur et à mesure qu'il apprend (voir aussi Kolodner et Simpson, 1986). Deuxièmement, il devient de plus en plus pressant d'exprimer la représentation de l'expertise de domaine à des niveaux supérieurs (Clancey, 1982, 1984a, 1984b, 1987) afin de tenir compte des aspects supérieurs de l'expertise dans un domaine donné (stratégies générales d'application, d'analyse de problèmes, etc.) au-delà de la simple connaissance livresque. Troisièmement, il est impossible de penser aller plus avant sans devoir augmenter l'expertise d'intervention par la définition de théories pédagogiques formulées plus explicitement et référant aux comportements typiques d'un enseignant humain (Sleeman et Brown, 1982, p. 9).

LES SYSTÈMES DE RÈGLES DE PRODUCTION

Pour bien comprendre la nature de ces problèmes ainsi que les solutions qui s'offrent, il faut passer par un survol du fonctionnement et du développement d'un système de règles de production en général. Une introduction au fonctionnement de tels systèmes peut se faire en étudiant le fonctionnement des systèmes-experts tels que nous les connaisssons. Par la suite nous pourrons examiner les problèmes de développement de tels systèmes.

Le fonctionnement d'un système-expert

Un système-expert peut effectuer son travail grâce à l'incorporation de deux composants principaux: une *base de connaissances* et un *moteur d'inférences* permettant de raisonner en s'appuyant sur les règles énoncées dans la base de connaissances. Ce raisonnement se fait à partir des informations se trouvant dans une *base de faits connus*, soit parce que ces informations ont été données par l'usager, soit qu'elles ont été déduites par le système.

1. La base de connaissances

La base de connaissances est constituée d'un ensemble de *règles de production*. Bien que les terminologies diffèrent selon les auteurs, une règle de production est toujours constituée de deux parties distinctes: une partie *condition* et une partie *action*. La partie *condition* peut être vue comme étant précédée d'un *SI* tandis que la partie *action* est précédée d'un *ALORS*. Les règles du tableau 2 constituent un petit système de règles de production.

Tableau 2
Illustration d'un système de règles de production

Règle		Condition-s[1]	Action-s[2]	
Règle 1	SI:	J'ai obtenu le total ET Qu'il est incorrect	ALORS:	Ça ne va pas
Règle 2	SI:	Ça ne va pas ET C'est important	ALORS:	Je vérifie mes calculs
Règle 3	SI:	Ça ne va pas ET Ce n'est pas important ET Je suis paresseux	ALORS:	Je vais voir le prof ET Je demande de l'aide

1. Aussi appelée-s: partie gauche ou antécédent-s
2. Aussi appelée-s: partie droite ou conséquence-s

La logique d'utilisation de ces règles est la suivante: SI la partie *condition* d'une règle donnée est remplie (ou vraie) ALORS la partie *action* devient vraie et est ajoutée à la *base de faits connus*.

Notez que la partie *condition* peut inclure plusieurs conditions devant être remplies conjointement (l'on parlera alors de *conjonction conditionnelle*, i.e. de conditions reliées par des ET-logiques). Les trois règles du tableau 2 exigent ainsi plus d'une condition à remplir simultanément pour activer la partie *action*. De même, la partie *action* peut impliquer plus d'une action.

Les cas de disjonction (OU-logique) sont spéciaux selon que l'on considère la partie *condition* ou la partie *action*. Pour la partie condition d'une règle, la création de règles séparées peut couvrir les cas de disjonctions. Le tableau 3 montre une solution à ce problème: la création de deux règles indépendantes ayant une partie *action* identique. Pour ce qui est d'une disjonction du coté de la partie action, elle est considérée comme illogique dans la mesure où elle ne réflète que l'absence de règles supplémentaires permettant de clarifier l'action à suivre. En effet, SI (*Ça ne va pas* ET *C'est important*), je peux faire d'autres choses que vérifier mes calculs. Par exemple, je pourrais lorgner du coté de mon voisin si je n'ai pas fait mes devoirs. La solution consiste donc, dans ces cas, à approfondir le problème en le précisant par une autre règle qui pourrait être: SI (*Ça ne va pas* ET *C'est important* ET *Je n'ai pas fait mes devoirs* ET *J'ai un voisin assez près de moi*) ALORS (*Je copie sur lui*). Cet ajout de règles plus précises est l'enjeu de l'étape d'acquisition de connaissances dont nous parlerons plus loin.

Tableau 3
Illustration de la disjonction conditionnelle

Règle	Condition-s	Action-s
Solution de la règle unique:		
Règle 1	SI: [J'ai obtenu le total ET Qu'il est incorrect] OU [Je ne sais pas calculer]	ALORS: Ça ne va pas
Solution en deux règles distinctes		
Règle 1	SI: J'ai obtenu le total ET Qu'il est incorrect	ALORS: Ça ne va pas
Règle 2	SI: Je ne sais pas calculer	ALORS: Ça ne va pas

Enfin, il faut noter que, dans un système de règles de production pures, les règles sont *modulaires* dans le sens où aucune règle ne réfère *explicitement* à une autre. Ceci n'exclut pas qu'il y ait une hiérarchie fonctionnelle. En effet, dans l'exemple du tableau 2, les règles 2 et 3 suivent la règle 1, dans la mesure où la partie *action* de la règle 1 s'insère dans les parties *condition* des règles 2 et 3. De telle manière que pour activer la règle 2 ou 3, il faut que la règle 1 ait été vraie. Cette modularité des systèmes de règles de production pures réfère au fait que la modification d'une règle n'implique pas qu'il faille modifier les autres règles et c'est ce qui en fait une représentation de choix pour traiter de problèmes symboliques complexes: chaque unité de connaissance peut être traitée indépendamment lors du développement du système, dans la mesure, bien entendu, où le système est *pur* et ne cache pas de dépendances implicites. Nous verrons un peu plus loin que, pour un esprit retors, il est toujours possible de jouer sur ce tableau et de créer des dépendances implicites.

Ce qui apparaît facile à percevoir dans ce système à trois règles devient plus difficile (sinon impossible) à percevoir dans des systèmes regroupant plus d'une cinquantaine de règles. Or, nous venons de voir qu'il est souvent nécessaire d'augmenter le nombre de règles du système de règles de production dans les cas de disjonction. Dans la mesure où l'on veut traiter d'un problème complexe, la base de connaissances deviendra très vite assez volumineuse au point d'empêcher d'en percevoir toutes les ramifications logiques. Par exemple, un système intelligent d'enseignement peut impliquer de 1 000 à 3 000 règles pour couvrir une matière très bien définie!

Ce phénomène a eu et aura encore des conséquences directes sur le développment des systèmes-experts. Bien que plusieurs types de solutions soient disponibles, la création d'un système-expert compétent demeure une tâche ardue où il ne suffit pas d'aligner un ensemble de règles, mais où il faut aussi vérifier la consistance interne et la fidélité de reproduire un diagnostic (ou une décision) dans des conditions données.

2. Le moteur d'inférences

Comme nous l'avons mentionné plus haut, le moteur d'inférences est la partie du système-expert qui utilise la base de faits connus (donnés ou déduits) et le système de règles de production afin de parvenir à la solution d'un problème.

Il y a deux grands types de moteur d'inférences: ceux à chaînage arrière et ceux à chaînage avant.

Moteur d'inférences à chaînage arrière: Ce type de moteur est nommé ainsi parce qu'il fonctionne à reculons: c'est-à-dire qu'il part de la partie action d'une règle et tente de vérifier si la partie condition de cette règle est vraie.

Par exemple, dans le contexte du petit système de règles de production du tableau 2, si je désire utiliser le système pour savoir s'il est pertinent que *Je vérifie mes calculs*, je donnerai comme but au moteur d'inférences de vérifier cette conclusion. Un exemple de comportement du moteur est présenté au tableau 4. Le moteur procède par buts et sous-buts selon les règles suivantes:

1. Trouver toutes les règles ayant en partie *action*, la conclusion finale à vérifier. Dans le tableau 4, cette conclusion finale à vérifier est: *Je vérifie mes calculs* (étape 1).
2. Vérifier que toutes les clauses de la partie *condition* de ces règles sont vraies. Dans le tableau 4, il faut vérifier si les conditions *Ça ne va pas* et *C'est important* sont vraies (étapes 2 et 7). Pour effectuer cette vérification les sous-règles suivantes sont appliquées:

Tableau 4
Illustration du chaînage arrière
(en référence au tableau 2)

	Hiérarchie des buts visés ou DEDUCTION	Règle (partie)	Faits connus
1	Je vérifie mes calculs est-ce vrai?	2 (action)	
2	Ça ne va pas est-ce vrai?	2 (condition)	
3	Ça ne va pas est-ce vrai?	1 (action)	
4	*J'ai obtenu le total* est-ce vrai?	1 (condition)	L'usager dit VRAI
5	*Qu'il est incorrect* est-ce vrai?	1 (condition)	L'usager dit VRAI
6	DÉDUCTION		Ça ne va pas est VRAI
7	C'est important est-ce vrai?	2 (condition)	L'usager dit VRAI
8	DÉDUCTION		Je vérifie mes calculs est VRAI

a- Si l'information se trouve dans la base de faits connus, cette clause est vérifiée et il faut continuer avec les autres clauses, s'il y en a, ou faire la déduction qui s'impose si toutes les clauses sont vraies. Dans le tableau 4, les étapes 6 et 8 représentent de telles déductions à partir du contenu de la base de faits connus.

b- Si l'information ne se trouve pas dans la base de faits connus alors:
- S'il n'y a pas d'autres règles où cette clause se retrouve en partie *action*, poser la question à l'usager. C'est ce qui se passe dans le tableau 4, aux étapes 4, 5 et 7.
- S'il existe une règle où cette clause se retrouve en partie *action*, se fixer comme but intermédiaire de vérifier cette clause en procédant comme pour la clause finale. Dans le tableau 4, *Ça ne va pas* n'étant pas dans la base de faits connus et existant comme partie *action* de la règle 1, le moteur se fixera comme but intermédiaire de vérifier si les deux membres de la partie *condition* de la règle 1 sont vrais (étapes 3, 4 et 5).

3. Si, à un moment donné ou un autre, un membre de la partie *condition* d'une règle (dont la partie *action* constitue un but ou sous-but) est FAUX, alors remonter l'arbre de buts et sous-buts. Par exemple si, à l'étape 4, *J'ai obtenu le total* est FAUX, alors il faudrait déduire (dans le contexte de ce petit système de règles de production) que *Ça ne va pas* est FAUX

et, conséquemment, *Je vérifie mes calculs* est aussi FAUX. Ce qui terminerait le raisonnement.

La lecture de l'exposé de ces règles de fonctionnement du moteur d'inférences à chaînage arrière est en mesure de vous indiquer la nature mécanique relativement simple du moteur d'inférences. L'essentiel de l'*intelligence* de ces systèmes-experts repose en bonne partie sur le système de règles de production formant la base de connaissances. En effet, si ce composant est mal formulé ou précisé (comme c'est le cas ici), tout le système perd de son *intelligence*. Nous rediscuterons souvent de l'importance prioritaire d'une bonne base de connaissances.

Moteur d'inférences à chaînage avant: Ce type de moteur tente de tirer les conclusions qui s'imposent en appliquant ce qu'il y a dans la base de faits connus à la partie *condition* des règles de la base de connaissances.

Par exemple, si *Ça ne va pas* est VRAI et se trouve dans la base de faits connus, ce type de moteur d'inférences notera que la partie *action* des règles 2 et 3 est plausible et attendra (ou demandera) des informations pour pouvoir conclure définitivement. S'il obtient comme information que *C'est important* est VRAI, alors il pourra conclure en *Je vérifie mes calculs* est VRAI, car tous les membres de la partie *condition* de la règle 2 sont VRAIS.

Conclusions: Les deux types de moteurs impliquent des contraintes et ont des qualités spécifiques.

Au niveau des contraintes de mémoire (au sens informatique du terme), un moteur à chaînage arrière exige que l'on maintienne en mémoire (d'une manière ou d'une autre) toute la liste des buts et sous-buts représentant le cheminement du système à un point donné afin que le moteur puisse effectuer son travail. Un moteur à chaînage avant, quant à lui, imposera la nécessité de mécanismes efficaces de *reconnaissance* et de rappel des règles utilisant dans leur partie *condition* les faits déjà connus; par exemple, dans notre système à trois règles, au moins deux règles ont comme condition *Ça ne va pas*, et le moteur doit se rappeler de ces deux règles jusqu'à ce qu'un nouveau fait permette d'en éliminer une; dans un système de plusieurs centaines de règles, ce problème devient majeur.

Au niveau des exigences liées à l'application elle-même, par exemple, dans le contexte de la *surveillance* d'un élève effectuant une tâche, l'on pensera à utiliser un moteur d'inférences à chaînage avant, celui-ci étant en mesure de travailler avec la base de connaissances au fur et à mesure que les informations sur l'élève se présentent; bien qu'il demeure impossible de poser un diagnostic précis sans avoir toutes les informations, ce type de moteur peut fournir un éventail des diagnostics acceptables, étant donné les informations qui se trouvent dans la base de faits connus. Si la tâche à exécuter en est une de diagnostic *a posteriori*, un moteur à chaînage arrière peut très bien effectuer cette tâche, toutes les informations étant potentiellement disponibles. Il reste toujours la possibilité de recourir à un moteur d'inférences mixte qui serait contrôlé par des règles de production pouvant *décider*, selon que certaines conditions sont remplies, d'inférer par chaînage arrière ou par chaînage avant. Malgré que cette solution soit nécessaire et réaliste dans des cas pratiques, ce qu'il faut retenir, c'est qu'il s'agit encore d'une contrainte qui retombe ultimement sur le système de règles de production lui-même, sur la base de connaissances. En ce sens, la base de connaissances deviendra de plus en plus complexe à vérifier et valider[3].

Quant au problème technique de la *résolution de conflits*[4], plusieurs solutions sont disponibles. Ultimement, ici encore, une bonne partie du problème *devrait* être résolu par une formulation adéquate et plus complète de la base de connaissances.

---

3. Dans le même ordre d'idées, l'utilisation de *frames*, d'*objets* et de *classe d'objets* rend la validation de la base de connaissances plus difficile. En fait, il n'y a pas de solutions technologiques pures à ce problème de complexité. Le problème, quant à nous, existe dans l'objet même que ces technologies tente de reproduire: l'intelligence humaine. Tout au plus, existe-t-il des solutions *méthodologiques* pouvant améliorer nos efforts de *simulation* du comportement humain intelligent.
4. Il y a *conflit* lorsque plusieurs règles peuvent être satisfaites (en partie ou en tout) par les faits connus se trouvant dans la base de faits connus. Plus ce nombre de règles *concurrentes* est grand plus le système est ralenti. Cela exige un mécanisme de *résolution de conflits*. Certains noyaux de création de systèmes-experts incorpore des stratégies de résolutions de conflits avec lesquels l'usager-développeur doit vivre; McDermott et Forgy (1978) les classifient comme suit: résolution par réfraction (Brownston *et al.*, 1985), résolution par ordonnement des données (Buchanan et Shortliffe, 1984), résolution par ordonnement des règles (Weiss et Kulikowski, 1984), résolution par déclenchement parallèles des règles (Thibadeau, 1982).

Quoi qu'il en soit, il est absolument nécessaire d'examiner de plus près le développement d'un système de règles de production. Cette démarche nous permettra de nous rendre compte de l'importance de l'étape dite de l'*acquisition de connaissances*, au cours de laquelle il faut formuler (en termes de règles de production) ce qui permet à l'expert humain d'accomplir une tâche donnée.

Le développement d'un système de règles de production

Nous venons de voir que le système de règles de production constituant la base de connaissances d'un système intelligent est le pivot de l'intelligence du système. Il est intéressant, pour notre propos, de voir comment les concepteurs de systèmes-experts s'y prennent pour constituer un système de règles de production ayant les caractéristiques voulues (voir Buchanan *et al.*, 1983; Buchanan et Shortliffe, 1984).

L'acquisition de connaissances pour un système-expert: Cette démarche de création du système de règles de production s'appelle l'*acquisition de connaissances*. Elle pose des problèmes importants et difficiles à résoudre parce que le système produit doit: être transparent afin d'en faciliter le développement et afin de pouvoir expliquer son raisonnement; être performant, c'est-à-dire tirer des conclusions pertinentes dans leur précision et fidèles aux problèmes soumis (par rapport à ce qu'un expert humain ferait dans de telles conditions). Pour ce faire, la quantité et la qualité des connaissances se trouvant dans la base de connaissances doit être suffisante.

Ces problèmes sont suffisamment importants pour en avoir fait une discipline à part appelée l'*ingénierie de la connaissance*. La méthode adoptée par ce type de spécialiste est hautement itérative, c'est-à-dire qu'elle ne peut pas s'effectuer d'un trait et qu'elle implique des affinages successifs jusqu'à ce que le système se comporte de manière satisfaisante. La nature des connaissances recherchées explique en grande partie le caractère mal défini du processus d'acquisition de connaissances. En effet, s'il s'agissait de connaissances fermement établies et formalisées, un traitement algorithmique classique permettrait à un programme de résoudre le problème efficacement. Or, les connaissances recherchées sont souvent très subjectives, mal organisées et rarement formulables de manière à les encoder directement dans un programme: définitions, relations, faits spéciaux, algorithmes particuliers, stratégies et heuristiques du domaine que l'on veut couvrir.

Six étapes principales sont généralement identifiables; mais elles ne sont pas nécessairement suivies de façon linéaire, car des retours en arrière sont souvent imprévisibles et nécessaires. Dans tous les cas, l'ingénieur de la connaissance est toujours en interaction suivie avec le ou les experts humains associés aux travaux.

Il y a d'abord une première étape d'*identification* du problème où l'on cherche à caractériser les aspects importants du problème que le système-expert devra résoudre: les experts disponibles, les caractéristiques générales du problème à résoudre, les ressources disponibles (matérielles et humaines) et les buts précis de tout cet effort. Vient ensuite l'étape de *conceptualisation* qui permet de préciser plus explicitement les concepts et les relations clés identifiées à l'étape précédente. La troisième étape est celle de la *formalisation* du problème, c'est-à-dire du choix d'un mode de représentation technique du problème et de la traduction, dans ce formalisme, des concepts, relations, sous-problèmes et de toutes les informations identifiées précédemment. Il s'agit d'une étape cruciale dans la mesure où un choix inadéquat de représentation formelle risque, plus tard, d'exiger que l'on reprenne cette étape. Quatrièmement, l'on procède à une première *implantation* informatique qui donnera le jour au premier prototype du système-expert. Cette implantation se fait avec les outils plus ou moins parfaits mis à la disposition de l'ingénieur: éditeur spécialisé, vérificateur de syntaxe des règles, identificateurs d'inconsistance, etc. En cinquième lieu commence la période de *test* du prototype: par l'utilisation de données réelles où le système est confronté avec des experts humains; par des affinages grossiers permettant de combiner des ensembles de règles ou de créer de nouvelles règles, et par tout autre moyen en mesure de permettre le test exhaustif du système. La qualité du travail effectué à ce moment détermine finalement le niveau final de performance du système et son utilité réelle. Tous les aspects du système doivent être testés: la valeur de son raisonnement, l'interface avec l'usager, la capacité de fournir des explications de son raisonnement, l'adéquation du moteur d'inférences, les points aveugles du système, etc. Si l'on parvient à être relativement satisfait du prototype, suit l'étape de sa *révision* en fonction des problèmes reconnus durant les tests; et l'on re-teste le tout jusqu'à ce que l'ensemble soit définitivement acceptable (ou rejeté!).

Cette création d'un système de règles de production peut prendre quelques semaines ou quelques années selon la nature du problème traité. Si les problèmes à résoudre sont relativement restreints, le développement prendra évidemment moins de temps. Par contre, s'il s'agit d'une expertise d'une certaine grandeur et-ou si les décisions qui seront prises par le système sont importantes (que l'on pense à un diagnostic médical ou à des décisions qui impliquent que des sommes importantes soient investies), alors le développement peut s'étaler sur plusieurs années. Un des systèmes-experts les mieux connus, MYCIN, permettant le diagnostic et le traitement de maladies infectieuses, constitue un exemple éloquent: le projet MYCIN a débuté en 1973 et a donné lieu à des révisions multiples et à une révision majeure (NEOMYCIN) au début des années 80.

Les difficultés recontrées lors de l'acquisition de connaissances sont donc multiples. Elles peuvent relever des limites mêmes de la technologie des systèmes-experts ou de la complexité impliquée par le test et l'affinage d'un système de règles de production. Deux des difficultés que rencontrent l'ingénieur de la connaissance sont de nature plus psychologique.

Premièrement, il y a parfois une inadéquation (partielle ou complète) entre la représentation mentale réelle utilisée par l'expert humain et la représentation informatique utilisée. Il en résulte alors des inconsistances qui limitent l'utilité du système-expert. Par exemple, même si une représentation objet est une représentation informatique puissante en elle-même, il n'est pas dit que l'expert humain que l'on cherche à modeler utilise une telle représentation; or, de contraindre les connaissances de l'expert humain à se conformer à un tel cadre risque plus souvent qu'autrement d'aboutir à un système artificiel handicapé dans son fonctionnement ou son développement ultérieur.

Deuxièmement, il est rarement facile pour l'expert humain d'exprimer les connaissances qu'il possède: l'humain devient expert en accumulant des connaissances brutes, mais aussi en acquérant de l'expérience. Une des caractéristiques de toute personne expérimentée est d'avoir intériorisé, automatisé certains raisonnements au point de ne plus être consciente de leur fonctionnement (cf. Anderson, 1983; Kolodner et Simpson, 1986). Ce problème majeur fait présentement l'objet de recherches fondamentales, autant en psychologie (Anderson, 1983) qu'en sciences informatiques (Laird *et al.*, 1986).

L'acquisition de connaissances pour un système intelligent d'enseignement: Si l'acquisition de connaissances pour la création d'un système-expert est si laborieuse, il faut admettre que, pour les concepteurs de systèmes intelligents d'enseignement, ces problèmes sont considérables. En effet, chacun des modules nécessite une approche rigoureuse si l'on veut que le système en entier fonctionne adéquatement.

Or, à part quelques exceptions, la littérature disponible à ce propos est exempte d'informations précises. Les informations disponibles touchent principalement aux éléments des modules d'expertise de domaine et de diagnostic (Anderson *et al.*, 1984 et 1985; Genesereth, 1982; Soloway *et al.*, 1983). Et là encore, on réfère à des travaux de compilation: typologie des erreurs commises par les élèves ou de type de plans adoptés lors de la création d'un programme? En aucun cas, l'on ne mentionne l'utilisation d'une méthodologie systématique d'acquisition de connaissances spécifiques. D'un certain côté, l'ampleur de la tâche que se sont fixés ces chercheurs peut excuser en bonne partie ces oublis méthodologiques. D'un autre côté, plusieurs systèmes souffrent de ces oublis, en particulier au niveau de l'expertise proprement tutorielle: où, quand et comment réagir à l'élève suite à un diagnostic donné. Assez curieusement, les développements les plus explicites sur ce sujet, ont été faits par l'équipe du projet MYCIN (Clancey 1982, 1984a, 1984b) et ont abouti à la refonte de MYCIN en NEOMYCIN, lui incorporant des méta-règles dirigeant à un niveau supérieur le raisonnement de MYCIN.

Le diagnostic et l'intervention pédagogique sont certainement des habiletés acquises par expérience qui sont autant *encodables* que les habiletés du médecin spécialiste (des maladies infectieuses dans MYCIN: Buchanan et Shortliffe, 1984), de l'ingénieur minier (dans PROSPECTOR: Duda *et al.*, 1979) ou du chimiste (dans DENDRAL: Lindsay *et al.*, 1980). Certains invoqueront le caractère flou de l'expertise pédagogique. Même dans ce cas, certaines méthodes sont disponibles et peuvent permettre d'extraire des connaissances de l'expert pédagogue.

Il est intéressant de noter que pour une science aussi jeune, il y ait déjà des retours historiques enrichissants. Il faut savoir qu'un personnage important pour l'introduction du formalisme des règles de production en intelligence artificielle est Allen Newell. En effet, il utilisait ce formalisme au cours des années 60, à l'université Carnegie-Mellon, pour développer des modèles du fonctionnement intellectuel. Et, c'est au cours de discussions qu'il eut avec Edward Feigenbaum que l'idée lui vint d'utiliser ce formalisme dans le cadre du projet DENDRAL à l'université Stanford. De là, elle fit son chemin jusqu'aux systèmes-experts que nous connaissons aujourd'hui. Mais Allen Newell poursuivit ses travaux de recherche en psychologie et s'associa à Herbert Simon. Tous les deux mirent au point une méthodologie expérimentale d'étude du fonctionnement intellectuel qui eut des retombées importantes (Newell et Simon, 1972): l'analyse de protocoles.

L'ANALYSE DE PROTOCOLES[7]

En guise d'introduction disons que les techniques d'analyse de protocoles (Ericsson et Simon, 1984) ont l'avantage d'un formalisme se prêtant directement à la constitution d'une base de connaissances. Elles consistent à soumettre un sujet à une tâche cognitive pertinente, soit par exemple d'enseigner la lecture, au cours de laquelle il doit verbaliser les activités mentales qui l'oc-

5. La définition du mot protocole utilisée dans ce contexte est celle référant au procès-verbal ou au compte rendu-écrit d'une opération.

cupent. L'analyse du protocole verbal, obtenu après la transcription d'enregistrements audiophoniques, exige: (1) la segmentation et l'encodage des transcriptions; (2) la comparaison de ce protocole encodé avec un protocole simulé (à l'aide d'un système de règles de production représentant la formalisation théorique postulée des processus intellectuels impliqués); (3) les résultats de cette comparaison permettent de critiquer et d'affiner le système de règles de production.

Nous examinerons tout d'abord les fondements théoriques de l'analyse de protocoles en passant par les critiques ayant été formulées à l'égard de cette méthode et par la pertinence du formalisme final qu'elle implique généralement.

Fondements théoriques

Une bonne partie des critiques qui ont été formulées à l'endroit de l'analyse de protocoles proviennent de malentendus à propos de ce que ce terme recouvre. En ce sens, le terme *analyse de protocoles* mérite d'être précisé. En effet, Bouwman (1983) distingue quatre types de démarche qualifiée d'*analyse de protocoles*. La démarche de survol consistant à repérer les informations (souvent anecdotiques) pouvant aider à interpréter certaines autres observations (plus quantitatives). La deuxième méthode est celle du *scoring* où l'on inventorie les fréquences d'apparition de certains comportements importants pour la recherche envisagée. Le *modelage global* constitue une troisième façon de faire et implique la formulation en termes d'organigrammes et d'algorithmes précis des processus de prise de décision. Enfin, la quatrième catégorie de démarche est celle dont nous parlons ici: Bouwman (1983) l'appelle *simulation par ordinateur* parce qu'il s'agit de développer un programme fonctionnel qui reproduira, étapes par étapes, la démarche de résolution de problèmes observée dans le protocole recueilli.

Les autres types de critiques, plus sérieuses celles-ci, ont trait à l'impossibilité que les sujets auraient d'avoir un accès conscient aux processus qu'ils utilisent pour résoudre un problème (Nisbett et Wilson, 1977). En ce sens, cette technique n'aurait pas de valeur scientifique étant donné qu'elle impliquerait une interprétation subjective des informations se trouvant dans le protocole. Ericsson et Simon (1984) réfutent cette critique en soulignant que l'analyse de protocoles, si elle est appliquée à des tâches bien définies et avec des postulats théoriques bien précisés *a priori*, ne peut pas donner lieu à des interprétations fausses de la réalité. Ces postulats, tirés de ce que plusieurs années de recherche en psychologie ont permis de connaître, et les corollaires expérimentaux qu'ils impliquent, permettent d'obtenir des protocoles verbaux réflétant réellement les activités intellectuelles en cours et contraignent l'analyse elle-même à rester au niveau de ce qui se retrouve de fait dans les protocoles. Ericsson et Simon (1984) insistent pour dire que c'est seulement à cette condition que les critiques de non-accès du sujet à son cheminement intérieur et de subjectivité d'interprétation peuvent être réfutées.

En particulier, mentionnons le postulat théorique selon lequel seule l'information ayant accès à la mémoire à court terme du sujet peut être verbalisée. Les implications de ce postulat sont multiples. Au niveau du déroulement de la tâche soumise au sujet, il est essentiel de ne pas utiliser une procédure *intrusive* pouvant affecter la mémoire à court terme; par exemple, demander une explication au sujet, en cours d'exécution de la tâche, risque de vidanger la mémoire à court terme et d'affecter les verbalisations subséquentes. Au niveau du type de tâches auxquelles on soumet le sujet, il faut distinguer les tâches faisant appel à des processus intellectuels très automatisés, des tâches plus cognitives; en effet, dans la mesure où les processus sont exécutés automatiquement, il n'y aura pas d'accès intermédiaire à la mémoire à court terme et les verbalisations, s'il en est, ne pourront pas révéler ces processus. De même, si la charge intellectuelle impliquée par la tâche est trop grande, le sujet, réaffectant ses ressources, verbalisera moins et le protocole obtenu sera donc incomplet.

Pour ce qui est de l'analyse proprement dite, Ericsson et Simon (1984) jugent essentiel de préciser *a priori* les règles selon lesquelles l'encodage des protocoles verbaux bruts sera effectué. Ils démontrent autant la nécessité que la validité scientifique de procéder préalablement à une analyse formelle de la tâche devant être exécutée afin d'en tirer les éléments principaux et, ultérieurement, de segmenter les protocoles en fonction de ces élements principaux. Cette analyse préalable est nécessaire afin d'avoir des jalons pour l'encodage et la simulation, car ce sera le protocole *encodé* qui sera simulé. Elle est aussi valide scientifiquement parce que, d'une part, l'ensemble des règles d'encodage constitue en soi des hypothèses théoriques et que, d'autre part, lors de la comparaison des résultats de simulation avec le protocole encodé, la validité théorique des règles d'encodage sera directement évaluée en fonction de la concordance obtenue entre le protocole encodé et le protocole simulé.

Finalement, Ericsson et Simon (1984) imposent des contraintes à la méthode d'analyse de protocoles qui font que la subjectivité du chercheur est éliminée jusqu'au point de rendre la méthode acceptable pour un cochercheur. De plus, la théorie postulée s'exprime forcément fonctionnellement étant donné qu'elle doit donner lieu à une simulation. En fait, le programme de simulation constitue la représentation théorique choisie, de même manière qu'un ensemble d'équations en physique représente la théorie physique postulée ou que certaines autres théories sont exprimées sous une forme verbale. Finalement, les affinages théoriques (suite à la comparaison de la *théorie* programmée et la *réalité* des protocoles encodés) se feront en modifiant la représentation théorique qu'est le programme de simulation.

La figure 2 résume les étapes de cette démarche ainsi que les contraintes méthodologiques qu'elle impose afin que cette méthode soit acceptable comme méthode témoignant de la démarche intellectuelle utilisée par une personne ayant un problème quelconque à résoudre. Il faut rappeler que, dans la mesure où cette méthode révèle effectivement ce que *raisonne* une personne, elle peut donc aussi révéler ce qu'un expert *raisonne* et décide. Il s'agit donc d'une méthode qui peut être avantageusement utilisée en acquisition de connaissances et qui a l'avantage de ne pas impliquer un subjectivisme coûteux exigeant la reformulation pénible et répétée du prototype. La méthode d'analyse de protocoles implique par contre des coûts afférents d'un autre ordre (reconnus par Ericsson et Simon, 1984): la transcription et la simulation des protocoles.

Enregistrer un sujet effectuant une tâche tout en verbalisant

Transcrire les verbalisations du sujet

Segmenter les verbalisations en unités distinctes pour l'encodage

À partir:

- d'un inventaire du vocabulaire usuel
- d'un inventaire du vocavulaire spécialisé
- d'un inventaire des opérateurs de base impliqués par la tâche ou le sujet de recherche

Encoder chacune des unités distinctes en termes d'opérateurs appliqués par le sujet à propos de termes ou de concepts précis (généraux ou de son domaine)

Formaliser le jeu des opérateurs et des termes en domaines de termes de système de règles de production et en tenant compte que:

- Chacune des conditions doit référer aux termes ou concepts généraux ou de domaine
- Les productions constituent l'application d'un opérateur
- Les actions doivent correspondre à ce qui a été encodé

Comparer (statistiquement ou qualitativement) le protocole encodé aux résultats du système de règles de production

Figure 2. Principales étapes de l'analyse de protocoles.

Les coûts reliés à la transcription peuvent être substantiellement réduits par l'utilisation de services professionnels de transcriptions sténographiques. Quant aux coûts reliés à la simulation, il faut tout d'abord savoir que le formalisme généralement adopté par les psychologues cognitivistes en est un utilisant des systèmes de règles de production (cf. Anderson, 1976 et 1983; Newell et Simon, 1972); ces coûts seront donc appréciablement diminués en utilisant des noyaux de création de systèmes-experts adéquats, par opposition à l'écriture directe de programmes en LISP, PROLOG ou tout autre langage informatique.

C'est ainsi que l'analyse de protocoles peut remplir le double objectif de cerner les connaissances que possède un expert humain dans un formalisme consistant avec le formalisme généralement adopté pour la création de systèmes intelligents (système-expert ou système intelligent d'enseignement).

Il s'agit maintenant de discuter des avantages particuliers de l'analyse de protocoles comme méthode d'acquisition de la connaissance.

Pourquoi l'analyse de protocoles?

Dans un contexte où l'acquisition de connaissances se fait sans aucune méthodologie précise, l'adoption d'une démarche relativement standardisée a l'avantage certain de favoriser la communication entre les spécialistes de l'acquisition de connaissances. En effet, actuellement, le développement des techniques d'acquisition de connaissances prend des allures telles qu'il devient quasiment nécessaire d'en faire en soi un sujet d'étude de l'intelligence artificielle. Certains chercheurs ont exploré dans cette veine et développé des outils pour remplacer partiellement l'ingénieur de la connaissance (Suwa *et al.*, 1984). Or, cette solution est, non seulement paradoxale, mais aussi potentiellement dangeureuse, dans la mesure où elle risque de n'aboutir qu'à la mise en forme de procédés limités dans leurs capacités d'évolution. L'étude des processus intellectuels ayant cours lors de l'acquisition de connaissances est en soi une tâche majeure nécessitant une méthodologie déjà acceptable et bien définie de l'acquisition de connaissances: au risque que le serpent se dévore lui-même par la queue!

Les problèmes de coûts (en ressources et en temps) que l'analyse de protocoles implique peuvent être réduits en appliquant les suggestions mentionnées plus haut. Ceci étant fait, en termes de coûts, l'analyse de protocoles se compare avantageusement avec les techniques *ad hoc* ayant cours actuellement. Tout en ayant l'avantage d'assurer une progression systématique vers une meilleure définition de la base de connaissances. Trois facteurs favorisent cet objectif.

Premièrement, le problème de l'encodage de ce qu'il est convenu d'appeler des métaconnaissances est pratiquement résolu lorsque l'on utilise l'analyse de protocoles. En effet, dans le contexte de l'analyse de protocoles, les métaconnaissances ne constituent qu'un degré différent d'encodage (et de vérifications) des protocoles verbaux obtenus: il est possible à tout moment de choisir d'examiner un protocole au niveau microscopique ou macroscopique.

Deuxièmement, la validation des systèmes de règles de production, ainsi que leur affinage, s'insèrent dans une démarche expérimentale bien définie. La figure 3 illustre bien qu'il est toujours possible de valider les systèmes de production à travers différents individus-experts ou à travers différentes tâches potentiellement exécutables par un individu-expert: c'est l'intersection des règles de production des différents systèmes produits qui constitue l'expertise générale que l'on cherche à dévoiler.

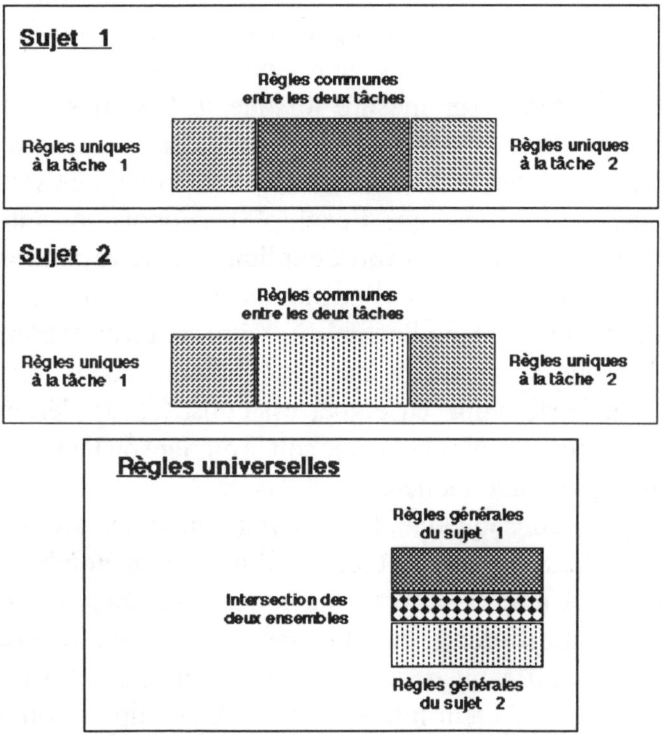

Figure 3. Utilisation de l'analyse de protocoles dans un contexte expérimental contrôlé.

Troisièmement, bien que les systèmes de règles de production ainsi produits s'attachent autant à reproduire les comportements positifs que négatifs des sujets-experts étudiés, il est, dans le cadre de ce formalisme, généralement facile de préciser ce qui relève des idiosyncrasies du moteur humain afin de le retrancher du système en vue d'une meilleure performance.

Il est tentant de mentionner, par exemple un type de recherche pour lequel nous avons décidé nous-mêmes d'utiliser cette méthodologie. La problématique de nos recherches se situe dans le cadre de l'expertise tutorielle dans les systèmes intelligents d'enseignement. Plus précisément, nous nous intéressons à la capacité de créer des exemples sur mesure lorsque le besoin s'en fait sentir. Cette capacité est importante dans la mesure où elle est fréquente chez le tuteur humain quel que soit le domaine qu'il enseigne: l'exemple bien choisi sert autant à présenter une matière qu'à expliquer à l'élève comment et pourquoi il est dans l'erreur. Nous supposons que le fonctionnement intellectuel du maître créant un exemple, bien que s'exprimant par des comportements variés selon le domaine enseigné, est constitué de dénominateurs communs quelle que soit la matière ou les maîtres enseignant une matière.

En conséquence, la démarche que nous adoptons est d'analyser les protocoles d'un certain nombre de sujets différents œuvrant dans des domaines d'enseignement différents, de telle manière que les protocoles obtenus reflètent deux facteurs: un facteur inter-individus et un facteur inter-matières. La comparaison des systèmes de règles de production de chacun des protocoles permettra de préciser les points d'intersection entre individus et matières et, ultimement, de préciser quelles sont les règles générales et indépendantes du domaine enseigné pouvant servir à créer au besoin des exemples à des fins didactiques.

CONCLUSION

Le lecteur cherchant à savoir ce qu'il lui faut attendre des techniques de l'intelligence artificielle mérite notre attention. En effet, le portrait que nous avons tracé de l'intelligence artificielle et de ses errements est plutôt sombre pour l'éducateur qui espérait en ces techniques.

Une première conclusion qui s'impose est que quelle que soit la machine ou le logiciel *intelligent*, les besoins réels de l'éducateur risquent d'être déçus. En effet, si ces outils sont moins que satisfaisants pour le spécialiste en intelligence artificielle, il faut croire que la personne désirant les utiliser sur le terrain éducatif, à moins d'être naïve, rencontrera des difficultés qui ne justifient pas l'investissement nécesssaire. Ce phénomène n'est pas nouveau en EAO et l'historien éclairé aura tôt fait de noter qu'à plusieurs reprises le monde de l'éducation s'est approprié des techniques qui se sont révélées décevantes à l'usage: les techniques de l'intelligence artificielle gagneraient à être vues avec un certain recul de ce point de vue.

Deuxièmement, autant en intelligence artificielle qu'en éducation, le besoin se fait sentir de comprendre et formuler explicitement ce que fait l'expert humain. Cette quête est d'autant plus justifiable qu'elle intéresse deux sciences pouvant s'enrichir mutuellement. Mais il s'agit d'une quête et non d'acquis réalisés.

Troisièmement, dans la mesure où, d'une part, les technologies de l'intelligence artificielle sont présentement centrées, pour des raisons historiques, sur la création de systèmes performants et que, d'autre part, le développement de ces systèmes semblent exiger une réflexion se tournant un peu plus vers les capacités auto-explicatives de ces systèmes, il faut être optimiste sur les retombées possibles pour le domaine de l'éducation. En effet, que la capacité d'un système intelligent de donner des explications sur son propre comportement soit nécessaire pour le concepteur ne change en rien le fait qu'il faille explorer comment la chose doit se faire: le résultat ultime sera que le système s'explique! Ce qui est tout à l'avantage de l'éducateur en fin de compte, son travail étant justement d'*expliquer* à l'élève!

Quatrièmement et plus pratiquement, il faut s'attendre à ne pas assister à des miracles retentissants, mais plutôt à une insertion *en douceur* des acquis, au fur et à mesure qu'ils se feront.

Par exemple, la demande et l'appât du gain feront que plusieurs logiciels outils deviendront plus *intelligents*; les ressources financières impliquées au niveau de la société en général étant plus grandes pour ces applications, le domaine de l'éducation, qui ne peut ignorer le milieu de travail futur (ou actuel) de sa clientèle, saura sûrement profiter de ces développements.

Un autre exemple est celui des environnements de travail informatique. La tâche du chercheur en intelligence artificielle étant complexe, il a tendance à développer des outils spécialisés afin de rendre son travail plus efficace. Bien qu'il ne faille pas confondre outils et produits, il n'en reste pas moins que certains de ces environnements sont plus qu'intéressants pour les éducateurs. Faut-il rappeler que l'environnement Macintosh est un descendant direct des recherches ayant eu lieu au XEROX PARC, un haut lieu de l'intelligence artificielle au début des années 70.

Enfin, pour ce qui est des systèmes de règles de production, ils pourraient très bien être, dans un encadrement pédagogique approprié, ce que Logo espérait être: une manière d'explorer et de développer le raisonnement. Si l'on pense au fait qu'un système de règles de production se comportera de manière inappropriée lorsque les règles qui le constituent sont inadéquates ou imprécises, alors ce qui est un problème pour le développement de systèmes intelligents peut très bien être un avantage en éducation. En effet, un élève peut très bien tester et affiner la consistance de sa perception d'un domaine donné en le formulant en termes de règles de production et en observant le comportement du système qu'il a créé. L'effort d'encadrement pédagogique qu'une telle approche exige n'est pas sans importance, mais, au moins, est-il accessible, tout de suite, à tout éducateur de bonne volonté, disposant du temps nécessaire pour investir davantage auprès de ses élèves.

RÉFÉRENCES

ANDERSON, J.R. (1976). *Language, Memory, and Thought.* Hillsdale, NJ: Lawrence Erlbaum Associates.

ANDERSON, J.R. (1983). *The Architecture of Cognition.* Cambridge, Massachusetts: Harvard University Press.

ANDERSON, J.R., BOYLE, C.F., YOST, G. (1985). The geometry tutor. Proceedings of the Ninth International Joint Conference on Artificial Intelligence, Los Angeles, California, 1-7.

ANDERSON, J.R., FARREL, R.G., SAUERS, R. (1984). Learning to program in LISP. *Cognitive Science, 8(4)*, 87-129.

BOUWMAN, M. J. (1983). *The Use of Protocol Analysis in Accounting Research.* Manuscrit de travail inédit, Université d'Orégon.

BROWN, J.S. (1985). Process versus product: A perspective on tools for communal and informal electronic learning. *Journal of Educational Computing Research*, 1, 179-201.

BROWN, J.S., BURTON, R.R., DE KLEER, J. (1982). Pedagogical, natural language and knowledge engineering in SOPHIE I, II and III. *In* D.H. Sleeman & J.S. Brown (Eds.), *Intelligent tutoring systems*. London: Academic Press.

BROWNSTON, L., FARREL, R., KANT, E., MARTIN, N. (1985). *Programming Expert Systems in OPS5*. Reading, Mass.: Addison-Wesley.

BUCHANAN, B.G., BARSTOW, D., BECHTAL, R., BENNETT, J., CLANCEY, W., KULIKOWSKI, C., MITCHELL, T., WATERMAN, D.A. (1983). Constructing an Expert System. *In* F. Hayes-Roth, D.A. Waterman, D.B. Lenat (Eds.), *Building Expert Systems*. Reading, Mass.: Addison-Wesley, pp. 127-167.

BUCHANAN, B.G., SHORTLIFFE, E.H. (1984). Rule-based expert systems. Reading, Mass.: Addison- Wesley.

BURTON, R.R. (1982). Diagnosing bugs in a simple procedural skill. *In* D.H. Sleeman & J.S. Brown (Eds.), *Intelligent tutoring systems*. London: Academic Press.

BURTON, R.R., BROWN, J.S. (1979). An investigation of computer coaching for informal learning activities. *International Journal of Man-Machine Studies, 11*, 5-24.

CARBONNEL, J.R. (1970). AI in CAI: An artificial intelligence approach to computer assisted instruction. *IEEE Transactions on Man-Machine Systems, 11,* 190-202.

CLANCEY, W.J. (1982). Tutoring rules for guiding a case method dialogue. *International Journal of Man-Machine Studies, 11,* 25-49.

CLANCEY, W.J. (1984a). Use of MYCIN's rules for tutoring. *In* B.G. Buchanan & E.H. Shortliffe (Eds.), *Rule-based expert systems*. Reading, Mass.: Addison-Wesley.

CLANCEY, W.J. (1984b). Extensions to rules for explanation and tutoring. *In* B.G. Buchanan & E.H. Shortliffe (Eds.), *Rule-based expert systems*. Reading, Mass.: Addison-Wesley.

CLANCEY, W.J. (1987). *Knowledge-based Tutoring: The GUIDON Program.* Cambridge, Massachusetts: MIT Press.

DUDA, R.O., GASCHNIG, J.G., HART, P.E. (1979). Model design in the PROSPECTOR consultant system for mineral exploration. *In* D. Michie (Ed.), *Expert systems in the micro-electronic age*. Edinburgh: Edinburgh University Press.

ERICSSON, K.A., SIMON, H.A. (1984). *Protocol Analysis.* Cambridge, Massachusetts: The MIT Press.

FLETCHER, J.D. (1984). Intelligent instructional systems in training. *In* S.A. Andriole (Ed.), *Applications in artificial intelligence*. Princeton, NJ: Petrocelli.

GENESERETH, M.R. (1982). The role of plans in intelligent teaching systems. *In* D.H. Sleeman & J.S. Brown (Eds.), *Intelligent tutoring systems*. London: Academic Press.

GOLDSTEIN, I.P. (1982). The genetic graph: A representation for the evolution of procedural knowledge. *International Journal of Man-Machine Studies, 11,* 51- 77.

GRIGNETTI, M., HAUSMAN, C.L., GOULD, L. (1975). An intelligent online assistant and tutor: NLS-SCHOLAR. Proceedings of the National Computer Conference, 775-781.

KIMBALL, R. (1982). A self-improving tutor for symbolic integration. *In* D.H. Sleeman & J.S. Brown (Eds.), *Intelligent tutoring systems*. London: Academic Press.

KOLODNER, J.L., SIMPSON, R.L. (1986). Problem Solving and Dynamic Memory. *In* J.L. Kolodner et C.K. Riesbeck (Eds.), *Experience, memory and reasonning*. London: Lawrence Erlbaum Associates, pp. 99-114.

LAIRD, J., ROSENBLOOM, P., NEWELL, A. (1986). *Universal Subgoaling and Chunking*. Boston, Mass.: Kluwer Academic Publisher.

LANTZ, B.S., BREGAR, W.S., FARLEY, A.M. (1983). An intelligent CAI system for teaching equation solving. *Journal of Computer-Based Instruction, 10,* 35-42.

LINDSAY, R.K., BUCHANAN, B.G., FEIGENBAUM, E.A., LEDERBERG, J. (1980). *Applications of Artificial Intelligence for Organic Chemistry: The DENDRAL Project.* New York: McGraw-Hill.

McDERMOTT, J., FORGY, C. (1978). Production system conflict resolution strategies. *In* D.A. Waterman & F. Hayes-Roth (Eds.), *Pattern-Directed Inference Systems*. London: Academic Press.

MILLER, M.L. (1982). A structural planning and debugging environment for elementary programming. *In* D.H. Sleeman & J.S. Brown (Eds.), *Intelligent tutoring systems*. London: Academic Press.

NEWELL, A., SIMON, H.A. (1972). *Human Problem Solving*. Englewood Cliffs, New Jersey: Prentice Hall.

NISBETT, R.E., WILSON, T.D. (1977). Telling more than we can know: Verbal reports on mental processes. *Psychological Review, 84,* 231-259.

O'SHEA, T. (1979). A self-improving quadratic tutor. *International Journal of Man-Machine Studies, 11,* 87-124.

RAUCH-HINDIN, W.B. (1986). *Artificial Intelligence in Business, Science and Industry, Volumes I et II.* Englewood Cliffs, NJ: Prentice-Hall.

SLEEMAN, D.H. (1983). Inferring student models for intelligent computer-aided instruction. *In* R.S. Michalski, J.G. Carbonell & T.M. Mitchell (Eds.), *Machine Learning: An Artificial Intelligence Approach.* Palo Alto, California: Morgan Kaufmann.

SLEEMAN, D.H., BROWN, J.S. (1982). *Intelligent tutoring systems.* London: Academic Press.

SOLOWAY, E.M., RUBIN, E., WOOLF, B.P., BONAR, J.G., JOHNSON, W.L. (1983). MENO-II: An AI-based programming tutor. *Journal of Computer-Based Instruction, 10(1),* 20-34.

STEVENS, A.L., COLLINS, A. (1977). The goal structure of a Socratic tutor. Proceedings of the National ACM Conference, 256-263.

SUPPES, P. (1981). *University-level computer-assisted instruction at Stanford: 1968-1980.* Institute for Mathematical Studies in the Social Sciences, Stanford University, Stanford, California.

SUWA, M., SCOTT, A.C., SHORTLIFFE, E.H. (1984). Completeness and consistency in a rule-based system. *In* B.G. Buchanan & E.H. Shortliffe (Eds.), *Rule-based expert systems.* Reading, Mass.: Addison-Wesley.

THIBADEAU, R. (1982). CAPS: A language for modelling highly-skilled knowledge-intensive behavior. *In Proceedings of the National Conference on the Use of On-line Computers in Psychology.* APA.

WEISS, S.M., KULIKOWSKI, C.A. (1984). *A Practical Guide to Designing Expert Systems*. Totowa, NJ: Rowman & Allanheld.

WENGER, E. (1987). Artificial Intelligence and Tutoring Systems. Los Altos, California: Morgan Kaufmann.

WESTCOURT, K, BEARD, M., GOULD, L. (1977). Knowledge-based adaptative curriculum sequencing for CAI: application of a network representation. Proceedings of the National ACM Conference, 234-240.

WILLIAMS, M.D., HOLLAN, J.D., STEVENS, A.L. (1983). Human reasonning about a simple physical system. *In* D. Gentner & A.L. Stevens (Eds.), *Mental models*. Hillsdale, New Jersey: Lawrence Erlbaum Associates.

MICRO-INFORMATIQUE ET ENSEIGNEMENT DU FRANÇAIS

Michel Thérien et Marie-Christine Paret

D'une façon très significative, on peut dire que le traitement du langage et de l'information constituent à l'heure actuelle l'une des applications les plus intéressantes de la micro-informatique. Après avoir présenté les différents champs d'application de la micro-informatique en français, les auteurs dégagent l'intérêt des didacticiels et des logiciels outils en français et dressent le bilan de l'apport de Logo à l'apprentissage de la langue.

Michel Thérien, professeur agrégé, faculté des Sciences de l'éducation, Université de Montréal. Diplômé des Universités de Montréal, McGill et Paris, ses recherches, ses publications et son enseignement portent principalement sur l'analyse de discours, le fonctionnement du discours littéraire et les applications pédagogiques de l'ordinateur en français. Co-directeur, avec Gilles Fortier, de *Didactique de la lecture au secondaire* (1985) publié par les Éditions Ville-Marie. Monsieur Thérien s'intéresse particulièrement aux compétences discursives et culturelles . Depuis 1978, il intègre l'informatique à ses travaux et recherches didactiques.

Marie-Christine Paret, professeure agrégée, Département de didactique, Université de Montréal, diplômée des Universités de Lyon et de Montréal (M.A. Lettres, Ph. D. linguistique), son enseignement, ses recherches et ses publications portent sur l'analyse de la langue écrite des adolescents, l'écriture, la didactique du français et l'enseignement de la langue assistée d'ordinateur. Co-auteur de *Norme et grammaire générative* (1983) avec Yves-C. Morin, de *L'enseignement du français langue maternelle* (1987) avec Gilles Bibeau, Claude Lessard et Michel Thérien et d'articles sur les applications pédagogiques de l'ordinateur.

Alors qu'on aurait vraisemblablement pensé que l'utilisation la plus fréquente de la micro-informatique scolaire, au-delà de l'informatique en tant que telle, fût celle de la mathématique, habitués de longue date que nous étions à utiliser les gros ordinateurs comme machines à calculer, il semble qu'au contraire, la langue, notamment avec le traitement de textes, ait à l'heure actuelle une plus grande faveur dans la micro-informatique scolaire: dans les projets acceptés au ministère de l'Éducation du Québec par la Direction générale du développement pédagogique, 17 concernent le français, contre 10 pour les mathématiques — 8 projets mixtes s'adressent à l'une et à l'autre (Leclerc, 1985).

Il y a beaucoup d'activités dans le domaine et même si la recherche et les études sont relativement récentes, comme la machine elle-même, et les productions encore modestes, il est important — à ce moment-ci de son développement — de faire le point sur l'apport de la micro-informatique à la didactique et à l'enseignement du français. Notre tour d'horizon se fera en quatre temps: d'abord nous verrons les différents domaines d'application de la micro-informatique en français; nous verrons ensuite les types de didacticiels et les logiciels pouvant être utilisés dans les classes de français; enfin nous dégagerons l'apport de Logo à l'apprentissage de la langue.

1. POURQUOI UN ORDINATEUR EN CLASSE DE FRANÇAIS ?

Les domaines d'application de la micro-informatique à l'enseignement/apprentissage du français sont multiples et variés. Nous donnerons quelques pistes et réalisations en lecture, vocabulaire, orthographe, écriture, narration, syntaxe, analyse de texte et auprès des clientèles spéciales.

On distingue traditionnellement deux façons d'utiliser l'ordinateur pour l'apprentissage: comme enseignant ou tuteur — on parle alors d'enseignement assisté par ordinateur (EAO) — et comme outil. En simplifiant, on peut y voir d'une part une utilisation ouverte, créative, qui met l'accent sur les processus plutôt que sur les connaissances, des logiciels qui offrent des occasions à l'enfant de construire lui-même ses apprentissages, qui permettent de créer autre chose, d'explorer certains domaines dont le contenu n'est pas fixé, qui laissent l'initiative à l'élève; on les appelle logiciels de création; le traitement de textes entre dans cette catégorie: il n'impose pas de produire tel écrit plutôt que tel autre ni ne dit *comment* le faire, les résultats de la démarche entreprise par l'élève ne sont pas connus à l'avance, c'est ce dernier qui construit des produits nouveaux, en l'occurrence des textes, grâce aux instruments mis à sa disposition par l'ordinateur.

D'autre part, il existe des logiciels éducatifs qu'on peut appeler fermés, où le contenu est à peu près fixe (si certains ont des contenus renouvelables, ils ne le sont qu'en partie: mots de vocabulaire, corpus d'exemples, chaque étape de la démarche demeurant fixée) où l'élève n'a pas l'initiative, où les réponses sont connues d'avance et contraignantes; c'est ce qu'on appelle traditionnellement un *didacticiel,* c'est-à-dire un programme d'ordinateur conçu à des fins d'enseignement. Pour un professeur de français, c'est un programme que ses élèves peuvent utiliser pour apprendre du français, qui propose un certain contenu de connaissances, par exemple l'accord du participe passé et les homophones grammaticaux (Thérien, 1982), qu'il vise à faire maîtriser selon une ou plusieurs démarches structurées établies par le concepteur.

Cette vision un peu simpliste de ce que l'informatique peut apporter en éducation présentait encore récemment les choses de la façon suivante: il y avait des pistes nobles pour la micro-informatique à l'école, comme celle du traitement de textes, et des pistes inférieures parce qu'il était question de «contenus» à transmettre, de leçons... On faisait mine de voir là l'éternel conflit entre les pédagogies nouvelles et les pédagogies traditionnelles, les premières centrées sur le développement de la personne qui se construit en créant, les dernières préoccupées de faire emmagasiner des connaissances, et on les dévalorisait. Mais il semble que cette analyse dichotomique de la situation tend aujourd'hui à se nuancer, qu'une période de réalisme commence où on entend bien ne pas se priver de toute l'aide que pourrait fournir la nouvelle technologie informatique.

D'ailleurs, vouloir bannir l'un ou l'autre type d'application, c'est avoir une vision bien étroite de ce qu'est l'apprentissage; on s'accorde au contraire à voir dans ce dernier une construction qui s'élabore à partir des matériaux qu'offre l'environnement, et où se combinent et se soutiennent mutuellement les connaissances et les habiletés; pour le langage, par exemple, se conjuguent la connaissance du vocabulaire et de la syntaxe et l'habileté à les utiliser (Smith, 1975). L'objectif du cours de français n'est pas seulement d'acquérir des connaissances mais «de développer des habiletés langagières» (*Guide pédagogique*, secondaire, p. 93). Cependant, l'acquisition de connaissances est aussi indispensable pour l'apprentissage que les pratiques de lecture ou d'écriture et que la réflexion sur ces pratiques.

La connaissance de la grammaire ou de l'orthographe ne représente qu'une petite partie de la maîtrise du français, qui est bien plus l'acquisition d'une compétence de pensée et de communication englobant des habiletés beaucoup plus larges et plus variées. Un des aspects de cette compétence est la capacité de produire des discours écrits — composer des textes — qui mette en action celle de structurer des contenus, d'organiser des idées. L'ordinateur apporte ici un autre type de soutien. Les objectifs pédagogiques de ce type d'utilisation ne sont pas la maîtrise de contenus disciplinaires, mais le développement d'habiletés plus générales, plus intégratrices.

Les systèmes de traitement de texte, en sont un exemple; ils tiennent une large place dans la micro-informatique associée au français en offrant à l'utilisateur une foule de possibilités d'écriture et de correction (Hébert, 1985). Joints au traitement de textes, les correcteurs, tels en français *Hugo* (Manseau, 1988), se présentent sous la forme d'un dictionnaire interactif disponible à l'usager en processus d'écriture. Il n'en reste pas moins que l'on se trouve au départ devant une page vide à remplir! Ce qui devient alors primordial, c'est l'environnement pédagogique mis en place par l'enseignant, en commençant par la détermination d'objectifs précis pour chacune des étapes de la démarche, puis un encadrement structuré qui suppose une intervention importante de sa part. Le traitement de textes n'est en rien une méthode, il n'est qu'un outil plus sophistiqué que le papier-crayon.

À ce niveau même, il existe de plus en plus de logiciels qu'on pourrait qualifier d'aides à la composition puisqu'ils essaient de jouer une partie du rôle d'encadrement que nous mentionnions, par exemple en suivant et en stimulant le travail de l'élève, comme le *Jeu du dragon* (Gaudreault-Noël *et al.*, 1986) qui propose personnages, accessoires et structures de récits pour favoriser l'apprentissage des structures narratives et la production de récits différents à partir de la même matrice structurelle. Le logiciel *Thinktank* permet de structurer une idée, *Scénario-6* (Michaud, 1986) de faciliter la création de séquences de documents ou de récits tandis que *Logitexte* (Fréchette, 1986) ou *Le Barde* (Bertrand, 1988) s'orientent vers les jeux et la création poétiques; il existe également des aides à la réalisation d'autres types de messages, comme la lettre d'invitation (Canale, 1984).

Par ailleurs, depuis de nombreuses années, les psychologues s'intéressent à la compréhension en lecture et tentent d'implanter à l'ordinateur des modèles de compréhension (Beaugrande, 1984). Pour le moment, ces travaux sont plutôt réservés aux gros ordinateurs et ne sont guère utilisables dans nos écoles. Nous avons dans la fameuse «valise» destinée aux commissions scolaires un logiciel sur les tests de closure (Berthelot et Fortier, 1984) qui pourrait permettre aux enseignants de produire, au-delà des tests de closure traditionnels, de nombreuses activités de lecture centrées, par exemple, sur l'identification de catégories morphologiques, lexicales, la comparaison de synonymes donnés dans les lacunes, etc. Il est de maniement relativement facile et offre de nombreuses possibilités dans le choix des réponses acceptables et du degré de difficulté des exercices.

Dans un autre domaine, on peut dire que l'informatique conjugée à la télématique donne un jour nouveau à la correspondance scolaire: c'est le courrier électronique. Il s'agit dans ce cas de communiquer à distance avec un élève ou un autre groupe — qui n'est pas nécessairement très éloigné — et il peut se greffer autour de cette situation de communication mille projets impliquant la langue, la lecture et l'écriture. C'est ce que Danielle Shaw a réalisé depuis quelques années à la Commission scolaire Abénakis, où plusieurs écoles étaient en liaison avec des écoles de France (Sévigny, 1985). Bien qu'encore peu développée, cette utilisation de la micro-informatique est une des plus intéressantes sur le plan pédagogique car elle constitue une situation naturelle de communication (voir ici même l'article de Myre).

Un peu comme pour Logo, comme on le verra plus loin, la micro-informatique s'est particulièrement consacrée aux clientèles spéciales, notamment les déficients auditifs, les handicapés visuels et les infirmes cérébraux moteurs (Dubuisson, 1986, à laquelle nous empruntons les exemples donnés ici). Auprès des malentendants, l'utilisation du Minitel (Groscolas, 1984) ou le projet PIPO (Gélinas-Chebat et Dubuisson, 1985) visent à favoriser la communication écrite par l'utilisation des messageries et du courrier électronique. Semblablement, au service des handicapés visuels, on dispose à l'heure actuelle, de lecteurs automatiques de français et de synthétiseurs de la parole (Marty et Hart, 1985). Enfin, peut-être mieux connu et le plus répandu, le langage Bliss ou le PPTK (Goodman, 1981) permettent aux infirmes moteurs cérébraux de briser le mur du silence et de communiquer avec une plus grande efficacité avec leur entourage. L'intérêt de ces réalisations, non seulement grand pour ces clientèles mais pour tout usager de la parole et de l'écriture, ouvre des avenues par lesquelles la science-fiction d'hier est en train de devenir la réalité d'aujourd'hui.

2. LES DIDACTICIELS

Une des raisons des critiques sévères adressées aux didacticiels ces dernières années a été, il faut le reconnaître, la médiocrité de leurs contenus. Un obstacle majeur à l'utilisation de l'ordinateur en classe à l'heure actuelle du côté de la didactique du français langue maternelle (voir Lamarche, 1985) est la pénurie criante du matériel informatique aux qualités pédagogiques intéressantes: tous les intervenants en éducation le soulignent (voir *Table ronde sur l'implantation des APO*, 1985, et aussi INRS-Education, 1985).

Mais est-il juste, parce que les débuts ont été difficiles, de rejeter le principe de toute intervention de l'ordinateur dans le domaine de l'acquisition de connaissances ? Nous ne le croyons pas. Voyons d'abord quels sont les domaines où l'ordinateur peut intervenir en apportant des contenus de connaissances (donc à l'aide de didacticiels). Certains mécanismes de la langue sont systématiques, l'on peut donc les décrire et les faire jouer au profit de l'apprentissage, que ce soit au niveau du fonctionnement linguistique (règles d'accord, mécanismes de dérivation, syntaxe, par exemple), ou du fonctionnement du discours (pronoms et leurs référents, système des temps, statut du narrateur, entre autres).

L'orthographe a été une des premières applications de l'enseignement programmé et son aspect formel et répétitif s'est bien prêté à l'ordinateur. Les leçons de Thérien (1982), et dans leur prolongement celles de Guillette (1985), portant sur certains homophones et sur l'accord du participe passé conjugué avec avoir, associent approche inductive et enseignement micro-gradué. Le logiciel *Écriture et dictées visuelles* de la valise ne constitue pas un véritable apprentissage, mais en tenant compte de la variation de vitesse d'écriture, il n'est pas sans intérêt comme exerciseur. Les exercices de vocabulaire, recherches de mots, jeu du pendu, Tictactoe, se prêtent bien au micro-ordinateur et peuvent constituer un élément d'apprentissage. Le jeu *Maximot* (1984) de la valise est une sorte de Scrabble, intéressant quoique étrange quand fait selon les règles du logiciel. Les travaux d'Émirkanian et Bouchard (1984b) sur la relative montrent également la possibilité d'aborder dans une perspective didactique l'étude de la syntaxe à l'ordinateur. Paret *et al.* (1986, 1987) ont travaillé sur le récit, non pas dans une perspective de production mais de compréhension, à la fois d'éléments textuels (l'instance narrative) et syntaxiques (le discours direct/indirect).

S'il est du ressort de l'école de faire acquérir la maîtrise de ces habiletés, pourquoi se priver d'un outil supplémentaire, qui ne conviendra peut-être pas à tous, mais certainement à plusieurs (le succès de l'ordinateur chez les enfants en difficulté en témoigne)? D'ailleurs, comme le souligne Bibeau (1985), «Pourquoi faire faire l'exposé redondant, la répétition ennuyeuse, la redite harassante à celui qui est le moins bien préparé pour le faire, tandis qu'on voudrait éviter ces tâches à la machine pourtant si bien pourvue en ce domaine?»

D'autres aspects de la langue sont beaucoup plus difficiles à traiter automatiquement: les mécanismes sémantiques (qui posent tant de problèmes à l'analyse des langues naturelles) et pragmatiques (l'organisation des discours en situation). D'une part ce qui touche au discours est mal connu, et d'autre part beaucoup plus imprévisible que des unités comme les groupes syntaxiques ou l'orthographe. Des logiciels comme *Déredec*

(Plante, 1985) et *Sato* (Daoust, 1986) permettent cependant, au niveau de la recherche, l'exploration sémantique, syntaxique et pragmatique du discours, et les travaux de Thérien (1986) sur le fonctionnement du discours argumentatif dans le roman ouvrent des perspectives dans cette direction.

Quant à la situation de communication enfant-ordinateur, elle n'est pas une situation au sens du programme de français car il n'y a pas vraie communication, l'ordinateur n'étant qu'un médium comme le papier ou le film. Mais là aussi, à plus long terme, on sait que l'on pourra, comme on le fait déjà pour l'anglais, développer des logiciels de simulation qui reconstitueront une variété de situations qui seront autant d'environnements possibles d'apprentissage.

En attendant, nul n'ignore les qualités très réelles de l'ordinateur qui rendent son intervention efficace sur le plan pédagogique: patience, mémoire, rapidité de réaction, disponibilité, flegme, objectivité, mais surtout sa capacité de s'adapter au *rythme* de l'usager, et même d'offrir une aide particulière et des correctifs adaptés au type de difficulté de ce dernier (donc une évaluation formative beaucoup plus nuancée), d'expliquer les mêmes choses sous des formes différentes, grâce à l'aspect *individuel* du travail à l'ordinateur et des possibilités d'interaction, c'est-à-dire de dialogue, de plus en plus raffinées entre l'élève et l'outil. On est loin des exercices de répétition traditionnels: on peut faire et on commence à faire infiniment mieux (Decoo, 1986). Mais il est impérieux que ce matériel soit élaboré d'une part à partir d'un design pédagogique sérieux, c'est-à-dire justifié théoriquement par les recherches en psychologie de l'apprentissage et en didactique, d'autre part en tenant compte des exigences particulières du média micro-ordinateur dans l'élaboration du design informatique.

La situation pédagogique se caractérise par les interactions qui s'installent à différents niveaux entre l'élève et le maître, l'élève et le groupe, le groupe et le maître; dans le cadre scolaire, le dialogue entre enseignant et apprenant est donc une des situations de base dans lesquelles se construisent les apprentissages. Il est possible de simuler certains types de situations scolaires à partir de leurs éléments essentiels; autrement dit, de retrouver les conditions naturelles d'une communication pédagogique favorable aux apprentissages (Paret *et al.*, 1987). La simulation de dialogues pédagogiques repose sur la tentative de modéliser les démarches d'exploration de l'élève en situation d'apprentissage, soutenues et alimentées par les interactions avec l'ordinateur. Il ne s'agit plus, dès lors, d'une conception de l'enseignement comme accumulation pure et simple de connaissances, mais comme appropriation progressive d'habiletés. Cela suppose le respect de contraintes strictes en ce qui a trait à la qualité, au type et au style des interactions (Bork, 1980; Decoo, 1986). Le système doit suivre une démarche qui permette la construction des apprentissages en partant de ce qui est acquis par l'apprenant, soumettre à sa réflexion des informations qui l'amèneront à une découverte personnelle, et dont on vérifiera l'intégration par un questionnement, mais aussi par des suggestions, des suppléments d'information, des aides successives correspondant à ses diverses tentatives, et des retours en arrière.

Le point crucial sur lequel repose toute l'efficacité de ce dialogue est l'analyse qui est faite des réponses (Labelle, 1986). Le traitement des mauvaises réponses doit pouvoir s'adapter étroitement au diagnostic des difficultés auxquelles se heurte l'élève; comme le souligne Bork (1980): «Good dialogs often devote more of the program to responding to wrong answers than to the main line material». Actuellement, les outils pour construire ce type de matériel sont de plus en plus puissants, pour ne pas dire de plus en plus directement manipulables par les maîtres eux-mêmes, comme en témoigne par exemple le système *G* de Marc Meurens et ses applications (Dubuisson, 1986).

Même si on l'a peu fait jusqu'ici, on peut concevoir des didacticiels motivants, qui aident et guident l'élève afin qu'il participe à une démarche qu'il choisira en grande partie, qu'il se pose des questions, réfléchisse, essaie, se trompe, essaie à nouveau, discute avec son équipe, trouve enfin. Qu'y aurait-il donc là de bête et d'inutile? D'ailleurs, ces logiciels-là, les enfants les aiment et réussissent bien avec: une étude de Kulik *et al.* (1983) qui analyse 42 évaluations comportant des tests de contrôle faites aux deux cycles du secondaire, montre que l'EAO «a des effets positifs sur la réussite des élèves» et des effets positifs également sur les attitudes. Le seul ennui, pour le moment, c'est qu'en français du moins, il y en a peu, ce qui explique peut-être en partie l'accent mis sur les logiciels immédiatement utilisables,

les logiciels «outils», dont nous allons maintenant dire quelques mots.

3. LES LOGICIELS OUTILS

Comme nous l'avons vu plus haut, trois types de logiciels outils sont particulièrement fonctionnels et adaptés à l'enseignement/apprentissage de la langue: le traitement de textes, la base de données et le tableur. Il ne sera pas question ici du traitement du textes. Il convient cependant de souligner qu'ils forment tous les trois un beau triangle, comme le montre, entre autres, l'expérience entreprise par Plante *et al.* (1986) dans une école primaire de Rimouski et de laquelle nous nous inspirerons ici. Cette expérience se fait dans le cadre de l'intégration des matières et, tout en soulignant l'intérêt d'une telle démarche, surtout au primaire, on verra que dans le seul cadre du français, il pourrait y avoir avantage à utiliser la base de données et le tableur.

3.1 La base et la banque de données

L'élève a souvent de la difficulté à organiser et à traiter de l'information. Au primaire, les programmes en sciences de la nature et en sciences humaines, par exemple, amènent l'élève à traiter de grandes quantités de données. Il doit donc acquérir plusieurs habiletés. Un logiciel de base de données qui permet précisément de constituer des catégories de classement rend plus faciles à la fois l'entrée et la consultation de l'information.

Soit l'exemple donné à la figure 1: Les animaux. La première colonne à gauche contient les sujets (objets) de la base de données, soit le chien, le chat, le singe, le cheval, etc. Les autres colonnes données en exemple constituent les domaines (d'étude): le féminin, le nom donné au petit, l'habitat, la nourriture, le physique, les images (figures de style) associées à l'animal, etc. Chaque rangée contiendra donc tous les champs définis pour chaque animal et chaque colonne, la valeur d'un champ pour un animal donné. On peut consulter la base de données par rangées ou par colonnes. On voit facilement l'immense intérêt de semblables consultations. Les données entrées dans la base sont gardées sur disquettes et peuvent être rappelées, consultées, augmentées, modifiées, tout au long d'un travail, voire de l'année.

Animaux	Fém.	Petit	Habitat	Nourriture	Physique	Image	Etc.
chien							
chat							
singe							
cheval							
lapin							
etc.							

Fig. 1 Les animaux

Point n'est besoin d'être grand clerc, nous semble-t-il, pour entrevoir les multiples applications d'un tel outil à l'intérieur des cours de français. Les suggestions que donnait Mareuil (1985) face à la place et au traitement de l'information dans les classes de français, apparaissent encore plus intéressantes à mettre en pratique avec un logiciel de base de données. À titre de suggestions, nous donnons quelques exemples d'application:

- comparer différents articles de journaux sur un même sujet pour évaluer la précision de l'information;
- comparer différentes publicités faisant la promotion d'un même produit pour en apprécier le rapport avantages/prix;
- comparer différentes versions d'un même conte pour en dégager la logique des actions;
- comparer différents discours des personnages d'un même roman pour en dégager l'axiologie;
- comparer différentes focalisations narratives pour en dégager l'effet sur la lecture, etc.

Il n'est pas exagéré de croire que la base de données pourrait constituer un adjuvant intéressant et capable de stimuler le développement de nombreuses habiletés comme, par exemple, l'habileté à repérer l'information, l'habileté à organiser l'information, l'habileté à découvrir des traits communs ou divergents dans un ensemble de données, l'habileté à faire des synthèses, etc.

Les travaux de Palkiewicz (1984, 1985), centrés sur la consultation de banques de données, visent au développement de la pensée formelle. Il est vraisemblable que la recherche et la vérification des descripteurs servant à la consultation puissent constituer un enrichissement des catégories cognitives utilisées par les élèves et développer l'habileté à préciser le sens des concepts se rapportant à un sujet donné. De même, comme nous l'avons vu plus haut, l'utilisation de banques de données pourrait contribuer à développer le maniement des relations entre catégories cognitives (relations de contingence, de causalité, de finalité, d'induction, de déduction, etc.). On peut penser qu'un peu à l'image de nos bibliothèques universitaires, les écoles auront bientôt accès à des banques de données documentaires informatisées et le cours de français constituera un des lieux privilégiés de leur interrogation.

Comme on l'a dit pour le traitement de textes, la base et la banque de données informatisées ne sont pas une panacée, elles seront valables dans la mesure où les données qu'on y aura accumulées ou interrogées auront un sens et une fonction, et qu'elles permettront des synthèses significatives et critiques. Critiques, oui, car au fur et à mesure que les élèves vieilliront, on définira des champs d'entrées appréciatives: cote d'intérêt, de pertinence, de précision, de vérité, etc., d'où, entre autres choses, l'intérêt de conjuguer la base de données au tableur.

3.2 Le tableur

Le logiciel de base de données permet de constituer un ensemble de données sur un même sujet/objet, de les modifier et de les consulter facilement à volonté. Dans l'esprit d'un cours de langue, le tableur permet surtout la représentation graphique de ces données et le calcul des champs à valeurs numériques. Sans trop entrer dans les détails, il faut convenir que la base de données permet cette seconde opération et que le tableur, même si ce n'est pas là sa véritable fonction, accepte des champs alphanumériques comme la base de données.

Revenons à notre exemple sur les animaux (fig. 1). Intéressant notamment les jeunes (même si elle est aussi appréciée des spécialistes), la représentation graphique fera parler les données et permettra de visualiser les résultats de certains calculs qui pourraient être signifiants. Ainsi, par exemple, à la figure 2, le fromage pourrait représenter la population animale herbivore, carnivore et mixte, ou l'histogramme, la population ani male domestique et sauvage, étant entendu qu'il avait été prévu d'y faire entrer semblables données ou informations qui, une fois calculées par l'ordinateur, se prêteraient à de telles représentations.

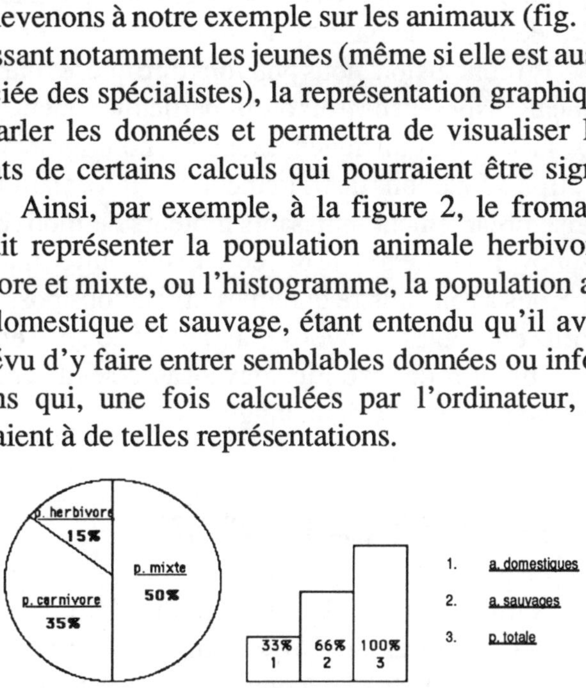

Figure 2 Représentation graphique de données

Nous indiquions plus haut l'intérêt à développer progressivement les champs appréciatifs et critiques: le tableur permettrait non seulement de faire la moyenne des textes intéressants, des informations pertinentes, des discours partiaux, des points de vue féministes ou pas, etc., mais aussi de représenter graphiquement ces résultats. Le tableur constitue en quelque sorte le prolongement de la base de données. On pourra trouver onéreux de passer par deux logiciels qui sont capables de faire un bon nombre d'opérations similaires, encore qu'on peut vraisemblablement penser que dans un avenir prochain on aura dans nos écoles des logiciels intégrant le traitement de textes, la base de données et le tableur.

En conclusion, nous pouvons dire que les maîtres de français disposent de trois outils particulièrement adaptés aux tâches linguistiques capables non seulement de multiples fonctions de traitement de l'information mais, vraisemblablement, puissants moteurs de motivation et d'innovation. Le mot le dit, ce sont des outils, mais nous espérons avoir illustré quelques utilisations possibles et profits envisagés. Voyons maintenant ce qu'il en est de Logo, un autre de ces outils souvent associés à l'enseignement/apprentissage de la langue.

4. LOGO ET LA LANGUE

À lire les articles de la presse éducative, à découvrir des livres aux titres aussi évocateurs que *Jaillissement de l'esprit* (Papert, 1981), à considérer la liste des projets d'innovation pédagogique soutenus par le M.É.Q. (en

1985, sur 110 projets présentés, 21 (19%) concernent Logo), on est frappé de ce qu'il n'est pas exagéré d'appeler la vague Logo (Leclerc, 1985).

Devant ce mouvement, on est en droit de se demander ce que peut apporter Logo à l'apprentissage du français. Pour répondre à cette question, nous interrogerons les articles d'opinion et les expériences ou études de cas. Ont été classées dans cette catégorie les recherches et études qui, sans se soumettre à un protocole expérimental, offrent suffisamment de garanties (données colligées, méthode d'observation rigoureuse, objectifs définis, etc.) pour constituer un apport fiable. Des recherches expérimentales, celles qui correspondent à un design classique (groupes expérimental et de contrôle), permettent d'isoler les variables, identifient les tests, bref, dont les résultats se définissent par les critères attendus de ce modèle, nous n'en avons trouvé aucune qui porte sur des apprentissages linguistiques (voir à ce propos Paret et Thérien, 1988). À cause de leur importance — qualitative et quantitative — nous intégrerons les études portant sur l'anglais et, notamment parce qu'ici même Jean-Claude Brief s'intéresse à «L'ordinateur et le développement de la pensée», nous dissocierons et exclurons de notre analyse ce qui concerne le développement de la pensée pour nous concentrer sur l'apport de Logo à l'apprentissage de la langue.

4.1 Les articles d'opinion

À la suite des textes produits par Papert lui-même ou des interviews qu'il a données dans différentes revues ou magazines affirmant les capacités de Logo d'améliorer les habiletés linguistiques et la communication des enfants, on peut dire que les articles d'opinion ont souvent tendance à dépasser la pensée même du maître.

S'appuyant sur la notion d'apprentissage syntone — selon lequel l'apprentissage ne se produit que si l'on peut trouver un sens profond à une notion nouvelle entrant en résonnance avec notre perception de ce qui est important, Fagan (1983) pense que Logo permettra de créer des situations où la composition écrite sera naturelle, dans le sens qu'elle correspondra à une motivation profonde de l'apprenant et l'entraînera dans une démarche de découverte où il y aura interaction entre lui et l'environnement (informatique). Émirkanian et Bouchard (1984a) rappellent la possibilité qu'offre Logo de générer des phrases aléatoires qui pourraient amener l'enfant à porter des jugements de grammaticalité. Ils concluent que «Logo peut amener tous ceux que la langue intéresse à réfléchir de façon détaillée sur tous les mécanismes du français.» Le moins que l'on puisse dire, c'est que les auteurs ne manquent pas de confiance en Logo. Côté (1984a) est également optimiste quant à l'apport éventuel de Logo à l'apprentissage de la langue. Il affirme qu'on «peut créer un micromonde de français qui soit aussi riche et accessible que celui de la tortue». Avec GENERE, il contribue à le créer. Remarquons qu'il s'agit de capacités du langage Logo non pas entièrement manipulé par l'enfant lui-même, mais par des spécialistes de la programmation, l'enfant n'intervenant que comme à-point. Dans quelle mesure ne renonce-t-on pas à ce qui fait la spécificité de Logo ?

Plus modestement, d'autres comme Hopper (1985) ou Caron *et al.* (1984) misent davantage sur des aspects du développement langagier déjà présents dans l'environnement Logo, tels que l'apprentissage de la précision dans les consignes à l'ordinateur (Papert, 1985, raconte la laborieuse transcription d'un enfant de trois ans pour contrôler le déroulement de ses activités), l'importance de l'orthographe pour retrouver ses procédures et le développement de la communication orale à l'occasion des échanges entre enfants qui expérimentent Logo. Il s'agit certes d'effets indiscutables et intéressants, mais là encore, la spécificité de Logo n'apparaît pas vraiment.

En général, les attentes sont grandes et pas toujours spécifiques à Logo. Voyons ce qu'apportent les expériences ou études de cas en réponse à cette question.

4.2 Les expériences et les études de cas

Un grand nombre d'écrits qui abordent l'apport de Logo à l'apprentissage de la langue ne rendent pas compte des instruments de mesure ou des grilles d'observation mis en place, et les données recueillies confinent en quelque sorte à l'impression.

Quelques remarques méritent cependant d'être faites sur ces recherches. On note un intérêt pour les clientèles spéciales: par exemple, Kramer (1984) a travaillé avec des décrocheurs du secondaire; Hoffer et Semmes (1984) font composer des poèmes *haïku* à leurs étudiants universitaires. Ces articles témoignent d'une grande capacité d'adaptation de Logo à la fois au sujet qui apprend et au contenu d'apprentissage.

On doit faire un sort particulier à l'étude-pilote de Fair et Hansson (1982) parce qu'elle constitue un apport significatif à la documentation Logo. Cette expérience avait pour objectif de mesurer, durant une année entière, entre autres choses, les effets de Logo sur certaines habiletés et stratégies cognitives d'enfants de huit et neuf ans. Au niveau des interactions, Logo a favorisé les échanges et le partage; au niveau des habiletés cognitives, les auteurs disent qu'il est difficile de conclure, mais ils ont observé qu'il fallait que les enfants respectent l'orthographe des procédures. Ils rejoignent ici Hopper (1985) et Caron *et al.* (1984).

C'est le célèbre projet de Brookline (Papert *et al.*, 1979; Watt, 1979a, 1979b) et deux études de cas (Côté, 1984b; Lawler, 1980), toutes les deux dans le prolongement méthodologique de cette recherche du M.I.T., qui constituent le principal apport à notre sujet. Il s'agit d'études relativement longues (deux années, sauf celle de Lawler, 1980, qui dure six mois); pour le projet de Brookline, les enfants ont fait du Logo de 20 à 40 heures. Côté (1984b) et Lawler (1980) travaillant avec leur propre enfant, il est difficile d'inférer un temps précis d'apprentissage, mais d'après ce qu'ils écrivent, on peut conclure qu'il est assez important. Ces études portent sur de jeunes enfants du primaire, à l'exception de celle de Côté (1984b) dont l'enfant ne fréquente pas l'école. Ces expériences sont des études de cas: la présentation des résultats et leur analyse sont de type ethnographique. Papert *et al.* (1979), Watt (1979a, 1979b) ne retiennent que 16 sujets, encore que l'analyse des résultats s'attarde dans le détail à certains cas particuliers.

Évidemment, à l'exception de Lawler (1980), les apprentissages linguistiques se doublent d'apprentissages mathématiques et géométriques: chiffres, angles, distances, etc. À côté d'objectifs cognitifs, le projet de Brookline poursuivait aussi des objectifs socio-affectifs et s'intéressait à la résolution de problèmes. En ce qui concerne la langue, il s'agit soit de l'apprentissage des lettres (Côté, 1984b), soit de la production d'histoires (Papert *et al.*, 1979; Watt, 1979a; Lawler, 1980) ou de lettres personnelles (Lawler, 1980), soit de jeu de Tictactoe (Papert *et al.*, 1979; Watt, 1979a). Les trois études peuvent être considérées comme positives, mais comme ces chercheurs s'intéressent plus aux processus qu'aux résultats, l'analyse est plus descriptive qu'évaluative.

Côté (1984b) présente les apprentissages que fait son fils; il montre davantage comment on peut apprendre avec Logo qu'il n'évalue à proprement parler un traitement. Lawler (1980) est plus catégorique: il veut démontrer que les structures narratives apprises par sa fille Miriam en Logo se retrouvent deux ans plus tard dans ses travaux scolaires. On admettra qu'il y ait pu avoir apprentissage grâce à Logo, mais le schéma narratif est si simple qu'il aurait bien pu s'apprendre en classe même. Papert *et al.* (1979) et Watt (1979a, 1979b) sont plus nuancés. Devant l'ordinateur, l'enfant est capable d'apprendre à structurer un texte, à jouer au Tictactoe, à écrire une histoire. Watt (1979b) regrette qu'on n'ait pas davantage tenu compte des nombreux échanges des enfants, une autre voie de recherche en Logo (Papert, 1985). C'est ce que Genishi *et al.* (1985) ont voulu faire et que Bonnier (1985) a observé à partir d'apprentissages essentiellement mathématiques et géométriques, propres à Logo.

À notre connaissance, il n'a été publié aucune étude expérimentale scientifique concernant Logo et l'apprentissage du langage, aucune qui ait tenté de fixer des objectifs en ce domaine, de vérifier dans quelle mesure ils auraient été atteints, grâce à un traitement Logo et avec un dispositif de contrôle rigoureux. Ils ne sont pas rares ceux qui prétendent que Logo est tellement unique qu'il génère en quelque sorte sa propre méthodologie d'analyse et d'expérimentation. Il faut porter au crédit de Logo les très substantielles études de cas émanant du M.I.T. et, il faut bien l'admettre, elles semblent devoir faire école.

Bref, jamais de résultats formellement quantifiés, et une attention portée sur les processus (apprentissage, écriture, ou résolution de problèmes dont il n'a pas été traité ici), plus que sur les produits eux-mêmes. C'est intéressant, mais pas toujours congruent avec le discours d'opinion. On pourrait retenir que Logo a à son crédit d'indéniables vertus communicatives et que comme il est lui-même un langage (de programmation), il n'est pas dénué de vraisemblance qu'il puisse contribuer à des apprentissages langagiers. Il n'est pas exagéré de penser que la venue récente de LogoWriter français reposera en d'autres termes l'apport de Logo à l'apprentissage de la langue puisqu'à l'intérêt de la tortue, voire des tortues, il allie le traitement de textes. Alors qu'à l'heure actuelle, il n'est même pas prouvé que le transfert s'opère de Logo aux concepts géométriques (Mitterer et Krasnor, 1985), il faudrait être encore plus prudent en ce qui concerne l'apprentissage de la langue. Comme l'écrit Boudon (1986, p. 290), il faut se méfier des boîtes noires qu'on traite comme des boîtes blanches.

> Ainsi, par une cascade d'effets de communication, un produit intellectuel ayant le statut d'une *théorie scientifique* à l'échelon du producteur initial prendra souvent la forme d'un *mythe* au niveau du récepteur final. Les vérités incluses dans la théorie primitive seront dépouillées de leur caractère conditionnel. Seules les grandes lignes de l'analyse seront conservées, et les modes d'argumentation rhétorique et exégétique tendront à se substituer à l'argumentation scientifique. Mais la force de conviction de ces variantes restera fondée sur l'autorité scientifique de la théorie.

5. CONCLUSION

Au terme de ce parcours, il faut bien conclure que si les réalisations et les acquis scientifiques sont assez modestes, les domaines d'application, l'emploi de didacticiels, de logiciels outils, voire Logo, constituent des pistes prometteuses: dans le virage technologique, les classes de français ont toutes les chances de ne pas être les plus démunies.

Le plaisir que nous prenons au maniement des idées, le plaisir que les enfants, comme nous, prennent à l'ordinateur, viennent à n'en pas douter de la même source (Atlan, 1986). Il faut que comme nous avec nos idées et nos ordinateurs, les élèves, avec les ordinateurs et les idées, prennent de plus en plus de plaisir à apprendre. Comme nous, comme Wells à 70 ans, qu'ils puissent dire: «Je n'ai pas la moindre envie de ranger mes jouets» (cité par de Beauvoir, 1970).

RÉFÉRENCES

Atlan, H. (1986). *À tort et à raison*, Intercritique de la science et du mythe, Paris: Éditions du Seuil, «Science ouverte».

Beaugrande, R. (1984). Critères d'évaluation des modèles du processus de lecture. *In* G. Denhière (1984), *Il était une fois..., Compréhension et souvenir de récits*, pp. 315-379.

Beauvoir, S. de. (1970). *La vieillesse*. Paris: Gallimard/ Idées, n° 409, 1985.

Berthelot, S. et G. Fortier. (1984). *Test de closure* (Logiciel). Montréal: Logidisque.

Bertrand, A. (1988). *Le Barde*. Montréal: Anima.

Bibeau, R. (1985). Les systèmes-auteurs: des outils pour les APO. *Bip Bip*, n° 37, pp. 38-40.

Bonnier, F. (1985). «Logo et la socialisation chez des enfants sourds. *Vie pédagogique*, n° 37, pp. 9-15.

Bork, A. (1980). Preparing student-computer dialogs: Advice to teachers. *In* Taylor (1980), éd. cit., pp. 53-66.

Boudon, R. (1986). *L'idéologie*. L'origine des idées reçues. Paris: Fayard, «Idées-Force».

Canale, M. (1984). *L'apprentissage de la langue avec une tortue intelligente*. Communication au 2e congrès annuel «L'ordinateur et l'éducation», Montréal, le 13 décembre 1984.

Caron, L., L. Jutras et P. Massé. (1984). L'ordinateur à l'école. *Liaisons*, vol. 8, n° 4, pp. 23-25.

Côté, B. (1984a). Logo et la notion de didacticiel. *Bip Bip*, n° 36, pp. 61-62.

Côté, B. (1984b). Lire, écrire et compter avec Logo. *Québec français*, n° 56, pp. 34-37.

Daoust, F. (1986). Logiciel *Sato*. Montréal: U.Q.A.M., Centre d'ATO.

Decoo, W. (1986). Informatique et linguistique appliquées: la dimension humanisante. *Bulletin de l'ACLA*, Actes du 17e colloque annuel, vol. 8, n° 2, pp. 7-21.

Dubuisson, C. (1986). «Applications pédagogiques de l'ordinateur auprès de populations spéciales», Communication faite au 4e Congrès annuel «L'ordinateur et l'éducation», Montréal.

Écriture et dictées visuelles (Logiciel). (1985). Stoneham: Créations Micro-Logiciels RB Inc.

Émirkanian, L. et L. H. Bouchard. (1984a). Logo et le français. *Liaisons*, vol. 8, n° 4, pp. 26-29.

Émirkanian, L. et L. H. Bouchard (1984b). *La phrase* (Logiciel). Montréal: U.Q.A.M.

Fagan, E. R. (1983). Writing/reading: Logo's syntonic learning. *The Computing Teacher*, vol. 10, n° 8, pp. 43-45.

Fair, J. W. et T.L. Hansson. (1982). *Micro-Computers and Young Children*, Rapport présenté à l'O.E.R.A., Toronto.

Fréchette, J.-Y. (1986). *Logitexte* (Logiciel). Non encore distribué.

Gaudreault-Noël, M., R. Gaudreault et J. Foster. (1985). *Le jeu du dragon.* (Logiciel). Chicoutimi: Éditions du dragon.

Gélinas-Chebat, C. et C. Dubuisson. (1985). Pipo au centre St-Norbert ou projet d'intervention pédagogique avec l'ordinateur auprès de malentendants. *Entendre*, nº 63, pp. 24-26.

Genishi, C., P. McCollum et E. Strand. (1985). Research currents: The international richness of children's computer use. *Language Arts*, vol. 62, nº 5, pp. 626-532.

Goodman, W. (1981). *The Plato PPKT System.* Rapport CERL E-19, Université d'Illinois.

Groscolas, M. (1984). Minitel — Enseignement assisté par ordinateur et déficients auditifs profonds. *Actes de Forum EAO 84*, Paris: ADI, pp. 345-353.

Guide pédagogique. Secondaire (1982). Québec: M.É.Q., D.G.D.P.

Guillette, C. (1985). Les structures ludiques de compétition et l'apprentissage de l'orthographe française par ordinateur. *In La Technologie éducative: Les nouveaux choix*, publié sous la direction de G. Provost, Lac-Beauport: Publications audiovisuelles/C.I.P.T.E., pp. 74-81.

Hébert, M.-M. (1985). *L'utilisation du traitement de textes en milieux scolaires. Recension de quelques recherches américaines.* Communication présentée au colloque «Évaluation de didacticiels de français et de logiciels de traitement de textes, A.Q.P.F. et I.N.R.S.-Éducation, Québec: Université Laval.

Hoffer, B. et P. Semmes. (1984). Computer Haiku: A classroom experiment with Logo in the language arts. *The Computing Teacher*, vol. 12, nº 4, pp. 53-54.

Hopper, C. (1985). Micro-ordinateur et pédagogie du français: état de la question. *Liaisons*, vol. 8, nº 1, pp. 39-41.

Huberdeau, M. (1985). Quand l'ordinateur se fait sorcier. *Vie pédagogique*, nº 34, pp. 18-20.

I.N.R.S.-Éducation (1985). *Évaluation de vingt-cinq didacticiels de français et de mathématiques*. Québec: M.É.Q.

Kramer, S. (1984). Word processing in a Logo environment. *Electronic Learning*, vol. 3, nº 6, pp. 70.

Kulik, J.A., R. Bangert et G.W. Williams (1983). Effects of computer-based teaching on secondary school students. *Journal of Educational Psychology*, vol. 75, nº 1, pp. 19-26.

Labelle, F. (1986). Des défis pour la linguistique appliquée. *Bulletin de l'ACLA*, Linguistique et informatique, vol. 8, nº 1, pp. 23-31.

Lamarche, R. (1985). *Ordinateur et pédagogie de l'orthographe*, Typologie de didacticiels. Montréal: Université de Montréal, Faculté des sciences de l'éducation, P.P.M.F.-primaire.

Lawler, R. W. (1980). *One Child's Learning: Introducting Writing with a Computer*, Artificial Intelligence Memo 575, Boston: M.I.T./A.I.L.

Leclerc, C. (1985). *Répertoire des projets de recherches en éducation*. Québec: M.É.Q., vol. VI, tome 2, juillet 1984 à juin 1985.

Manseau, H. (1988). *Hugo* (Logiciel). Montréal: Logidisque.

Mareuil, A. (1985). L'enseignement du français face au développement de l'information. *In* M. Thérien et G. Fortier (sous la direction de), *Didactique de la lecture au secondaire*, Montréal: Les Éditions Ville-Marie, pp. 151-173.

Marty, F. et R. Hart (1985). *Computer programs to transcribe french text into speech: problems and suggested solutions*. Rapport technique n° LLL-7-6-85, Université d'Illinois.

Maximot (Logiciel). (1984). Montréal: Éditions Turgeon.

Michaud, B. (1986). *Scénario-6*. (Logiciel). Longueuil: Techbyte Inc.

Mitterer, J. et R. Krasnor. (1985). *Logo and the Development of Problem Solving: An Empirical Test*. St Catherines, Ont: Brock University, Psychology Department.

Palkiewicz, J. (1984). Développement de la pensée hypothético-déductive par l'exploitation de banques de données. Communication au 2e congrès annuel «L'ordinateur et l'éducation», Montréal.

Palkiewicz, J. (1985). L'utilisation systématique de banques de données dans le développement de la pensée formelle — premier pas dans l'édumatique. *In Ordinateur et éducation*, Cahier de l'ACFAS, n° 29, pp. 94-115.

Papert, S. (1981). *Jaillissement de l'esprit*. Paris: Flammarion.

Papert, S. (1985). L'après Logo. *In* G. Provost (dir.), *La Technologie éducative: Les nouveaux choix*. Québec: Conseil interuniversitaire des professeurs en technologie éducative, pp. 3-10.

Papert, S. *et al.* (1979). *Final Report of the Brookline Logo Project. Part I: Project Summary and Data Analysys*. Artificial Intelligence Memo 545, Logo Memo 53, Boston: M.I.T./A.I.L.

Paret, M.-C. et M. Thérien. (1988). *Logo, la langue et la pensée. Repères, Essais en éducation,* n° 10, pp. 61-98.

Paret, M.-C., M. Thérien et M. Lévesque. (1986a). *Récit et discours* (Logiciel). Montréal: Université de Montréal.

Paret, M.-C., M. Thérien et M. Lévesque. (1987). Simulation de dialogue pour l'apprentissage de la langue maternelle, *In* D. Crookall *et al.* (Eds.),*Simulation / Gaming: State of the Art in the late 1980s.* Oxford: Pergamon Press, pp. 73-78.

Plante, J.-L., G. Simard, L. Proulx et B. Lavoie (1986). *Le traitement de textes et les bases de données comme moyens d'apprentissage*. Communication présentée au Colloque de l'A.Q.U.O.P.S., Québec, mai 1986.

Plante, P. (1985). *Déredec* (Logiciel). Montréal: U.Q.A.M., Centre d'ATO.

Sévigny, M. (1985). Le réseau Abénakis: l'ordinateur dans les écoles de village. *Micro-mag*, vol. 1, n° 4, pp. 22-29.

Smith, F. (1975). *Comprehension and Learning*, traduction française, *La compréhension et l'apprentissage*. Montréal: H.R.W.

«Table ronde sur l'implantation des APO: bilan et prospective» (1985). Groupe d'études sur l'administration des APO. Montréal: Université de Montréal, Faculté des sciences de l'éducation.

Thérien, M. (1982). *L'apprentissage de l'orthographe par un enseignement assisté d'ordinateur. Rapport de recherche*, Université de Montréal, Faculté des sciences de l'éducation, P.P.M.F. secondaire.

Thérien, M. (1986). Enseignement du roman: analyse de textes par ordinateur. Bourse C.R.S.H. 451-86-1561.

Thinkthank (Logiciel). (1986). CA: Living Videotext, inc.

Watt, D. (1979a). *Final Report of the Brookline Project. Part III: Profiles of Individual Student's Work.* Artificial Intelligence Memo 546, Logo Memo 54, Boston: M.I.T./A.I.L.

Watt, D. (1979b). A comparison of the problem solving styles of two students learning Logo: A computer language for children. *Creative Computing*, vol. 5, n° 12, p. 86-90.

LE FABLIER INFORMATIQUE (bis)

Francis Meynard

L'auteur profite de ses fables pour nous envoyer des messages sur les richesses (et les limites...) qui nous sont apportées en éducation par les avancées de l'intelligence artificielle.

L'ORDINATEUR ET LE MOTEUR À EXPLOSION

août 1985

Extrait du quotidien *La voix des travailleurs*, le 15 mai 1985.

Éditorial

L'ordinateur et le marteau

Lors d'un récent colloque sur les nouvelles technologies, les syndicats ont fortement dénoncé les graves conséquences qu'entraînerait, à la longue, l'usage intensif des ordinateurs sur la mentalité de nos étudiants, de nos travailleurs et de toute la société.

En effet, l'ordinateur fonctionne en binaire. Il ne reconnaît et ne traite que des zéros et des un. Pour lui, c'est tout ou rien, vrai ou faux, bien ou mal. Son utilisation continuelle peut entraîner une binarisation de l'intelligence humaine, du savoir, de la morale et de toute la vie sociale. Ce serait une catastrophe irréparable pour la pensée humaine, toute faite de nuance et de probabilité.

«Jusqu'à maintenant, a déclaré un expert du ministère de l'Éducation, l'unité logique et arithmétique de l'ordinateur ne sait guère qu'additionner 0 et 1, 0 et 0, 1 et 1. La vitesse fait tout le reste. C'est suffisant et même excellent pour la gestion des achats et des ventes, paies, inventaires... C'est nettement insuffisant pour «penser». Si nos neurones ne savaient faire que cela, nous serions à plaindre.

«Qui, jusqu'à présent, à part quelques originaux bafoués, s'est préoccupé de nous fabriquer une machine qui soit capable de faire des associations analogiques aléatoires, comme le fait le cerveau? Qui s'est donné comme but de réaliser une unité de traitement capable d'imiter les finesses sémiologiques du langage humain?

«Tant qu'on s'obstinera à diviser le monde de façon symétrique et manichéenne en noir/blanc, bon/mauvais, 0/1, etc., les tentatives de créer une véritable intelligence artificielle seront vaines, a conclu un autre spécialiste, car l'intelligence naturelle n'est pas binaire et symétrique, mais tri-unitaire et dissymétrique: une dissymétrie de même nature que celle qu'on retrouve au cœur même des cristaux (y compris dans l'ADN génétique) et dans la quinte musicale...»

Devant une telle menace, il est grand temps de se poser de sérieuses questions quant à l'introduction massive des ordinateurs dans le monde scolaire et le milieu de travail.

Cet envahissement fait bien l'affaire des marchands d'informatique, des patrons avides d'efficacité et du pouvoir gouvernemental entêté dans son «virage technologique» accéléré, avec la bénédiction des mathématiciens férus d'algèbre booléenne.

En face de cette coalition toute-puissante, il est urgent que se regroupent toutes les personnes de bonne volonté, de quelque bannière politique qu'elles soient, afin de sauvegarder ce qui reste de plus humain dans l'homme: son intelligence et sa culture. C'est de l'avenir de notre race qu'il s'agit ici.

Et si l'on ne veut pas entendre raison, une si noble fin commande qu'on utilise tous les moyens, jusques et y compris le plus extrême: l'ordinoclasme.

Antibinaristes, préparez vos marteaux!

Ivan Desmarteaux

Extrait du quotidien *La voix du Saint-Laurent*,
le 15 mai 1885

Éditorial

Le tonnerre et la brise

Un inventeur allemand du nom de Benz vient de réaliser une machine révolutionnaire: un moteur dit «à quatre temps, à combustion interne». Il pense que ce moteur sera assez léger pour être installé sur un véhicule à quatre roues afin de le rendre automoteur. Il propose déjà un nom pour cet engin: «automobile». L'inventeur espère pouvoir atteindre la vitesse effarante de quarante milles à l'heure.

L'énergie de ce nouveau moteur lui est fournie non par une source extérieure, comme la pression de la vapeur, mais par l'explosion, dans un cylindre, d'un mélange d'air et de benzine. Cette explosion, provoquée par un allumage électrique au moment où le mélange est sous pression, chasse un piston qui meut un vilebrequin.

L'arrivée du carburant et l'échappement des gaz brûlés sont réglés par un système de soupapes. On obtient une explosion pour quatre déplacements du piston, ce qui justifie le nom de ce type de moteur: à quatre temps.

Il s'agit donc bien, répétons-le, d'un moteur à explosion interne. Et l'on voudrait nous faire croire qu'un tel moteur serait capable de faire avancer un véhicule pour nous transporter! Nous voyons cela d'ici: une charrette hoquetante, tressautante et brinquebalante, se propulsant par bonds dans une pétarade de feu d'artifice. Aucune mécanique, mais surtout aucun humain ne pourra jamais résister à de telles forces sauvages. Tout va se disloquer en quelques instants.

Messieurs les Allemands, gardez vos inventions tonitruantes pour la guerre! Quant à nous, pour nos transports, nous nous contenterons de nos bons vieux moteurs à crottin, si obéissants, si réguliers et si respectueux de notre confort, autrement dit, si proches de la nature et de l'humain.

Car, dans la nature telle qu'issue du Créateur, le mouvement n'est pas explosif. Il est paisible et continu comme la terre en sa rotation autour du soleil.

Le mouvement spirituel lui-même est fait de grandes continuités et non d'alternances violentes. Le Christ s'inscrit totalement dans la lignée de l'Ancien Testament et la réassume dans le Nouveau. Notre âme n'atteindra pas la perfection par de bruyantes révolutions, mais par une lente et patiente maturation fondée sur l'agglomération de milliers d'efforts et sur la prière constante.

Que les teutons gardent pour eux leur moteur à explosion. Nous ferons confiance à nos voitures à chevaux, à nos moulins à vent et à eau. Ainsi, nous resterons fidèles à nous-mêmes, à la nature et au Créateur.

Pour nous, ce sera la brise et non le tonnerre!

Nicéphore Lavertu

Pour ceux qui n'ont pas encore compris

Au récent colloque du CESTA, à Paris, sur l'Intelligence Artificielle, on a présenté quatre moteurs d'inférence capables de traiter l'analogie. Avron Barr travaille actuellement à rendre les systèmes experts non seulement «savants» mais aussi «connaissants». Ils pourront se référer à l'expérience des experts et pas seulement à leurs sentences, et en tireront des probabilités beaucoup plus raffinées pour la décision.

Il ne faut pas confondre le fonctionnement de l'unité centrale de l'ordinateur avec les possibilités d'applications de cette machine, comme il ne faut pas confondre le mouvement des pistons du moteur de l'automobile avec le mouvement de la voiture. Elle peut être munie de cylindres super-carrés à 10 de compression, alimentés au super, et avancer tout doucement dans un silence presque total.

Ainsi, à partir de 0 et de 1 traités par le microprocesseur, on peut obtenir, au bout du système d'exploitation, des langages de base et de programmation, des logiciels d'application..., des «peut-être» et des «probablement» extrêmement nuancés et l'on peut respecter l'asymétrie inhérente à la nature.

Antibinaristes, rangez vos marteaux...

L'AUTOMOBILE ET L'ORDINATEUR
Janvier 1986

Avez-vous remarqué que l'image de l'automobile est souvent employée à propos de l'ordinateur... même par moi? On peut trouver beaucoup de raisons à cette analogie.

L'automobile

L'automobile est, en effet, l'expression et le symbole de l'ère industrielle et de «l'homo modernis». Elle se situe à la fine pointe de l'avancée des sciences et des techniques physiques, chimiques, électriques... Elle est le plus beau fleuron de la mécanique.

La voiture personnelle s'est faite archétype de puissance sur la matière, de conquête de l'espace, de victoire sur le temps, de liberté de mouvement. Elle est griserie de vitesse, étalage de richesse, expression de délicatesse ou affirmation de virilité.

Elle a éloigné notre lieu de travail de notre habitation; a fait naître la résidence secondaire; est devenue partie intégrante de nos loisirs, a élargi nos relations sociales; conditionné notre façon de vivre et reformatté notre pensée. Elle a même donné naissance à tout un langage, spécialisé ou trivial.

Son importance économique est immense: il paraît qu'en 1980, de façon directe ou indirecte, les trois-quarts des emplois du monde entier lui étaient reliés. Si l'industrie de l'auto éternue, les hauts-fourneaux s'éteignent et le Dow Jones s'enroue. On compte la richesse d'un pays en nombre de voitures par foyer.

L'automobile a resculpté notre environnement, posé des trottoirs et des parkings, rasé des quartiers, asphalté et cimenté jardins et terrains vagues, rendu nos villes tentaculaires, tissé des réseaux de routes, autoroutes, dessertes, boulevards et avenues.

Elle a pillé nos ressources naturelles: pétrole, caoutchouc, acier, aluminium... Elle a pollué notre atmosphère et nos rivières au plomb, au monoxyde de carbone, à l'anhydride sulfureux...

Omniprésente, on ne peut plus concevoir le monde et la vie sans elle. La poussée, timide ou volontariste, des transports en commun, ne saurait entamer sa suprématie, car elle est avant tout un symbole. Si un extra-terrestre faisait un petit tour en orbite basse autour de la terre, il conclurait que notre planète est peuplée d'étranges quadrurotes nerveux, grondants et multicolores.

Bref, aux yeux des historiens, le vingtième siècle aura été celui de l'automobile...

L'ordinateur

Comme le vingt-et-unième sera celui de l'ordinateur, «technologie nouvelle» par excellence, point de jonction de la formalité logique avec toutes les sciences et avec les techniques de l'électronique.

Alors que la mécanique a démultiplié l'efficacité des muscles, domestiqué les forces naturelles et conquis l'espace physique, l'informatique prolonge le système nerveux, amplifie la mémoire, accélère le raisonnement, appuie nos facultés de planification, d'organisation, de décision et d'invention. Elle nous lance à la conquête de notre espace conceptuel.

L'ordinateur devient nouvelle passion et nouveau pouvoir, mais aussi nouvelle liberté: liberté de penser et de créer. Il envahit toute notre vie, de nos appareils de cuisine à nos pupitres de travail, en passant par nos chaînes stéréo, nos magnétoscopes et nos... automobiles. Il s'empare de la poésie, de la musique, de la peinture, de la sculpture et même de l'écriture. Car il est nouvelle écriture et nouveau langage.

Il commence à transformer nos rapports sociaux en abolissant la distance par son mariage avec les télécommunications. De spectateurs que nous étions, il fait de nous des «échangeurs». Il nous fait redécouvrir le travail à la maison, le savoir à domicile. Il nous apporte le dialogue au bout du monde et le spectacle sidéral. La terre n'est plus le «Grand Village» de MacLuhan: elle est devenue la petite boule bleue et blanche des astronautes.

L'ordinateur crée une nouvelle mentalité de fuite en avant, de futur non conforme. L'ère des grandes découvertes est revenue. Nous sommes repartis pour la gloire. Il scinde à nouveau l'humanité en initiés et analphabètes.

Il inaugure une nouvelle forme d'économie qui remplace les bras par des robots, réoriente les productions, les producteurs et les emplois, amène une nouvelle lutte des classes: les informatisés contre les informaticiens et les informatiseurs.

Il va remodeler nos habitations et nos cités, pomper les ressources de nos cerveaux les plus brillants, saturer nos lignes de communication.

Mais il est le symbole par excellence du futur. Oui, le vingt-et-unième siècle sera l'ère de l'ordinateur.

La voiture de 1920

Actuellement, nous en sommes, à son égard, là où en étaient nos grands-parents à l'égard de l'automobile en 1920, trente-cinq ans après son invention.

À cette époque, conduire une voiture constituait toute une aventure. Il y fallait des spécialistes: les chauffeurs à casquette et livrée dont rêvaient les enfants au même titre que des pompiers et des policiers...

Le démarrage du véhicule se faisait à la manivelle, au risque de se casser un bras si l'avance à l'allumage était mal réglée. L'hiver, on réchauffait le bloc moteur grâce à un brasero. Le chauffage intérieur n'existait pas. L'alimentation électrique se faisait par une dynamo. Quand on allumait les phares, on risquait de vider la batterie. Le mouchoir à la main gauche tenait lieu d'essuie-glace.

Le moteur consommait autant d'huile que d'essence et il avait tendance à chauffer dans les montées. Il était prudent d'emporter une réserve d'eau pour le radiateur. Le pot d'échappement rudimentaire laissait... échapper des pétarades. Les vitesses n'étant pas synchronisées, il fallait les passer par un savant double pédalage, ou s'arrêter en bas des côtes pour enclencher la première. L'embrayage, plutôt fragile, avait intérêt à être ménagé. Les pneus ne duraient pas plus de cinq mille kilomètres et crevaient à tout bout de champ.

La suspension utilisait les ressorts à lames des carrosses, et les amortisseurs n'en finissaient pas de rebondir. Le freinage se révélait hypothétique et se bloquait dans les grandes descentes. On «négociait» les virages pour lutter contre les effets du différentiel embryonnaire et pour compenser l'absence de suspension indépendante à l'avant.

Bref, en 1920, on avait des «véhicules automobiles», et l'on en était fier, mais il fallait, pour les utiliser, être bon mécanicien... et aimer le risque. Il y fallait de la rage plus que de l'amour.

L'ordinateur de 1985

C'est exactement où nous en sommes avec l'ordinateur en 1985, trente-cinq ans après son apparition. Il s'agit encore plus d'un outil spécialisé ou d'un esclavage que d'un outil grand public. Quiconque a un peu d'expérience de son utilisation (sauf l'ordinomane enragé) sait ce que je veux dire, et je n'ai pas besoin de lui faire un dessin.

Lors des appels d'offres gouvernementaux de 1983-84 pour le monde éducatif, les journaux se sont faits abondamment l'écho de la réclamation humoristique de certains administrateurs scolaires: «On nous offre une Rolls Royce alors que nous avons besoin d'une Toyota». Or, cette boutade trahissait plus d'ignorance que d'humour. Dans la réalité, on avait, à ce moment-là, le choix entre une carriole à cheval ou une automobile de 1920. On a heureusement choisi cette dernière solution.

L'ordinateur Tercel

Plaise au ciel que, lors de la prochaine fournée, nous puissions enfin accéder à une Toyota de 1985. Je me contenterais d'une Tercel automatique, garantie cinq ans contre toutes les pannes mécaniques, avec allumage électronique, freins à disques assistés, pneus à carcasse radiale, suspension McPherson indépendante aux quatre roues, chauffage intérieur puissant, sièges moulants, et entretien facile tous les huit mille kilomètres.

Le micro-ordinateur Tercel devra servir à faire quelque chose d'utile: de la gestion, du contrôle, des maths, des sciences, des langues, des arts; à traiter des nombres, des textes, des idées, des plans, des images, du son...; sans faire de l'informatique ou de l'électronique; sans avoir besoin d'héroïsme ou de génie; sans y passer ses nuits blanches ou ses fins de semaine; bref en oubliant que l'on utilise un ordinateur, pour se concentrer sur le but à atteindre et les tâches à accomplir; comme un conducteur oublie sa Tercel pour ne s'occuper que de sa destination, de la route et de la circulation.

Le micro-ordinateur Tercel s'adaptera à nous au lieu que nous ayons à nous adapter à lui. Il parlera notre langage au lieu que nous ayons à parler le sien. Il se pliera à nos manies au lieu que nous ayons à respecter ses rituels. Il cherchera à nous comprendre au lieu que nous ayons à le comprendre. Il apprendra notre fonctionnement au lieu que nous ayons à apprendre le sien. Il nous obéira au lieu de nous asservir.

Pour me servir de ma chaîne stéréo, je mets à «ON» et j'appuie sur la touche pré-programmée qui syntonise automatiquement mon poste préféré. Lorsqu'un ordinateur me demandera seulement de mettre le courant et d'appuyer sur la touche «traitement de textes» ou «traitement d'idées» pour lui dicter mes essais et les mettre en forme, alors j'en achèterai un pour remplacer les deux vieux «huit bits» qui dorment dans mes placards après avoir amusé pendant quelques mois mes enfants... et leur père.

CONCLUSION

Jusqu'en 1985, l'amélioration des ordinateurs s'est faite en fonction d'une plus grande performance pour le même prix dans le débit des bits et bytes. Désormais, toutes ses avancées se feront dans le sens de son utilité et de son utilisabilité, c'est-à-dire de son adaptation aux usages et aux usagers. C'est le sens même de ce que l'on nomme «cinquième génération».

Quand l'ordinateur sera vraiment utile et utilisable, tout le monde en achètera et l'on rappellera les employés des usines de fabrication de «chips» qu'on licencie par milliers actuellement.

Déjà, on commence à trouver dans le commerce des micro-ordinateurs qui préfigurent «l'amicalité» de demain.

Notre Ministère qui vous souciez de nos besoins
Donnez-nous aujourd'hui notre Toyota Tercel
En attendant de nous procurer demain
La Cressida pour notre ciel...

Quant à la Rolls Royce, en effet, nous n'en avons pas besoin.

ROBOT SAPIENS
avril 1986

L'image de l'homme

L'homme a créé l'ordinateur à son image et à sa ressemblance. Disons plutôt qu'il est en train de le créer, car cela prend du temps. L'image n'est encore qu'une esquisse très lointaine.

La ressemblance est cependant suffisante pour qu'on l'affuble déjà d'une foule de noms et d'attributs normalement réservés à l'humain, comme l'enfant donne vie et parole à sa poupée ou à sa marionnette qui objective ses sentiments, ses mimiques, ses gestes.

Don L. Nilsen, dans «Educational Technology» de février 1984, se demande «qui est le plus humain de l'ordinateur ou du programmeur», et présente avec brio de nombreuses analogies humaines employées à l'égard de l'ordinateur. On peut facilement en ajouter d'autres.

En effet, cet être doué de mémoire, morte ou vive, a ses propres adresses, des drapeaux pour les signaler, un bus pour y conduire, au milieu, parfois, d'embouteillages, à travers de nombreuses portes. Il détient des clés et nous soumet à des mots de passe. Son architecture est quelquefois bizarre.

Ce cerveau électronique exécute des tâches, et même des routines. Il a ses brouillons et ça aboutit souvent à la poubelle. Quand c'est trop compliqué, il a un interprète. Ses rituels obéissent à des protocoles. Ses menus peuvent être très variés.

Il a des fichiers-pères et des cartes-mères. Il peut être fort amical et même convivial. Il y en a des conversationnels et certains sont capables d'émulation.

Il porte des noms de personnages mythiques, de V.I.P., ou de fruits... Des bibites ou bugs le démangent et parfois il faut le déverminer. Ses ennemis essaient de casser ou de tuer ses programmes.

Mais il peut être doté de terminaux intelligents et même, ô suprême consécration, pratiquer l'intelligence artificielle, au point de passer pour un système «expert». Le «robot faber» devient «robot sapiens».

Intelligence et politique

Aussitôt certains se récrient: seul l'homo sapiens peut être intelligent.

Sans entrer dans cette controverse complètement dépassée et stérile, je répondrai simplement que l'intelligence c'est un vêtement «stretchy», extensible et rétrécissable à souhait, selon qu'on se sent personnellement impliqué ou pas. Comme le dit si bien Pamela McCorduck, l'intelligence est une notion politique. Elle est en effet aussi floue que le programme idéologique d'un parti. Elle est ce qui nous fait croire que nous ne sommes pas comme les autres (sous-entendu: les animaux, les machines et le... voisin). C'est une notion pratique tant qu'on se compare ou s'oppose à... Mais elle devient très vague quand on essaie de la définir.

Et l'un des grands mérites de l'ordinateur, grâce à sa concurrence constante, est de nous obliger à la préciser progressivement.

L'enfant prodige

Mais d'autres croient tellement à l'intelligence de l'ordinateur de 1986 qu'ils tentent de lui faire accomplir les mêmes choses qu'à notre intelligence, et de la même manière, comme des parents qui voudraient faire marcher leur bébé prodige à six mois ou lui faire jouer du Mozart à trois ans.

Une très vieille histoire

Or, notre intelligence est une machine pensante universelle, capable de s'adapter de façon vitale à n'importe quel objectif, dans n'importe quelle situation, au milieu de n'importe quel environnement.

Elle a derrière elle des millions d'années d'expérience humaine, des centaines de millions d'années de vie animale tissée d'habitudes et de réactions.

Notre cortex cérébral n'est qu'une écorce, certes épaisse, recouvrant un cerveau animal plus gros que lui, et nanti de programmations remontant jusqu'aux gènes de la vie élémentaire. N'est-il pas à la mode, actuellement, d'affirmer que le sommeil permettrait une reprogrammation de nos neurones à partir des réactions inscrites dans ces gènes?

Et ces réactions sont tellement profondes qu'elles évoluent selon des cycles beaucoup plus larges que ceux de la vie humaine et même que ceux de l'espèce humaine. Ne vient-on pas de découvrir, grâce au séjour de plusieurs mois de Michel Siffre dans une caverne, que l'horloge quotidienne de notre hypothalamus serait encore programmée selon un cycle de ving-cinq heures par jour, au rythme qui fut celui, croit-on, de la rotation de la terre il y a des dizaines ou des centaines de millions d'années? (que les lambins du matin n'adoptent pas ces arguments pour justifier leur paresse).

Freud a eu beau jeu d'affirmer que notre rationalité consciente est sous-tendue par un grouillement de pulsions inconscientes.

Notre fonctionnement cérébral n'est pas simple: il est même très complexe malgré son apparente simplicité, sa grande rapidité et son efficacité.

Du coq à l'âne

Bon, d'accord, je dis mal ces choses très savantes parce que je les saisis à peine, et qu'elles recouvrent une foule de spécialités scientifiques où je me sens tout petit. Je me fais un peu l'effet d'un gourou radiophonique en train de passer brillamment du coq à l'âne et d'autant plus disert qu'il ne comprend pas toujours ce dont il parle, mêlant allègrement des propos scientifiques à de la science-fiction, du parapsychologique, du rêve, et quelquefois du bon sens.

Le neurone jouisseur et critiqueux

Revenons à nos moutons. L'été dernier, j'ai assisté à un colloque joignant les neurosciences à l'intelligence artificielle. J'y ai rencontré des neurologues qui ont fait le point sur ce qu'on sait actuellement du fonctionnement des neurones cérébraux.

Il paraîtrait que chaque neurone se comporte comme un être intelligent doué d'une mémoire et d'une histoire.

Dès la naissance, et avant peut-être, le neurone réagit, non pas comme une table rase, mais comme un être vivant autonome qui attend les messages et réagit à chacun, car il a toujours une opinion préalable. Ce monsieur exerce principalement une fonction critique. Il se permet d'avoir des préjugés, et des préjugés très simplistes: non pas «c'est vrai» ou «c'est faux», mais «c'est bon» ou «ce n'est pas bon», autrement dit: «ça fait du bien» ou «ça fait du mal». Il choisit évidemment ce qui fait du bien et fuit ce qui fait du mal ou ce qui est trop compliqué ou trop pénible, selon son expérience. Il opte donc pour des solutions de facilité qui sont aussi des solutions de survie. Il se réfère à des points de vue sensitifs, moteurs, émotifs, affectifs, bref à tout ce qui fait la vraie vie. On est loin du rationnel. Et pourtant c'est par ce détour qu'on y arrive.

La marée démocratique

Comme tout message ou toute «information» déclenche dans le cerveau des vagues qui mettent en branle simultanément des millions de neurones ayant des préjugés expérientiels, la réaction globale serait une marée majoritaire (vive la démocratie dans le parlement cérébral) penchant pour telle ou telle solution probable d'ordre psycho-moteur. Notre décision intelligente est donc très liée à tout ce qui relève en nous du monde complexe de la vie humaine globale.

Chacun à sa place

Comme on est loin du fonctionnement de nos braves petits micro-ordinateurs séquentiels dont l'unique processeur ne réalise qu'une opération binaire à la fois, dont les cases mémoires sont vides tant qu'on n'y a pas mis des «un», et dont le programme algorithmique n'aboutit qu'à «totalement vrai» ou «totalement faux».

Oui, il faut se l'avouer, l'ordinateur actuel est loin de se comporter comme notre cerveau intelligent, et ce serait une naïveté mais surtout une énorme perte de temps et d'énergie que de vouloir lui faire imiter les mêmes processus intellectuels.

Il serait vain de vouloir le mêler à tout ce qui, en nous, est de l'ordre des sens, de la sexualité, de l'agressivité, des sentiments, de l'émotion, de l'affectivité, de l'idéal, des valeurs éthiques et esthétiques, de l'imagination, du rêve, du sens philosophique, bref de tout ce qui repose sur les résonances expérientielles de notre vie et de l'espèce humaine. On ne peut demander à un ordinateur de faire preuve d'intuition, de bons sens, d'humour et de paresse, et de pleurer, le soir, parce qu'il se sent seul au bureau.

Cela ne veut pas dire que tous les domaines ci-dessus énumérés lui soient définitivement fermés: l'expérience récente de ses possibilités et de ses améliorations doit nous rendre prudents quant à la prospective. Et il est bon que la recherche se continue le plus largement possible. Mais dans son état actuel et pour les dix ans à venir, il a mieux à faire, en terme de développement.

Le tigre et la bicyclette

Chaque fois que l'homme a fait assumer à des machines des facultés naturelles, il a su utiliser leurs possibilités et accepter leurs contraintes, en les contournant, quelquefois, à son avantage.

«Tant qu'il a voulu voler comme l'oiseau, il s'est cassé la gueule», disait Daniel Cabrol. Il ne bat pas des ailes, mais il vole plus vite et plus loin que l'oiseau.

La caméra ne peut pas, comme l'œil, zoomer sur un objet en gardant la vision proportionnée de tout l'entourage, mais, en alternant gros plans et plans d'ensemble, le cinéma donne la même «impression»; et la pellicule a l'avantage de conserver indéfiniment l'image.

Si vous faites la course à pied avec un tigre, vous serez dévoré. Vous pouvez imaginer une machine à quatre pattes qui se propulse par bonds comme le tigre, mais elle coûtera cher et sera probablement battue par lui. Or, avec une simple bicyclette (si vous avez les jambes de Fausto Coppi qui a atteint 105 km/h) vous irez plus vite que lui grâce à votre seule force musculaire. Cette machine n'imite aucun animal, mais elle est intelligemment faite par et pour l'homme. N'essayant pas d'emprunter le mode de faire du tigre, elle est plus efficace. Je vous conseille cependant de ne pas utiliser votre bicyclette pour affronter les tigres dans le parc-safari d'Hemmingford.

Le canif universel

Bien des chercheurs aimeraient doter l'ordinateur d'une formalité universelle applicable à tous les cas, comme la nôtre. Or, nos machines actuelles, même les plus intelligentes, sont très limitées dans les connaissances qu'elles peuvent traiter. Elles ne peuvent avaler des règles universelles, mais seulement des règles simples, s'appliquant à des éléments précis qu'elles peuvent identifier comme des objets traitables.

C'est exactement comme vouloir fabriquer le canif à lame universelle qui puisse servir à la fois de tournevis, de scie, de cure-ongle, de bourre-pipe et de cure-pipe, d'ouvre-boîte, de décapsuleur, de lime... et de lame. Vous pouvez toujours donner au canif une lame pour chacune de ces applications, mais il ne tiendra plus dans votre poche et deviendra donc inutile.

Roger Schank, de Yale University, se plaint du fait que les gens travaillant dans le domaine de la linguistique transformationnelle et des formalismes linguistiques (pas la peine de vérifier dans le dictionnaire, je puis vous assurer que ça existe...) ne savent pas se plier aux contraintes de l'ordinateur et que leurs efforts ne servent pas à grand-chose en intelligence artificielle. Ils n'ont pas assez le souci des applications concrètes, informatisables.

Mais, dit-il, le vrai problème est la délimitation précise du champ de l'application. Il ne s'agit pas de résoudre tous les problèmes, mais tel problème spécifique. En linguistique, par exemple, il faut que l'univers sémantique de l'application soit parfaitement circonscrit.

Il faut employer l'ordinateur dans des domaines bien délimités où on peut lui définir tout l'environnement, contrôler toutes les entrées et la présentation des outputs, où les interrelations des éléments sont identifiables en syntaxe et sémantique.

Une intelligence sur mesure

Cela lui laisse encore d'immenses champs d'application immédiate. Par exemple, alors que nous savons transformer les signaux sensoriels en symboles cognitifs, résoudre les problèmes de bon sens et de survie, devant un grand ensemble de données, nous sommes peu systématiques, négligents, vite fatigués, distraits souvent, sans compter que notre mémoire de travail est très étroite. Pour pallier ces difficultés, nous utilisons déjà les tableaux noirs et le papier.

Mais combien l'ordinateur intelligent nous serait utile dans le traitement des combinaisons nombreuses, lui qui se souvient de tout, compare, compile et traite si rapidement, et n'est jamais sujet à la rêverie. Les combinatoires sont donc un domaine largement ouvert à l'informatique intelligente.

Elle peut aussi aider à la décision (en diagnostic par exemple); commander et contrôler des machines; se charger de la gestion; aider à la répartition des tâches de programmation ou de création; assister l'accès aux banques de données par des interfaces homme-machine ou homme-réseau.

CONCLUSION

La muppet logique

En fait, tout ce qui, dans notre pensée, est analysable, symbolisable et traitable pourra être informatisé. Mais nous ne sommes qu'à l'aube des réalisations informatiques. Il nous faut respecter la lente croissance du bébé-ordinateur qui est entre nos mains. Ce n'est encore, en fait d'image de l'homme, qu'une «muppet» logique à haut rendement.

L'intelligence parfaite

Et si vous tenez vraiment à réaliser une machine qui mette en œuvre toutes les potentialités de l'intelligence humaine, il vous sera plus rapide, plus économique et plus rentable de faire un enfant, en prenant comme partenaire, pour plus de sûreté, une ou un universitaire, et de l'envoyer dans un collège privé où il y aura beaucoup, beaucoup d'ordinateurs...

VERS UNE STRATÉGIE D'AIDE AU SCRIPTEUR

Gilles Fortier et Clémence Préfontaine

La production de discours écrits présente de grandes difficultés. De ce fait, le scripteur a souvent besoin d'aide, soit pour réaliser les étapes du processus d'écriture (pré-rédaction, rédaction, révision), soit au niveau linguistique, lorsqu'il rencontre des difficultés orthographiques, syntaxiques, grammaticales, sémantiques, pragmatiques, etc. L'identification des besoins du scripteur et la proposition de solutions constituent les premières étapes vers l'élaboration d'une stratégie d'aide en écriture, qui pourrait prendre la forme d'un système informatisé.

Gilles Fortier, professeur, département des Sciences de l'éducation, Université du Québec à Montréal. Monsieur Fortier détient un Ph. D. en didactique de la lecture de l'University of Georgia. Co-auteur avec Serge Berthelot des logiciels *TESTS DE CLOSURE* (1984) et *BIBLIOGRAPHIE plus* (1988) édités par LOGIDISQUE Inc. Co-directeur, avec Michel Thérien, de *Didactique de la lecture au secondaire* (1985) publié par les Éditions Ville-Marie. Co-auteur, avec Serge Berthelot, Nicole Lebrun et Gilbert Myre, de *L'ordinateur compatible avec l'éducation*. Présentement, Monsieur Fortier travaille au développement d'un système informatisé d'aide au scripteur.

Clémence Préfontaine, professeure, département de Langues et littératures, Collège de Valleyfield. Madame Préfontaine détient un doctorat de troisième cycle en Littérature de l'Université Lumière Lyon 2, France. Auteure du rapport de recherche *Effets du traitement de textes sur la pratique de l'écriture* (1987) [recherche subventionnée par la Direction générale de l'enseignement collégial]. Présentement, Madame Préfontaine travaille au développement d'un système informatisé d'aide au scripteur.

INTRODUCTION

Les principales qualités d'un texte peuvent être énumérées comme suit: intéressant, compréhensible, mémorisable et persuasif (Gregg & Steinberg, 1980). Compte tenu de ces exigences, il est rarement produit spontanément et de façon continue. La plupart des scripteurs, même les plus expérimentés, s'accordent pour dire que le travail de l'écriture est difficile et qu'il exige de nombreuses corrections et relectures.

L'apprentissage de cette habileté présente elle aussi, il va sans dire, des difficultés de taille. Pour faciliter celui-ci, différentes stratégies peuvent être adoptées, allant de la pratique rigoureuse des exercices de prérédaction, en passant par la pratique successive de chacune des activités pour parvenir à la réalisation d'un texte complet et satisfaisant. En d'autres termes, il s'agit de pratiquer l'écriture en tenant compte de chacune des étapes qui la constituent en processus.

L'avantage principal de cette progression lente, c'est que les difficultés rencontrées par le scripteur seront d'une importance adaptée à ses capacités: une seule idée sera traitée à la fois, les corrections de différents types seront traitées successivement et non pas simultanément, l'empêchant ainsi de se décourager, lui permettant de mener à bien la rédaction de son texte.

Le scripteur deviendra de plus en plus habile, au fur et à mesure qu'il maîtrisera la pratique de chacune des étapes à franchir; il devra également comprendre que même si la progression d'un texte apparaît comme un exercice linéaire, elle est d'abord et avant tout, *profondément*, un jeu de relations entre des idées, entre des termes qui s'opposent, s'appellent, se complètent, s'interpellent. Nous croyons que seules la compréhension et la pratique de l'écriture en tant que processus, étape par étape, peuvent amener le scripteur à adopter les attitudes de liberté nécessaires face à son texte, les attitudes qui l'amèneront à en modifier le contenu aussi souvent que nécessaire, à en traiter les idées de façon originale.

Toutefois, aussi utiles soient-elles, ces étapes du processus d'écriture ne doivent pas être les seules considérées dans la production de textes de bonne qualité ou pour amener des scripteurs en situation scolaire à atteindre les objectifs de qualité exigés par les programmes d'études, car s'il est important pour un enseignant de pouvoir intervenir sur les stratégies d'écriture, il lui est tout aussi utile de connaître l'ensemble des besoins du scripteur, afin de lui apporter une aide pertinente. Mais comment connaître ces besoins?

Outre la nécessité de connaître les difficultés qu'un scripteur en situation scolaire peut ressentir face à la progression de son texte, il importe d'étendre la portée de la situation d'écriture à l'ensemble des besoins ponctuels que le scripteur ressent. Ceux-ci vont de l'autoquestionnement du scripteur sur la logique du développement de son texte jusqu'à son insécurité face aux choix qu'il fait, en passant par des questions d'ordres linguistique, sémantique, discursif et méthodologique. Ces différents besoins sont indissociables des étapes du processus d'écriture et apparaissent «en filigrane», preuve que l'activité d'écriture fait autant appel à l'autocritique qu'à la connaissance et à la pratique de chacune de ses étapes.

Il existe différentes approches méthodologiques appropriées pour cerner les besoins du scripteur, comme il sera précisé plus loin (cf. *infra* II. A. MÉTHODOLOGIE). Une large part des propos de cet article sur les stratégies d'aide en écriture sont basés sur les résultats d'une recherche exploratoire réalisée auprès d'élèves du niveau collégial. Dans cette recherche exploratoire, nous avons privilégié la technique de verbalisation (*think-aloud protocol*), largement utilisée en résolution de problèmes (Ericsson et Simon,1984) qui consiste à faire parler un sujet sur une activité qu'il est en train de faire. Dans notre cas, il s'agissait de faire parler un scripteur sur ses besoins en cours de rédaction d'un texte. Les commentaires ainsi recueillis ont été regroupés en deux catégories: les méta-commentaires et les para-commentaires, et nous ont permis d'identifier, selon leur nature, les différentes interventions d'aide qui pourraient faciliter le travail du scripteur en situation scolaire.

Bien sûr, de tout temps, les enseignants ont apporté aux scripteurs l'aide qu'ils demandaient, mais avec plus ou moins de succès parfois, l'incompréhension entre les deux protagonistes en affectant parfois la valeur, à moins que l'aide n'arrive pas au bon moment pour le scripteur. Il est possible de croire que si les besoins du scripteur étaient mieux connus, les interventions d'aide pourraient être plus adéquates. Notre recherche visait, dans un premier temps, à mieux identifier les besoins des scripteurs et, dans un deuxième temps, à mieux comprendre les interventions faites par les enseignants. Ces informations pourraient éventuellement s'intégrer à des exercices d'écriture ou à des «instruments d'écriture», comme le traitement de textes.

I. LES ÉTAPES DU PROCESSUS D'ÉCRITURE

Les étapes du processus d'écriture retenues ici sont réduites à trois, soit la pré-rédaction, la rédaction et la révision, chacune d'entre elles pouvant se subdiviser en sous-étapes. Il est important de préciser que même si elles sont décrites de façon linéaire, nous considérons que leur pratique, elle, peut adopter des trajectoires différentes, selon les besoins du scripteur. (Bouchard, 1983; Plante, Simard, Proulx et Lavoie, 1986).

A. La pré-rédaction

L'étape de la pré-rédaction permet de démythifier l'acte d'écrire, d'aider le scripteur à surmonter ses appréhensions face à la spontanéité qui lui apparaît trop souvent suffisante pour la rédaction d'un texte de qualité.

Les premiers exercices se prêtent à des pratiques individuelles, comme lorsque le scripteur doit réfléchir au sujet avant même de l'aborder concrètement (Daiute, 1983). Cette étape peut être franchie avec succès si, par exemple, il est avisé à l'avance des sujets sur lesquels il devra écrire et si la suggestion lui est faite de préparer un premier brouillon avant l'étape de la rédaction du texte en classe.

En situation scolaire, les sujets des textes à écrire sont le plus souvent imposés par l'enseignant, par exemple, à partir des lectures faites par le scripteur. Dans ces conditions, il y aurait tout lieu de croire que la rédaction d'un texte sur un sujet déjà expliqué en classe n'entraînerait pas de difficultés particulières. Or, il en est tout autrement, car il y a une différence très grande entre la compréhension d'un sujet et le traitement personnel qu'il faut en faire, la deuxième situation nécessitant une attitude beaucoup plus active que la première.

Pour amener le scripteur à trouver «quoi dire» sur ledit sujet, il est intéressant de lui faire formuler des questions qui lui permettront de vérifier par lui-même sa perception, d'abord intuitive, de ce sujet, en plus de l'amener dès cette étape à entreprendre le travail de recherche du vocabulaire qui sera poursuivi par la suite, puisqu'il faut déjà connaître un certain nombre de termes propres avant de parler correctement d'un sujet.

Cet exercice, et ceux qui le suivent pendant l'étape de la pré-rédaction, peuvent être réalisés en petits groupes, sauf pour l'exercice de formulation des questions qui prend la forme d'un exercice fait en classe, où chacun devrait poser une question à un pair, sur le sujet du texte à écrire, et répondre à la question de celui-ci. En quelque sorte, le scripteur se placerait lui-même en situation de contrôle de lecture, ce qui lui permettrait de mieux cerner ses incompréhensions... en plus de placer l'enseignant en bonne position pour donner plus efficacement les explications nécessaires.

Comme le scripteur aura besoin d'employer le vocabulaire propre à un sujet en situation réelle de communication (au moment de la formulation orale de ses questions), il sera possiblement motivé dans cette recherche. C'est alors que l'explication par l'enseignant de certaines techniques de consultation du dictionnaire pourra passer de l'ennui, trop souvent observé, à un certain intérêt, de même que l'explication de la nature des dictionnaires moins fréquemment utilisés, comme le méthodique, l'analogique, celui des synonymes et même l'étymologique. De plus, il pourrait être utile pour les scripteurs de comparer leurs listes de vocabulaire, afin de les compléter. Cette liste pourrait devenir l'instrument privilégié de consultation aux différentes étapes de la rédaction du texte.

À l'étape de la pré-rédaction, la production d'un plan constitue la première mise en forme des idées retenues suite à la réflexion sur le sujet à traiter. Le travail qui s'y fait est relativement spontané, c'est-à-dire que le scripteur peut ici s'exprimer sans se soucier constamment de la forme que prennent ses idées. En fait, il «déblaie» le terrain qui deviendra propice à la germination d'un texte.

Après ces exercices d'anticipation du sujet, réalisés individuellement ou en équipe, le scripteur devrait être en mesure de mieux savoir «quoi dire». L'étape du traitement personnel de ce sujet est alors enclenchée. Cette préparation de l'énumération des idées suppose l'utilisation de la liste de vocabulaire, bien évidemment, mais ajoute un aspect nouveau à l'intérêt du sujet puisque chaque scripteur devra s'interroger sur la compréhension qu'il en a. La comparaison avec des pairs de ces idées peut permettre de découvrir des aspects du sujet, insoupçonnés jusqu'alors, en plus de mettre en évidence la valeur de la démarche personnelle, ainsi que l'originalité du traitement du thème d'écriture, deux qualités peu valorisées habituellement.

En utilisant cette première liste d'idées, le scripteur devrait être capable de les regrouper sous des rubriques qui deviendront les idées principales du texte. L'enseignant pourrait en profiter pour montrer aux scripteurs que des idées semblables, pour un même sujet, mais regroupées différemment, selon des optiques différentes, peuvent permettre la production de textes différents.

Après avoir ordonné les idées selon certains recoupements, il est essentiel de se demander laquelle de ces idées principales sera développée en premier et dans quel ordre les autres le seront; c'est alors seulement que le plan atteint sa forme définitive. En d'autres termes, le plan adopte ici sa logique définitive du point de vue du développement des idées, conformément à l'objectif du texte.

B. La rédaction

À l'étape de la rédaction du brouillon, les mots doivent commencer à être regroupés, à former des phrases, et les phrases, des paragraphes.

Le plan n'étant que le «squelette» du texte, ne présentant encore que des repères, des points d'ancrage des idées, il faut ici l'étoffer afin d'arriver à produire un texte complet qui développera les idées préalablement retenues. C'est le moment de la première mise en forme des idées, de la formulation des premières phrases, celles qui seront nécessairement retouchées par la suite. L'objectif de cette étape du travail est de produire le matériau de base sur lequel le scripteur pourra ensuite s'appuyer pour consolider son argumentation ou plus simplement clarifier le sens de son texte.

Pendant cette première étape de formulation, le scripteur sera en mesure d'évaluer la précision et la variété du vocabulaire qu'il a retenu précédemment. S'il épuise rapidement sa réserve de termes propres, il sentira probablement le besoin de la compléter, de l'enrichir. Si une consigne est donnée pour inviter le scripteur à cocher un terme chaque fois qu'il est utilisé et, par exemple, à en limiter l'usage à trois fois, le scripteur se verra contraint de compléter sa recherche de vocabulaire afin de répondre aux exigences de son texte même. L'exigence étant intrinsèque, la motivation l'accompagnera peut-être (Préfontaine, 1987).

Dans la progression de son texte, il arrivera peut-être que le scripteur se sente entraîné au mauvais moment vers une partie du développement qui devrait être traitée ultérieurement. C'est là que le plan remplit sa fonction de mise en garde... à moins que l'auteur ne se rende compte que le plan lui-même comportait une incohérence qui avait échappé à son autocritique. C'est le cas de la plupart des plans: certains éléments des idées à développer sont laissés pour compte — consciemment ou inconsciemment — de sorte qu'en cours de rédaction le plan demeure dynamique et, souvent, certains scripteurs bénéficient d'une interaction texte/plan et l'entretiennent même avec profit. Bref, lorsque cette situation se produit, le scripteur se rend compte avec acuité de la nécessité de revenir souvent en arrière pendant la rédaction d'un texte, afin d'éviter de perdre de vue le sens de son texte, ainsi que de la nécessité de passer beaucoup de temps sur la préparation du plan, afin d'éviter les mauvaises surprises de parcours qui conduisent à la nécessité de faire du découpage et du collage de son texte, rendus complexes si le scripteur n'utilise pas de traitement de textes. Chaque idée principale devra faire ici l'objet d'une attention toute particulière, afin de la transformer en phrase-clé, cette phrase précisant le sens de chacun des paragraphes. Toutefois, il faut considérer ce texte complet comme une première version, qui sera probablement modifiée lors de l'étape de la révision.

C. La révision

Si la nécessité de la révision n'a plus à être démontrée pour un scripteur expérimenté, il n'en va pas de même pour celui qui est en situation d'apprentissage. Souvent, l'apprenti scripteur s'objecte à la révision de son texte, voire s'y refuse obstinément. Toutefois, à partir du moment où il pourra se rendre compte que son texte s'améliore réellement à mesure qu'il le modifie, qu'il en précise les idées, il oubliera peut-être ses réticences face à cet aspect essentiel du processus d'écriture. Mais encore faut-il qu'il y soit encouragé!

Pas plus qu'il suffit d'aligner des idées pour qu'un texte complet soit produit, il ne peut être possible de se contenter d'aligner des phrases pour qu'un texte soit cohérent. Les phrases doivent être liées entre elles, soit syntaxiquement, soit sémantiquement, mais toujours de façon que l'enchaînement des idées soit logique et qu'il mette en valeur la richesse relative de chacune des idées développées.

Ce qui a été annoncé au moment de l'introduction doit être développé et conclu, et cela en parfaite conformité avec le sens du texte. Il faut être bien attentif afin d'éviter que le propos de l'introduction soit trop semblable à celui de la conclusion (ce qui se produit assez fréquemment) ou que la conclusion traite d'un tout autre sujet que celui qui vient d'être développé. Bref, il faut que ces deux parties essentielles du texte jouent parfaitement le rôle qui leur est attribué.

Après avoir vérifié la cohérence du texte à la fin du brouillon, il faut maintenant s'attarder à l'aspect grammatical, qui accentuera sa qualité. C'est alors le moment de vérifier l'orthographe d'usage, les accords, les homonymes, la conjugaison, le vocabulaire, les anglicismes, la syntaxe, la ponctuation et les niveaux de langue.

Au moment de la mise au propre du texte, une grande concentration est nécessaire, puisqu'il faut tenir compte simultanément de tous les aspects du texte, sur lesquels il ne sera pas facile de revenir. Toutefois, si le brouillon a été bien revu, si les étapes préliminaires ont été menées avec toute l'attention nécessaire, la mise au point finale devrait se faire assez facilement et rapidement.

Une attention toute particulière doit être portée à la clarté du message; le scripteur doit s'assurer que le sens du texte apparaît clairement, avec toutes les nuances et les insistances qui en feront un texte personnel de qualité. Toutefois, si le brouillon s'est révélé insuffisant, il faudra, à la limite, revenir en arrière et revoir le plan. Mais le scripteur qui a porté attention à toutes les étapes de l'évolution de son texte ne devrait pas rencontrer ce genre de problème.

Afin que les différentes parties du corps du texte puissent être clairement identifiables pour le lecteur, il importe de bien les mettre en retrait les unes par rapport aux autres. Il en va de même pour l'introduction et la conclusion qui jouent en quelque sorte des rôles d'*ambassadeurs* du texte, puisqu'elles annoncent le texte et le clôturent. À la limite, elles seront peut-être les seules parties lues, si le lecteur souhaite avoir un bref aperçu d'un texte, ce qui constitue déjà une bonne raison d'en soigner la forme et de clairement les démarquer de l'ensemble du texte.

Afin de cerner complètement la situation du scripteur en situation scolaire, en plus de l'inscrire dans un processus d'écriture, il importe de tenir compte des besoins rencontrés face à la situation de résolution de problèmes que constitue l'acte d'écrire.

II. LES BESOINS DU SCRIPTEUR

Le scripteur qui doit rédiger un texte est confronté à un ensemble complexe de difficultés, comme la nécessité de rendre cohérentes les idées qu'il expose, de même que celle de respecter les normes de qualité de la langue écrite, en plus de tenir compte de la progression logique de son texte. Ces nombreuses exigences entraînent des besoins spécifiques, que le scripteur connaît souvent et qu'il peut formuler. Comme l'une des meilleures façons de connaître les besoins du scripteur demeure encore l'écoute du scripteur lui-même, nous avons eu recours à la technique de verbalisation pour les recueillir.

A. Méthodologie

Une des tendances de la recherche actuelle sur l'écriture (déjà notée par Barrs, 1983) consiste à étudier le discours écrit en cours de production, c'est-à-dire à tenter de comprendre les difficultés ponctuelles rencontrées par le scripteur au moment où il rédige son texte. Notre recherche se situe dans cette tendance.

La technique de verbalisation que nous avons adoptée a déjà été utilisée en lecture (Kavale et Schreiner, 1979; Olshavsky, 1977; Randall, Fairbanks et Kennedy, 1986), pour vérifier la compréhension des élèves immédiatement après qu'ils aient lu ou écouté un passage d'un texte. Elle a surtout été utilisée en résolution de problèmes (Ericsson et Simon, 1984) où les sujets interrogés devaient exprimer à voix haute leur compréhension du problème ainsi que leur démarche pour trouver la solution. Cette technique fournit aux chercheurs un corpus de données pour étudier les mécanismes de résolution de problèmes.

Ericsson et Simon insistent sur la nécessité de «capter» de façon sûre et complète les informations transmises par les sujets observés. Ils suggèrent d'utiliser un magnétophone ou un magnétoscope et de noter, en même temps, toutes les observations qui risqueraient de ne pas être retenues par ces instruments. De plus, tout comme Faigley, Cherry, Jolliffe et Skinner (1985), Ericsson et Simon (1984) proposent trois moyens pour tirer le meilleur profit possible de la verbalisation faite par les sujets.

Premièrement, tout enregistrer. À ce propos, ils expliquent que même si le but visé par ce moyen est de capter la description que les sujets font de leur activité, et non pas leur analyse, il arrive que certains propos des sujets s'attardent justement à l'analyse, ce qui peut faciliter la compréhension de leur démarche. D'où la nécessité de tout enregistrer, en expliquant au sujet que tout ce qu'il dit peut être utile, qu'il ne doit pas s'autocensurer.

Deuxièmement, échanger avec les sujets. À ce propos, ce que Ericsson et Simon proposent consiste en une discussion avec chaque sujet, immédiatement après que celui-ci ait complété la tâche qui lui avait été assignée, permettant ainsi au chercheur de compléter les informations qui ont déjà été entendues.

Finalement, Ericsson et Simon soutiennent qu'il est nécessaire de demander aux sujets de faire une certaine analyse des différentes activités qu'ils ont accomplies pendant qu'ils s'acquittaient de leur tâche, ceci permettant aux chercheurs de connaître les intentions du sujet et donc d'éviter les mauvaises interprétations.

La technique de verbalisation et les compléments proposés par Faigley, Cherry, Jolliffe et Skinner (1985), permettent une compréhension plus large des propos des sujets observés; Ericsson et Simon ajoutent que, si l'analyse des informations ainsi recueillies tient compte du contexte dans lequel elles ont été données, il est possible de les utiliser pour mieux comprendre la démarche adoptée par les sujets.

Comme l'objet de notre recherche se limitait au processus d'écriture, c'est-à-dire à la démarche qui permet la production d'un texte, nous avons placé des scripteurs en situation d'écriture et nous avons enregistré tout ce qu'ils ont exprimé à haute voix *pendant* qu'ils écrivaient; en même temps, nous avons pris des notes, en essayant ainsi de capter l'aspect «non verbal» de cette situation.

Les scripteurs observés étaient au nombre de cinq, tous inscrits à des études collégiales. Leur disponibilité a été le seul critère de sélection, ce qui veut dire que leur performance scolaire n'a nullement été considérée, la qualité des textes produits étant remisée au second plan puisqu'il n'était question que d'étudier les besoins des scripteurs.

Les sujets rencontrés avaient été informés de se préparer à écrire un texte d'environ une page, sur le sujet de leur choix. Il est important de préciser que ces élèves avaient tous suivi le même cours de français pendant la session précédant cette pré-expérimentation et qu'ils avaient été sensibilisés à l'écriture en tant que processus et instruits de ses différentes étapes. Leurs commentaires ont effectivement démontré qu'il était avantageux qu'ils décident eux-mêmes du thème sur lequel ils allaient écrire autant que du contenu. C'est ce que Newman (1984, p. 760) avait déjà constaté:

> What's interesting about this view of the writing process is the contention that writers must be in control of the decision making themselves — choosing what to write about, choosing what to say and how to say it, deciding when to ask for feed-back and of what type, determining how much they will rework what they've written, and finally, deciding whether a piece is "finished" or not.

Cette habitude de considérer l'écriture comme un processus a certainement facilité leur participation, qui était par ailleurs partiellement affectée par la proximité du magnétophone et par la présence de deux observateurs qui prenaient des notes sans arrêt.

Avant de commencer son activité d'écriture, le scripteur était informé de nos attentes:

> Nous te demandons d'exprimer à haute voix tous les besoins que tu ressens pendant que tu écris.
> Nos observations porteront essentiellement sur le processus d'écriture, c'est-à-dire que nous limiterons notre étude à la démarche que tu feras, sans jamais porter de jugement.
> Comme tout ce que tu penses peut être important pour nous, nous te demandons de ne pas te censurer et de dire tout ce qui te vient à l'esprit.

Après l'activité d'écriture, nous posions les questions suivantes:

— Qu'est-ce que tu n'as pas fait que tu aurais aimé faire?
— Qu'est-ce qui te manquait le plus comme aide?
— Est-ce que le fait de verbaliser t'a aidé dans l'écriture de ton texte, est-ce que le fait de le relire ou de parler t'a aidé?
— Qu'est-ce qu'il te resterait à faire, dans ton texte, pour le terminer?

Les commentaires recueillis pendant la rédaction et en réponse aux questions posées à la fin de l'exercice, ont ensuite été regroupés selon deux catégories: les méta-commentaires (qui s'attardent au texte lui-même) et les para-commentaires (qui sont liés à la situation dans laquelle le scripteur se trouvait).

B. Les méta-commentaires des scripteurs

Certains des commentaires faits par les élèves portaient sur la logique de leur texte («je réfléchis si ça a un peu de bon sens»), d'autres sur les idées qui y sont développées («qu'est-ce que je pourrais ajouter?»; «je peux tout de suite passer au développement»), de même qu'ils anticipaient parfois la suite du développement («je veux dire que j'ai dû m'envoler rapidement»). Ces commentaires font comprendre que les scripteurs étaient conscients des difficultés inhérentes au sujet qu'ils avaient choisi, par exemple, ou encore, minimalement, qu'ils connaissaient les différentes parties qui composent un texte. Ces différents commentaires portaient donc sur l'expression des idées, ce qui constituait le premier niveau.

Le niveau d'expression des idées porte sur l'ensemble du texte et il se double d'un autre niveau qui est lié aux éléments de surface que sont l'orthographe d'usage («STUPÉFIANTS, je ne suis pas certaine comment il s'écrit, S, ST c'est ST, c'est ça»), la conjugaison («pour trouver, trouver, E R»), la syntaxe («des fois je pense, aussi, que mes phrases sont trop longues et puis je ne suis pas certaine si je peux les séparer»), la ponctuation («je le ferais, virgule, je le ferais, point»), etc., autant d'éléments qui contribuent à donner sa qualité grammaticale à un texte.

Entre ces deux niveaux (l'expression des idées et la qualité grammaticale), se dresse un niveau charnière: la sémantique, car ce n'est pas tout d'aligner des idées, ni même d'écrire un texte sans aucune erreur grammaticale, encore faut-il qu'il soit «correct» sémantiquement, c'est-à-dire que le texte doit répondre au moins à une progression logique en plus de donner toutes les précisions nécessaires pour qu'il soit compris à sa juste valeur.

L'ensemble de ces méta-commentaires nous apprennent que les scripteurs, au moment de la rédaction d'un texte, ressentent des besoins qui peuvent facilement être comblés par la consultation d'un dictionnaire ou d'une grammaire, ce que nous savions, évidemment, puisque la langue utilisée pose déjà un certain nombre de problèmes dont la solution relève de la norme linguistique elle-même. Mais, le besoin premier des scripteurs, c'est que l'aide recherchée résolve la difficulté de *LEUR* texte, qu'elle soit spécifique au texte en cours de production. Les aides externes comme les dictionnaires et les grammaires visent à expliquer tous les problèmes de la langue, mais *jamais* spécifiquement le problème tel que le rencontre le scripteur dans *SON* texte. De plus, les scripteurs butent parfois sur des problèmes beaucoup plus complexes, comme ceux liés à la sémantique... et la solution se trouve le plus souvent dans la capacité de raisonnement et de compréhension du scripteur. En effet, comme chaque nouveau texte présente une organisation particulière, le scripteur doit être en mesure d'adapter ses connaissances à ces nouvelles difficultés.

C. Les para-commentaires des scripteurs

Les para-commentaires sont composés d'éléments de critique du texte, qui vont des hésitations du scripteur à l'objectivation qu'il fait de son travail, en passant par toute une gamme de «pauses», de «réflexions», face au travail de l'écriture proprement dit, au contenu du texte et à l'expression des idées. Sous cette désignation, se retrouvent également toutes les réflexions sur les moyens de travail et sur la situation ponctuelle du scripteur, dans la situation expérimentale où il se trouvait.

Les hésitations du scripteur apparaissent parfois clairement en cours de relecture d'une phrase («qu'il était important, euh, qu'il était important»); quant à elle, l'objectivation permet de faire une certaine évaluation de la qualité partielle du texte («j'enlève «à vivre», parce que je l'ai redit [sic] juste la phrase avant», «je crois que ça se suit, mais je trouve ma conclusion trop courte, pas assez expliquée»). Les scripteurs observés ont également fait connaître leurs habitudes d'écriture et leur besoin de relecture: («il faut que je relise très très souvent ce que j'écris pour arriver à continuer; très souvent même, je peux le relire à haute voix»). De plus, les scripteurs ont fait part de la nature de l'aide dont ils avaient besoin à certains moments, en en justifiant la valeur («Il y a des expressions que j'utilise que [sic] je ne suis pas certaine et puis souvent, ces expressions, on ne les retrouve pas dans le dictionnaire; donc à ce moment-là, une aide serait très importante comme «il n'est pas tout»: est-ce que cela se dit vraiment?»). D'autre part, lorsque des scripteurs sont soumis à une technique de verbalisation, ils ont parfois tendance à décrire les activités qu'ils entreprennent ou qu'ils sont en train de faire («bon, je vais continuer sur mon plan», «OK, ici je veux parler du trafic»).

L'ensemble de ces para-commentaires nous apprennent que les scripteurs, au moment de la rédaction d'un texte, ressentent des besoins qui dépassent le strict contenu du texte... mais que ces besoins sont tout aussi importants que ceux exprimés par les méta-commentaires. Ils relèvent donc davantage de l'individu lui-même que de ses connaissances linguistiques, même si les deux sont intimement liés. Ce qu'il est pertinent de se demander face à ces besoins particuliers, c'est leur lien avec l'expérience du scripteur, car il est possible de supposer qu'un scripteur qui n'a pas encore beaucoup écrit sera moins conscient des particularités de chacune des parties du texte ainsi que des stratégies utiles, comme la prise de notes dans la marge, pour ne pas oublier de revenir sur un aspect du texte.

III. LES INTERVENTIONS D'AIDE AU SCRIPTEUR

Compte tenu des informations fournies par les scripteurs, il appert que leurs besoins d'aide sont de trois natures différentes: d'ordre linguistique, c'est-à-dire liés au respect de la norme linguistique; d'ordre sémantique, liés au sens du texte, et d'ordre méthodologique, relatifs aux stratégies de travail du scripteur. À chacune de ces aides particulières doivent correspondre des solutions d'ordre méthodologique et/ou d'ordre pédagogique.

A. Leur nature

1. D'ordre linguistique

L'aide d'ordre linguistique prend le plus souvent la forme d'instruments, puisque la plupart des réponses aux questions de cette nature se trouvent dans des dictionnaires, plus ou moins spécialisés, ainsi que dans des grammaires. Toutefois, ces instruments se révèlent parfois insuffisants, soit parce que le scripteur ne sait pas les utiliser efficacement (sans parler du plaisir qu'un scripteur peut trouver à «se perdre», à s'éloigner de sa quête première, tout en ne la perdant pas de vue, mais sans vouloir y revenir rapidement — attitude qu'on pourrait qualifier d'inefficace), soit parce que la présentation de l'information ne correspond pas à son niveau de compréhension; dans ces cas-là, l'intervention d'un lecteur extérieur (l'enseignant, un pair ou quiconque possède les compétences nécessaires) peut remplacer avantageusement l'ouvrage de référence, puisque la solution est alors adaptée au besoin exprimé.

2. D'ordre sémantique

L'aide particulière à cet aspect du texte repose sur des habiletés du scripteur plutôt que sur la stricte consultation d'instruments d'aide et dépend d'un ensemble de stratégies qui ne sont pas strictement propres à l'exercice d'écriture. Celles-ci rejoignent plutôt la capacité d'analyse du scripteur, lorsqu'il doit évaluer si telle partie de son texte est conforme à l'intention annoncée dans son plan; son sens de l'autocritique lui permet d'évaluer la cohérence de son texte; sa compréhension en lecture lui permet d'analyser son texte à mesure qu'il le relit.

En fait, les besoins d'ordre sémantique peuvent être comblés très facilement lorsque le scripteur est également un bon lecteur, lorsqu'il comprend bien ce qu'il a lui-même écrit (Daiute, 1983).

3. D'ordre discursif

Suivant la nature du texte qu'il doit écrire, les stratégies adoptées pour préparer, rédiger et réviser un texte changent. Ainsi, un scripteur qui aurait l'habitude d'écrire des narrations hésiterait moins devant l'obligation d'écrire un conte, par exemple, que devant celle de structurer une argumentation. Les difficultés changent également lorsque sont comparées la structure d'un poème et celle d'une narration. À titre d'exemple, soulignons que les effets sonores se retrouvent souvent dans le premier alors qu'ils ne figurent qu'occasionnellement dans une narration. Ainsi, le scripteur doit adapter ses compétences et ses connaissances à chacun des types de textes qu'il doit produire.

Il serait certes intéressant d'observer les mêmes scripteurs qui seraient soumis à l'obligation d'écrire des textes de natures différentes afin d'évaluer leurs attitudes ainsi que les stratégies qu'ils privilégieraient. L'aide dont le scripteur aurait alors besoin serait possiblement constituée d'un rappel des caractéristiques du type de texte à produire.

B. Quelques solutions

1. D'ordre méthodologique

Le scripteur expérimenté trouve une aide importante dans les habitudes de travail qu'il a acquises et qui lui permettent de ne pas perdre trop de temps ni de s'écarter de son plan lorsqu'il doit produire un texte. Ces stratégies qui font augmenter «l'efficacité[1]» du scripteur varient probablement avec chacun, mais certaines d'entre elles sont communes à plusieurs. C'est le cas de la consultation fréquente du plan; du brouillon dans lequel se trouvent des espaces vides pour mieux compléter le texte par la suite; de la prise de notes en marge du texte, sur la feuille même où le texte est rédigé. Toutefois, même si tout scripteur accepte le principe de la nécessité de ces nombreuses consultations, il peut lui arriver d'oublier de

1. Par efficacité, il faut comprendre la relation entre le temps requis pour la production d'un texte et la qualité de ce texte complet.

les faire, parce qu'il est trop concentré sur l'évolution des idées dans son texte ou par les difficultés qu'il rencontre. La pratique de ces «trucs» constitue une série d'avantages fort simples mais utiles pour le scripteur qui mène ainsi de front toutes les étapes du processus d'écriture, passant de la pré-rédaction à la révision sans y voir d'inconvénients. Il nous semble voir là un exemple de liberté face aux exigences du produit fini (le texte complet) pendant sa progression.

Une autre activité de nature méthodologique est pratiquée par la relecture, qui apparaît comme une NÉCESSITÉ: tous les scripteurs que nous avons observés y ont eu recours (et nous n'y échappons pas, nous non plus, en tant que scripteurs...). Il serait toutefois souhaitable que le scripteur comprenne les avantages de cette pratique et qu'il ait la possibilité de la réaliser à haute voix, ce qui implique des conditions matérielles bien différentes de celles habituellement rencontrées dans une salle de classe.

2. D'ordre «pédagogique»

Des besoins d'aide de nature «pédagogique» ont parfois été exprimés pendant que le scripteur exécutait sa tâche, ce qui nous a permis de comprendre que les instruments d'aide disponibles (dictionnaires, grammaires), aussi spécialisés et disponibles qu'ils soient, ne répondent pas toujours adéquatement aux besoins du scripteur qui n'y trouve pas les réponses attendues, et ce même si elles sont présentes: «j'trouve pas le mot, faudrait que j'irais [sic] voir C., là; [...] j'peux pas me servir de rien, parce que c'est un mot que je cherche dans ma tête.»

Par la suite, au cours de l'entrevue faite après l'exercice d'écriture, un scripteur a répondu spontanément «le professeur» à la question: «Qu'est-ce qui te manquait le plus comme aide?» :

> Ben, le prof. [...] C'est pas les choses qui me manquaient ici, j'avais assez de documentation, mais j'aime bien aller voir C. quand je suis en classe là, j'aime bien aller voir C.[...] et puis des mots aussi que je cherche, que j'trouve pas et puis j'sus bloquée là, j'vas voir C. [...] J'aime aussi, quand j'sus vraiment bloquée, j'sais pus où je m'en vas, j'aime ça quand tu me dis, bon tu pourrais faire ça comme première idée, ça si ça te va, ça j'aime ça.

Bref, il faut comprendre que les interventions faites par un enseignant paraissent irremplaçables pour certains scripteurs, à certains moments. Pas un manuel de référence, pas une règle de grammaire, ne peut remplacer la justesse d'une réponse, l'analyse et l'explication faites par un pédagogue-scripteur-expert. L'information alors donnée a l'avantage d'être adaptée au besoin immédiat du scripteur, qui évite ainsi de perdre du temps et *surtout* de perdre de vue la nature de la difficulté qu'il rencontre momentanément et la nécessité d'y trouver la meilleure solution, la plus adéquate.

Les «aides» identifiées ici ne sont certainement pas exhaustives et plusieurs sujets devront encore être observés afin de pouvoir toutes les connaître; d'autre part, il n'a été tenu compte que d'une situation «traditionnelle» d'écriture, c'est-à-dire sans aucune utilisation d'instruments facilitateurs de ce difficile travail que représente la pratique de l'écriture.

C. Le moment de l'intervention

Comme nous l'avons souligné lorsqu'il a été question de l'aide d'ordre «pédagogique», le moment de l'intervention auprès d'un scripteur qui a besoin d'aide est très important, presque autant que l'aide elle-même. Compte tenu de cette quasi «urgence», il est important que l'attente soit la moins longue possible entre le moment où un besoin d'aide est ressenti et celui où la solution adéquate est proposée.

Par ailleurs, il faut également considérer qu'il est souvent difficile, pour le scripteur, de formuler clairement sa demande d'aide et (parfois) pour un intervenant d'y répondre aussi clairement et rapidement que le scripteur le souhaiterait et avec toute la pertinence nécessaire. Bref, il s'agit là d'un problème de communication, auquel il n'est pas facile de trouver une solution.

De plus, il est possible de croire que le moment de l'intervention doive s'adapter à l'étape du processus d'écriture où le scripteur se trouve, l'aide devant possiblement être plus instantanée au moment de la prérédaction, lorsque le scripteur cherche des mots pour exprimer ses idées, alors qu'elle pourrait être davantage différée au moment de la révision par exemple, lorsque le scripteur se permet de jeter un regard plus critique sur son texte parce qu'il ne ressent plus la même urgence face à la nécessité de «remplir sa page».

Il serait peut-être souhaitable que, dans certains cas, le scripteur reçoive des réponses à ses questions sans même qu'il ait à les formuler, que «les solutions lui apparaissent comme par magie!» Pour satisfaire à ce besoin, il faudrait qu'un système soit créé pour compléter, voire remplacer, avantageusement les interventions actuelles d'aide à l'apprenti scripteur.

IV. UN TRAITEMENT DE TEXTES... À INVENTER

Les conditions traditionnelles dans lesquelles l'écriture est pratiquée en classe sont limitées minimalement à l'utilisation du papier et d'un crayon et, idéalement — et le plus souvent — des manuels de référence sont disponibles et une personne ressource est présente. Toutefois, cette situation de départ ne procure pas au scripteur des conditions lui permettant d'élaborer des stratégies de rédaction qui comblent l'ensemble de ses besoins. Ainsi, s'il veut noter une idée qu'il souhaite élaborer plus tard seulement, il lui faudra la noter en marge de son texte ou ailleurs, puis *se souvenir qu'il souhaite s'y référer* et enfin la retranscrire.

De plus en plus, toutefois, dans le contexte scolaire, le scripteur profite des avantages offerts par un traitement de textes, ce qui lui permet, par exemple, de noter une idée dans un bloc-notes puis de simplement la copier et la coller lorsqu'il en a besoin; la présence permanente de ce bloc-notes lui rappelle qu'il y a noté une information, de sorte que le risque d'oublier de l'utiliser s'atténue, voire disparaît. L'utilisation d'un tel accessoire permet au scripteur de mettre au point ses propres stratégies de façon à augmenter son efficacité.

L'utilisation d'un bloc-notes n'est pas le seul avantage offert par un traitement de textes; il n'y a qu'à songer à l'utilité de la fonction recherche-remplacement, pour vérifier la fréquence d'utilisation de certains termes, par exemple, ou à la possibilité de déplacer facilement des blocs de texte. À ces fonctions habituelles du traitement de textes, s'ajoute de plus en plus fréquemment l'accès à un vérificateur d'orthographe et à un dictionnaire, autant d'instruments essentiels pour assurer la bonne qualité linguistique d'un texte.

Toutefois, malgré leur grande utilité, ces fonctions et instruments complémentaires n'apportent qu'une aide limitée, laissant de côté les besoins d'ordres sémantique et discursif. Bien sûr, pour arriver à combler ces besoins, il faudrait avoir recours à des systèmes intelligents, capables d'analyser le texte en cours de production et d'intervenir efficacement. Il existe déjà un analyseur de contenu de texte très performant (Duchastel, 1985), mais il n'est pas facilement accessible, ni conçu pour répondre aux besoins scolaires actuels.

D'autre part, des solutions d'ordres méthodologique et pédagogique devraient être intégrées à ce système digne d'être qualifié «d'expert», afin de répondre à l'ensemble des besoins du scripteur. Mais il faudra encore bien des années de recherche, dont l'identification des besoins du scripteur en situation scolaire n'est que le début, pour que prenne forme cet instrument... à inventer!

CONCLUSION

Notre recherche visant le développement d'un nouvel instrument d'aide aux scripteurs, ceux en situation scolaire notamment, repose sur le principe que l'on peut apporter de nouvelles solutions aux difficultés de la pratique de l'écriture, même si celles-ci sont déjà variées. La diversité ne peut que servir les besoins entraînés par des attitudes différentes face à l'apprentissage ainsi que les besoins des différents apprenants.

Comme notre démarche le montre, cette quête de développement d'aide au scripteur n'exclut pas de tenir compte des particularités de l'expression écrite, comme le fait qu'elle soit un processus dynamique, fait qui peut devenir motivant pour un scripteur qui en saisit l'impact et qui souscrit aux différentes étapes. Nos préoccupations pour les besoins du scripteur et l'attention qui est portée à la perception qu'ils en ont eux-mêmes montre bien que le *facteur humain* demeure un élément important.

Nos préoccupations de départ, qui nous font progresser vers la structuration d'un instrument relativement technique puisqu'il sera informatisé, ne nous font pas perdre de vue les intentions profondément pédagogiques qui en auront guidé l'élaboration, car cette application pédagogique de l'ordinateur, comme toutes les autres, ne pourra avoir la portée souhaitée que si toute l'attention nécessaire est accordée au sujet qui en fait l'utilisation, qui en tire profit, qui se l'approprie.

RÉFÉRENCES

Barrs, M. (1983). The new orthodoxy about writing: Confusing the process and pedagogy. *Language Arts*, *60*, 829-840.

Bouchard, L. (1983). L'enseignement de l'expression écrite aux États-Unis d'Amérique. *Perspectives*, *13*(1), 121-131.

Daiute, C.A. (1983). The computer as stylus and audience. *College Composition*, *34*, 134-135.

Duchastel, J. (1985). Le Centre d'ATO. *L'APOP*, *3*(1), 27-29.

Ericsson, K. A. et Simon, H. A. (1984). *Protocol Analysis. Verbal report as data.* Cambridge: The MIT Press.

Faigley, L., Cherry, R. D., Jolliffe, D. A. et Skinner, A. M. (1985). *Assessing writers knowledge and processes of composing*. Norwood, NJ: Ablex Publishing Corporation.

Gregg, L. W. et Steinberg, E.R. (Eds.). (1980). *Cognitive Processes in Writing*. Hillsdale, NJ: Lawrence Erlbaum.

Kavale, K. A. et Schreiner, R. (1979). The reading processes of above average readers: A comparison of the use of reason strategies in responding to standardized comprehension measures. *Reading Research Quarterly*, *15*, 102-128.

Newman, J. M. (1984). Online: Reading, Writing and Computers. *Language Arts*, *61*, 758-763.

Olshavsky, J. E. (1977). Reading as problem solving: An investigation of Strategies. *Reading Research Quartely*, *12*, 654-674.

Plante, J.-L., Simard, G., Proulx, L. et Lavoie.B. (1986). Le traitement de textes et les bases de données comme moyens d'apprentissage. *Le Bus*, *4*, 22-24.

Préfontaine, Cl. (1987). *Effets du traitement de texte sur la pratique de l'écriture. Rapport de recherche.* Collège de Valleyfield.

Randall, A., Fairbanks, M. et Kennedy, L. (1986). Using Think-aloud protocols diagnostically with College Readers. *Reading Research and Instruction, 25* (4), 240-253.

LES TÉLÉCOMMUNICATIONS INFORMATIQUES... UNE TECHNOLOGIE À INTÉGRER

Gilbert Myre

Comment démystifier les télécommunications informatiques? Très à la mode, cette technologie semble pourtant inaccessible, malgré son omniprésence dans nos vies quotidiennes. Il s'agit donc de se familiariser avec les termes, le matériel, les logiciels et les normes utilisées. Les techniques décrites ici permettent de répondre à des besoins individuels ou collectifs. On aborde aussi les aspects recherche et échange d'information. Une bibliographie commentée suggère d'autres sources d'information sur le sujet.

Gilbert Myre, chargé de cours, Département des sciences de l'éducation de l'Université du Québec à Montréal, module des certificats en technologie éducative. Co-auteur, avec Serge Berthelot, Gilles Fortier et Nicole Lebrun, de *L'Ordinateur compatible avec l'éducation* (1987), publié par l'Agence d'Arc.

La plupart des micro-ordinateurs qui se sont retrouvés dans les bureaux et les écoles depuis que nous avons négocié le virage technologique ont particulièrement servi aux applications courantes connues: utilisation de didacticiels, utilisation de logiciels d'application, programmation, jeux d'arcades, etc.

Mais sait-on que cet outil est fort peu connu sur un aspect fort important dans l'entreprise et en éducation: la communication?

Longtemps nous avons qualifié ces machines de «froides», «impersonnelles», et prêtes, au simple touché d'un commutateur, à remplacer n'importe quel humain dans n'importe quel travail! Cette dernière affirmation n'a pas été vérifiée jusqu'à maintenant; quant aux deux premières, on peut leur prêter une part de vérité. Ceux qui sont un peu familiers avec la micro-informatique se souviennent sûrement d'avoir voulu catapulter par une fenêtre l'objet de leurs nuits blanches, pour une simple virgule oubliée!

D'autres, des téméraires probablement, ne reculant devant aucun message d'erreur, à croire que c'est ce qui les stimule à pousser plus loin, ont découvert les télécommunications informatiques. Certains ont fait cette découverte par «erreur», d'autres par «essais»! La plupart d'entre eux ont vu leur micro-monde informatique se transformer en «macro-monde» informatique après quelques heures d'expérimentation... où les mots clefs sont «communiquer», «explorer», «chercher», «échanger». Bref, permettre au petit poisson rouge de sortir de son l...bocal!

Bon, bon, bon! Un autre vendeur de tapis, un charlatan de la technologie, un illuminé de la mémoire vive! C'est possible, mais si le phénomène vous intéresse, par curiosité ou par un désir d'explorer, de connaître ou, mieux, d'expérimenter, vous verrez qu'il en demande fort peu d'investissement monétaire, peut être un peu plus d'investissement au niveau du temps.

Les quelques pages qui suivent, sans avoir la prétention de servir sur un plateau d'argent la recette magique des télécommunications informatiques, permettront de l'aborder avec quelques raccourcis. Voici donc comment sortir d'un local d'informatique... sans ouvrir la porte!

Afin de pouvoir expérimenter l'univers des télécommunications informatiques, il faut disposer d'un minimum de matériel. C'est ce dont nous allons discuter dans les pages suivantes. Faire le panorama des technologies impliquées, anciennes ou récentes, en insistant sur celles qui sont le plus abordable, et en décrivant celles qui demandent des ressources plus importantes.

Il sera également question du monde qui est rendu accessible par le biais des télécommunications informatiques. Quels sont les appareils impliqués, les coûts approximatifs du matériel? Une bibliographie commentée permettra de parfaire les connaissances acquises sur certains aspects des télécommunications, qui demandent une étude plus poussée ou spécialisée.

LE MATÉRIEL

La première des deux principales caractéristiques de la communication sérielle de type asynchrone, puisque c'est de celle-ci dont on traitera dans ce texte, est la transmission des bits de données les uns à la suite des autres, sur un seul conducteur, ou un seul fil, contrairement à la communication parallèle, qui elle se fait habituellement huit bits à la fois et emploie huit conducteurs. Les télécommunications informatiques utilisent un support de communication déjà existant, à savoir le réseau téléphonique. Évidemment dans un futur rapproché on utilisera de plus en plus des supports de communication plus modernes tels les câbles coaxiaux et les fibres optiques, qui permettent un trafic plus important et des vitesses de transmission accrues.

La seconde caractéristique de la communication de type asynchrone c'est qu'il s'agit d'une transmission aléatoire dans le temps: asynchrone vient du «a» privatif et du mot «synchrone» qui signifie séquence ou cadence, donc privé de synchronisme. Le flot d'information peut être interrompu à n'importe quel moment dans ce type de transmission, et reprendre après quelques instants, ou beaucoup plus tard.

Il faut disposer d'un matériel de base essentiel pour faire de la télécommunication par ordinateur. Le micro-ordinateur constitue la pièce de résistance de cette application, mais il ne sera pas utilisé dans tout son potentiel, car il sera asservi à un logiciel qui lui donnera les caractéristiques propre d'un terminal, un appareil qui reçoit et transmet des données sur un réseau et contrôle certains périphériques. Quelques autres pièces de quincaillerie informatique supplémentaires sont nécessaires, à un coût relativement faible.

Premièrement une interface spécialisée dans ce type de communication, une carte RS-232-C, qu'on appelle aussi le port de communication asynchrone ou sériel. Certains micro-ordinateurs ont déjà cette interface dans le boîtier de l'unité centrale. C'est le cas de l'ordinateur qui a été choisi pour le réseau scolaire il y a quelques années. Il suffira alors d'examiner la documentation technique s'y rapportant et l'appareil pour en savoir plus long sur ce circuit. Ces interfaces peuvent être identifiées *serial port*, DTE, DCE, RS-232-C, COM:1 ou COM:2, CCITT V.24, etc. Pour les systèmes n'en possèdant pas, il est toujours possible de se procurer ce type d'interface dans le commerce, à un coût relativement faible. La documentation accompagnant l'interface donne habituellement en détail la procédure d'installation. Il suffit d'être méticuleux et de ne sauter aucune étape. En cas de doute, il est préférable de s'abstenir et de demander conseil à une personne expérimentée dans ce domaine.

L'appellation RS-232-C peut ressembler à un code secret, un mot de passe pour initiés, et, dans un certain sens, on pourrait croire que oui. En fait, il n'en est rien. Cette appellation désigne tout simplement une norme, assurant la compatibilité des signaux ou codes échangés entre deux systèmes. RS-232-C signifie «Recommended Standard 232 version C». Cette norme a été développée par la Electronic Industries Association (EIA).

Même si la norme RS-232-C ne spécifie pas le type de fiche à employer pour le raccordement, la plupart des manufacturiers utilisent une fiche connue sous le nom de DB-25. C'est une fiche possédant 25 connecteurs numérotés de 1 à 25. C'est ce même type de fiche que l'on utilise avec l'interface parallèle. Il est donc possible de confondre sur certains ordinateurs le port parallèle et le port sériel, puisque les deux peuvent avoir une fiche DB-25 de type femelle. Sur le IBM-PC, la carte parallèle possède une fiche DB-25 femelle et, sur la carte sérielle, une fiche DB-25 mâle. Il faut donc utiliser un câble de raccordement possédant les fiches appropriées.

Chaque connecteur de la fiche DB-25 de l'interface RS-232-C transmet un signal qui remplit une fonction très précise. Comme le montre le tableau 1, la transmission asynchrone n'utilise normalement que les broches 1 à 8, 20 et 22.

Il sera nécessaire de disposer d'un périphérique spécialisé dans la communication informatique, un appareil DCE (Data Communication Equipment), c'est-à-dire un modem. C'est cet appareil qui rendra l'ordinateur compatible avec le réseau téléphonique, car c'est le support de communication le plus accessible et le plus utilisé. De fait, l'informatique n'a rien inventé au niveau des possibilités de communication entre les humains; en effet, cette nouvelle technologie utilise des canaux et des supports de transmission aussi vieux que le téléphone. À l'aide de modems, les lignes téléphoniques transportent les informations d'un ordinateur à l'autre.

Tableau 1

Les fonctions des connecteurs utilisés pour la transmission asynchrone

N°	FONCTION
1	Mise à la terre (ground) chassis ground
7	Masse (commun) signal ground (common)
2	Transmission des données (vers DCE) sortie Transmitted DATA (TD)
3	Réception des données (du DCE) entrée Received DATA (RD)
4	Demande de transmission (vers DCE) sortie Request To Send (RTS)
5	Prêt à transmettre (du DCE) entrée Clear To Send (CTS)
6	Le modem est prêt (du DCE) entrée Data Set Ready (DSR)
20	L'ordinateur est prêt (vers DCE) sortie Data Terminal Ready (DTR)
22	Signal sonore (du DCE) Ring indicator (RI)
8	Détection de l'onde porteuse entrée Carrier detect (CD)

Que fera le modem lorsqu'il y aura transmission de données informatiques vers le monde extérieur? Il MOdulera les signaux numériques provenant de l'intérieur du micro-ordinateur en passant par l'interface RS-232-C, pour les acheminer en signaux analogiques audibles, sur le fil téléphonique. Et lorsqu'il y aura reception des données? Il DEModulera les signaux analogiques lui provenant de l'autre ordinateur, ou plus précisément de son modem, par la ligne téléphonique, et les convertira en signaux numériques acheminés maintenant vers l'ordinateur et son unité centrale de traitement.

Plusieurs types de modems existent sur le marché. Pour des utilisations sporadiques ou expérimentales, on peut toujours se contenter d'un modem à coupleur acoustique; ce dernier demande que le système soit en mode terminal et que l'usager compose sur un téléphone conventionnel le numéro de téléphone du système à rejoindre. Lorsque le signal du modem répondeur se fait entendre, il suffit de déposer le combiné du téléphone sur le dessus du modem à coupleur acoustique et le lien de communication s'établit.

Les modems directs fonctionnent à peu de choses près de la même manière mais, comme ceux-ci sont directement connectés à la ligne téléphonique, lorsque le signal est reçu, l'usager n'a qu'à raccrocher le combiné, puisque le modem s'occupe ensuite du maintien de la communication.

Les modems à microprocesseurs ou modems programmables présentent bien des avantages: composition des numéros de téléphone automatique, programmation de régistres, réponse aux appels, contrôle à partir du clavier. On les nomme parfois «modems intelligents». Évidemment, les coûts sont proportionnels aux options désirées, ainsi qu'aux vitesses de transmission offertes par le périphérique. Ces modems peuvent être internes, c'est-à-dire installés dans l'unité centrale de l'ordinateur, ou externes, c'est-à-dire à l'extérieur du boîtier principal du système. Les modems externes peuvent être branchés sur la plupart des ordinateurs et comportent habituellement des voyants lumineux indiquant la progression d'une séance de télécommunication. Les modems internes permettent, quant à eux, de transporter l'unité centrale sans avoir à tout débrancher, mais ils n'ont pas de voyants lumineux.

Le prix de base des modems peut varier de 75$ (en solde) à 900$ pour un modèle programmable à haute vitesse.

Maintenant que toutes les composantes essentielles sont rassemblées, il ne manque que la ligne téléphonique. Il n'est pas nécessaire de disposer d'une ligne spéciale pour la transmission de données en communication asynchrone. Une ligne téléphonique ordinaire ou résidentielle suffit. Si la demande devient importante, c'est-à-dire qu'elle demande beaucoup de temps de communication, il sera peut-être opportun d'envisager l'installation d'une seconde ligne téléphonique réservée strictement aux télécommunications informatiques. Pour l'utilisation d'un babillard électronique, cette deuxième ligne devient indispensable.

Le câblage entre le micro-ordinateur et le modem ne pose aucune difficulté, car le raccordement d'une fiche DB-25 à une autre se fait directement d'un même numéro de connecteur à un autre: le connecteur 1 du modem doit être branché sur le connecteur 1 du port de communication asynchrone et ainsi de suite pour tous les connecteurs utilisés dans la configuration du modem et de l'interface. Il convient essentiellement de respecter les signaux de sortie et les signaux d'entrée.

Cependant, il est possible de communiquer entre deux ordinateurs sans passer par des modems. On peut relier les deux interfaces de communication par un lien câblé direct. Ce câble est appelé «éliminateur de modem» (*modem eliminator/null modem*).

Ce type de lien permet aux entrées et aux sorties des ports RS-232-C de chaque ordinateur d'être connectées directement entre elles. Certains fils seront donc croisés afin que les sorties soient assorties aux entrées correspondantes.

Ce lien câblé direct permet des distances de 1 à 15 m, et parfois beaucoup plus dans des conditions favorables.

Comme cette communication se fait d'un port RS-232-C à un port RS-232-C ayant les mêmes connecteurs aux mêmes endroits, il importe de respecter la convention sortie —> entrée. Chaque ordinateur devra donc «s'imaginer» qu'il y a un modem à l'autre bout du câble! Pour certaines applications avec des périphériques spécialisés, il conviendra de consulter la documentation technique de l'appareil, afin d'utiliser un câble approprié.

Il suffit alors de mettre en mode terminal chacun des systèmes par le logiciel approprié, dont il sera question plus loin, et, dès lors, il sera possible de transmettre et de recevoir des informations. Cette façon de télécommuniquer est cependant limitée au niveau de la distance, mais elle permet des expérimentations à un coût très minime. Fait à souligner, il n'est pas nécessaire que les deux ordinateurs qui tentent de communiquer soit du même type ou proviennent du même manufacturier. En effet, les communications règlent jusqu'à un certain point les problèmes de compatibilité entre les appareils. Pourquoi? Parce que les communications informatiques sont presque toujours soumises à des normes strictes, au niveau des logiciels et des interfaces des appareils, ainsi qu'aux types de codes d'information transmis, ce qui permet de déterminer assez facilement si le matériel acheté est pourvu du nécessaire de télécommunication.

Par exemple, l'interface de communication sérielle la plus souvent rencontrée est soumise à la norme RS-232-C, et souvent nous l'appelons simplement interface RS-232. Voilà pour la quincaillerie. Maintenant, au niveau des codes et informations transmises d'un système à l'autre, il existe également un standard, le code ASCII. Cet acronyme signifie *American Standard Code for Information Interchange*. En traduction libre: code américain normalisé pour l'échange d'information. Ce code à été développé pour l'armée américaine afin de transmettre des informations entre systèmes informatiques. En fait, c'est une sorte de code Morse, version informatique.

Ce n'est pas le seul code utilisé, mais c'est celui le plus souvent rencontré sur les micro-ordinateurs, et ceci leur assure une compatibilité au niveau des caractères transmis et reçus. Le code ASCII comporte 128 caractères (formés de sept bits chacun), parmi lesquels nous retrouvons des «codes de contrôle», des lettres minuscules et majuscules, des chiffres, et finalement quelques signes et symboles, mais aucun de ces caractères ne correspond aux lettres accentuées de notre chère langue française!

Pour obtenir des lettres accentuées, il sera alors nécessaire d'utiliser ce que certains appellent le code ASCII «prolongé», formé de caractères de huit bits, et offrant jusqu'à 256 possibilités. Mais, malheureusement, les codes prévus entre 128 et 255 ne sont pas nécessairement les mêmes pour tous les manufacturiers. Là s'arrête la compatibilité! Des programmes spéciaux permettent maintenant la traduction du code ASCII prolongé d'un manufacturier au code ASCII d'un autre manufacturier, ou encore d'un code à un autre code, par exemple du code ASCII au code EBCDIC.

Il est fort important de mentionner que l'échange d'informations est possible et ne pose pas de problèmes lorsqu'il s'agit d'échanges de textes et de fichiers de données en général, puisque le code ASCII est un standard sur la majorité des micro-ordinateurs récents. Par contre, c'est aller au devant de difficultés que de transmettre des fichiers de programmes informatiques, surtout si ceux-ci sont protégés par la loi sur les droits d'auteurs, ou si ces programmes sont faits pour être utilisés sur une architecture spécifique d'ordinateur, ou un microprocesseur en particulier. On peut transmettre et recevoir ces informations et programmes, mais ils ne seront pas toujours exécutables sur les systèmes qui les recevront.

Avant d'aller plus loin, résumons-nous.

Pour faire des télécommunications informatiques, il faut disposer d'un micro-ordinateur pourvu d'une interface de type RS-232-C, d'un câble de branchement vers un modem, qui en fait reliera l'interface RS-232-C du micro et celle du modem, et ensuite d'un fil téléphonique avec fiches appropriées pour relier le modem à la ligne téléphonique.

LES LOGICIELS DE TÉLÉCOMMUNICATION

Et le logiciel? Ici, les choses sont beaucoup moins complexes. Il ne s'agit pas de recommander un logiciel plus qu'un autre, ou de vanter les possibilités et les mérites de l'un ou de l'autre. La curiosité qui pousse à faire des expérimentations en télécommunication informatique ne justifie nullement l'achat de logiciels compliqués ou très dispendieux.

Il est plutôt indiqué de faire ses premières armes avec ce que l'on appelle des logiciels du «domaine public», c'est-à-dire qu'ils ne sont pas protégés par un copyright officiel et qu'ils sont à la disposition du grand public. Il est possible de se procurer ces logiciels moyennant le coût d'une disquette. Il n'y a pas de prix de vente relié à ces programmes, mais, au moment du chargement de celui-ci dans le système de l'ordinateur, une page écran indique qu'il serait opportun de récompenser l'auteur, en lui faisant parvenir une contribution, si vous croyez que ce logiciel vous est utile. Si l'on considère la qualité de la plupart de ces programmes, cette contribution est relativement minime; elle peut souvent correspondre au dixième du prix d'un logiciel commercial.

De plus, l'auteur vous transmettra, la plupart du temps, une version plus récente du logiciel en question, plus la documentation... C'est peu d'argent investi pour satisfaire sa curiosité.

Comment se procurer ces logiciels? Il suffit de communiquer avec un club d'usagers de micro-ordinateurs. Lors de la plupart des réunions d'un club, il est prévu du temps pour procéder à l'échange de logiciels de ce type.

C'est également une excellente manière d'examiner, avec les autres membres du club, les possibilités offertes en télécommunication, et à moindre frais, car il ne suffit pas simplement de disposer du matériel de base, il faut également des correspondants pour procéder à ses premières expériences, ainsi que pour vérifier le matériel dont on dispose. Si le besoin croît avec l'usage, un logiciel plus performant et plus souple peut être acheté. Ce dernier permettra peut-être de planifier des séances de télécommunication automatisées, d'émuler certains types de terminaux pour communiquer avec des systèmes spécialisés, et aussi de mieux contrôler votre système de télécommunication.

PARAMÈTRES DE COMMUNICATION

À part la vitesse de transmission (*baud rate*), que l'on exprime également en bits par seconde, ou b.p.s., il est nécessaire que les deux ordinateurs «s'entendent» sur leurs paramètres de communication.

Il y aura obligatoirement 1 bit de départ (*start bit*) avant chaque octet transmis afin que les deux appareils s'avertissent mutuellement qu'il y aura transmission de données.

Suivront alors 7 bits de données pour la transmission du code ASCII standard de 0 à 127, ou 8 bits de données pour transmettre le code ASCII de 0 à 255 (incluant les caractères accentués), des fichiers binaires ou la transmission de fichiers par protocole auto-vérificateur.

Un bit de parité (*parity bit*) peut être transmis, pour des octets de sept bits, afin de procéder à la vérification du transfert d'information. On spécifie le bit de parité de la façon suivante:

parité paire: nombre pair de «0» ou de «1» dans les octets transmis (*Even parity*);

parité impaire: nombre impair de «0» ou de «1» dans les octets transmis (*Odd parity*).

On pourra aussi spécifier «aucune parité» (*No parity, parity None*), en particulier pour le transfert d'octets de huit bits et l'utilisation de protocoles de communication de types binaire ou auto-vérificateur.

On transmettra également 1 ou 2 bits d'arrêt si la communication se fait sur 7 bits de données, ou 1 bit d'arrêt si la communication se fait sur 8 bits de données.

La majorité des systèmes utilisent 1 bit de départ, 7 bits de données, une parité paire ou impaire, 1 ou 2 bits d'arrêt; ou 8 bits de données, aucune parité et un bit d'arrêt.

L'information entre deux modems ne peut être transmise avec succès que si la vitesse de transmission (*baud rate*), la parité et le nombre de bits de données sont identiques. Quand la vitesse de transmission est différente, des informations parasites peuvent apparaître à l'écran, comme par exemple, une ligne remplie de «X». Dans le cas d'un nombre de bits de données différent ou d'une parité différente, les caractères pourront sembler danser ou sauter d'un bout à l'autre de l'écran.

LES MODES DE COMMUNICATION

1 Mode bidirectionnel non simultané (*half duplex*)

Ce mode de communication suppose que la transmission d'information entre le transmetteur et le récepteur ne se fait que dans un seul sens à la fois. On rencontre plus spécifiquement ce mode de communication entre deux modems sur une ligne téléphonique. La transmission est possible dans les deux sens, mais chaque ordinateur transmet à tour de rôle sur la ligne téléphonique.

2 Mode bidirectionnel simultané (*Full duplex*)

Ce mode de communication suppose un transfert d'information dans les deux sens sur la ligne, en même temps et non à tour de rôle. Il est couramment utilisé entre le modem et l'ordinateur et il peut s'effectuer sur la ligne téléphonique. Il est surtout rencontré sur les lignes réservées à la transmission de données. Sur une ligne téléphonique simple, ce mode exige que chaque modem verrouille sa fréquence de transmission et sa fréquence de réception. Certains protocoles de communication exigent que la communication soit en mode bidirectionnel simultané.

3 Mode origine ou réponse (*Originate-Answer*)

Afin d'éviter toute confusion lors de communications informatiques, il est primordial qu'un des deux modems soit en mode «origine» (il génère l'appel ou le message) et l'autre en mode «réponse» (il répond à l'appel ou au message). La sélection de ce mode peut se faire automatiquement, soit par un commutateur sur le modem ou par la programmation d'un registre du modem.

Lorsqu'on communique avec un ordinateur central en utilisant un terminal ou un micro-ordinateur, le système d'origine de l'appel aura son modem en mode «origine» (*originate*), car le modem de l'ordinateur central est constamment en mode «réponse» (*answer*).

Pour une communication d'un micro-ordinateur à un autre, un modem doit obligatoirement être en mode «origine» (normalement, celui qui génère l'appel) et le modem répondeur en mode «réponse». Certains modems offrent même la possibilité de générer l'appel et de changer en mode «réponse» si le modem répondeur est incapable d'être configuré en mode «réponse». La documentation technique du modem vous donnera l'information nécessaire pour l'utilisation spécifique de ce mode.

Voilà pour les notions essentielles sur la quincaillerie, les logiciels et les méthodes de communications informatique.

En cas d'abandon, par l'utilisateur, après quelques temps d'exploration, l'investissement aura été minime, et, somme toute, des connaissances auront été acquises, suffisantes pour permettre un choix éclairé sur ce phénomène des télécommunications.

Ces logiciels du «domaine public» sont fort intéressants pour les enseignants en informatique, car ils permettent l'accès au code source de programmation du logiciel; ils deviennent alors «ouverts» et modifiables par programmation. Les apprentissages sont alors doubles: on apprend la programmation reliée à un domaine spécifique impliquant des appareils spécialisés et utilisés de plus en plus couramment et, de plus, le lien câblé direct permet de simuler une séance de télécommunication réelle.

La plupart de ces logiciels disposent de protocoles permettant de vérifier, à chaque transmission de fichiers ou de bloc d'information, que les données ont été bien reçues à l'autre bout du fil et qu'aucun des codes transmis n'a été altéré par une des composantes de la chaîne de transmission.

Ceci est un aspect très important, puisque, en télécommunication informatique, nous utilisons la plupart du temps le réseau téléphonique. Comme ce support n'a pas été prévu initialement pour des communications numériques, mais plutôt analogiques, des bruits, tels la friture sur les lignes, les bruits de commutation, ou tout simplement les éléments atmosphériques, vents et pluies, peuvent altérer le message transmis par un système.

LES PROTOCOLES DE COMMUNICATION

Protocole XON-XOFF

Ce protocole est normalement utilisé lors de la transmission de fichiers d'un ordinateur à un autre. Il doit par conséquent être supporté par les deux logiciels de communication. Il est utilisé surtout pour interrompre pendant un bref instant la transmission de données lorsque la mémoire-tampon de l'ordinateur récepteur est en danger de surcharge, afin de prévenir la perte d'information. L'ordinateur récepteur transmet alors la commande d'interruption de transmission (XOFF-ASCII 019-CTRL+S), achemine le contenu de la mémoire-tampon vers le périphérique approprié (console, imprimante, disquette) et rétablit la transmission en transmettant la commande de reprise de transmission (XON-ASCII 017-CTRL+Q) qui redémarre à l'endroit précis de l'interruption. Il faut noter que le mode de communication doit être bidirectionnel et simultané (*full duplex*) puisque ces codes sont transmis pendant que de l'information circule dans l'autre sens sur la ligne de communication.

Protocole XON-XOFF
MODE DE TRANSMISSION
BIDIRECTIONNEL SIMULTANÉ

XON	=	HEX 11	=	DEC 17	=	CTRL+Q
XOFF	=	HEX 13	=	DEC 19	=	CTRL+S

Permet l'arrêt momentané d'une transmission de données, comme par exemple, lorsqu'une mémoire-tampon d'un récepteur est sur le point d'être pleine et de recommencer la transmission après que le récepteur a récupéré son retard.

Protocole XMODEM

Cette méthode de transmission de fichiers expédie les données par blocs ou «paquets» et comporte des vérifications de transmission entre le transmetteur et le récepteur. Cette façon de procéder exige que les deux ordinateurs utilisent les mêmes paramètres de communication. Le protocole de transmission de blocs le plus populaire dans le domaine public est le MODEM-XMODEM développé par WARD CHRISTENSEN.

Avec ce protocole, avant le début du transfert, l'ordinateur récepteur transmet des caractères d'accusé de réception négatifs (*NAK-ASCII 021*), pour signifier à l'ordinateur transmetteur qu'il est prêt à recevoir le fichier. L'ordinateur transmetteur reçoit les caractères d'accusé de réception négatifs (*NAK*) et transmet alors un caractère de début d'en-tête (*SOH-ASCII 001*). Alors le numéro du bloc expédié est transmis, suivi de son complément afin de donner le nombre 255. Le bloc de données de 128 octets suit, accompagné d'un total de contrôle (*CHECK SUM*).

L'ordinateur récepteur procède à son propre total de contrôle, puis les deux totaux sont comparés. Si la comparaison est erronée, le récepteur envoie un accusé de réception négatif (*NAK*) et le bloc est retransmis du transmetteur au récepteur. Si la comparaison est bonne, le récepteur envoie un accusé de réception positif (*ACK-ASCII 006*) et le bloc suivant est transmis.

À la fin du fichier, le transmetteur envoie un caractère de fin de transmission (*EOT-ASCII 004*) et le récepteur répond par un caractère d'accusé de réception positif (*ACK*). La transmission est terminée. Cette méthode de transfert de fichiers est beaucoup moins perméable aux erreurs de transmission que les méthodes conventionnelles, telle la vérification par bit de parité.

La figure 1 à la page suivante représente à peu près ce qui se passe entre deux ordinateurs lors d'une transmission de données via le protocole XMODEM, depuis le début du transfert jusqu'à la fin de la réception.

BABILLARDS ÉLECTRONIQUES

Certains de ces logiciels permettent de mettre sur pied des systèmes de courrier électronique fort complets, permettant l'échange de courrier, le téléchargement de fichiers de programmation, de texte, de graphisme, en plus de pouvoir être interactif d'un ordinateur à l'autre. L'ordinateur qui supporte ce type de logiciel devient alors une base permanente de communication et tous peuvent y avoir accès vingt-quatre heures par jour, sept jours par semaine. Ces logiciels peuvent être d'ailleurs

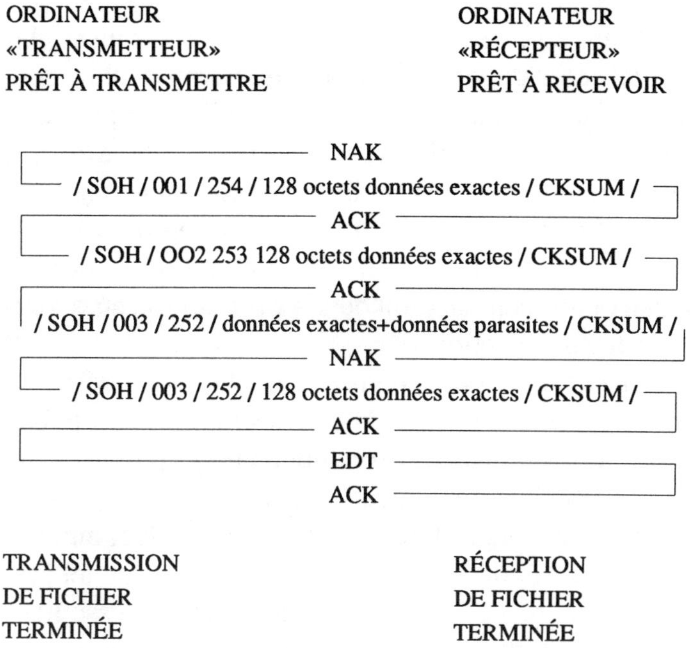

Fig. 1. Représentation d'une activité de transmission de données via le protocole XMODEM.

installés sur un réseau téléphonique local, tel les PABX (*Public Automatic Branch eXchange*) et permettre la liaison entre plusieurs postes de travail à l'intérieur d'un même bâtiment, sans nécessiter l'installation de systèmes de transmission coûteux et utilisés qu'à un faible pourcentage de leur capacité ou de leur efficacité.

Sans être toutefois des systèmes centralisés, les logiciels de babillards électroniques permettent de centraliser l'information selon les besoins des usagers. Des réseaux complets, utilisant l'approche du babillard électronique, peuvent être installés pour assurer le relais des informations à l'intérieur d'une région ou d'un bout à l'autre d'un territoire, sans nécessiter l'utilisation de réseaux commerciaux, ou devenir prohibitifs au niveau des coûts d'opération.

Il suffit alors de dénicher quelques numéros de téléphone de ces babillards électroniques grand public pour que commence véritablement l'exploration du monde des télécommunications. L'utilisateur qui aura pris de l'assurance et de l'expérience en télécommunication pourra lui-même être l'«opérateur» d'un tel système et mettre à profit son expérience et ses ressources techniques et matérielles au service d'autres usagers qui débutent dans ce domaine.

Voici un exemple de communication avec l'un de ces systèmes (N.B. Les caractères soulignés sont les réponses de l'usager en communication avec le système):

ATDT 768-5546 —> Cette commande signifie qu'un modem intelligent (ATtention), compose (Dial) sur la ligne téléphonique, en mode «Touch Tone»

(TouchTone), le numéro de téléphone du système à rejoindre.

===COMPOSE BABILLARD

CONNECT <RETURN> <RETURN>

CAN YOUR TERMINAL DISPLAY LOWER CASE? Y <RETURN>

RBBS-PC VERSION CPC12.1F —(compiled)
OPERATING AT 300 BAUD, NO PARITY, 8 DATA BITS, 1 STOP BIT.

Do you want graphics? N <RETURN>

BONJOUR ET BIENVENUE...

EN CE MOMENT, VOUS VIVEZ PEUT-ETRE VOTRE PREMIERE EXPERIENCE DE TELECOMMUNICATION INFORMATIQUE AVEC UN BABILLARD ELECTRONIQUE, OU VOUS ETES UN VIEUX ROUTIER DES "TELECOM". PEU IMPORTE... CE BABILLARD EST DISPONIBLE POUR UN NOMBRE RESTREINT D'USAGERS, ET N'EST UTILISE QU'A DES FINS EXPERIMENTALES.

L'OBJECTIF QUE NOUS POURSUIVONS EST DE PERMETTRE UN ECHANGE DE TECHNIQUES, DE POINTS DE VUE, D'INFORMATIONS ET DE VOIR LA VIABILITE D'UN TEL SYSTEME, AINSI QUE SON UTILITE. VOS COMMENTAIRES SONT LES BIENVENUS,

AU PLAISIR DE VOUS LIRE ET DE VOUS ECRIRE,

Gilbert.

-+-

What is your FIRST name? RENÉ-SIMON <RETURN>
And your LAST Name? MYRE <RETURN>

Checking User File...

What type of system are you calling from? ITT-PC <RETURN>
What CITY and STATE are you calling from? ST-LAURENT,(QC) <RETURN>
RENÉ-SIMON MYRE from ST-LAURENT,(QC)
Is this correct? Y <RETURN>

Type in a message security PASSWORD (not IBMPC) ? MOTDEPASSE <RETURN>
Type in PASSWORD again for security double check? MOTDEPASSE <RETURN>

RENÉ-SIMON, please remember your password for the next time you call.

Logging RENÉ-SIMON MYRE to disk...
You have downloaded 0 files and uploaded 0 files

RENÉ-SIMON, there are 4 system bulletins today. Do you wish to skip them? Y

Checking message file...

Sorry, RENÉ-SIMON, no personal mail for you today.

Entering the message subsystem...

Le médium peut alors, avec un peu de chance, devenir fort riche. En effet, les échanges, qui sont au début courts et sporadiques, deviennent de plus en plus intenses et enrichissants. Car, après les salutations initiales, les usagers du babillard en viendront à échanger des informations, des techniques, poseront des questions aux vieux routiers, et iront jusqu'à créer des groupes qui auront des intérêts particuliers dans les différents domaines qu'offre la micro-informatique. Quelques expériences du type ont été tentées dans les centres urbains et se sont révélées viables à long terme.

Les régions éloignées pourraient fort bien s'approprier ce mode de communication qui permet des échanges d'information à toute heure du jour et de la nuit. Il peut alors devenir un médium de formation à distance qui permet de transmettre des informations précises à plusieurs usagers. De plus, le médium permet que chaque étudiant puisse être en mode interactif avec l'opérateur du système, en des temps prévus à l'avance. Les contraintes de temps et de communication sont à toutes fins pratiques éliminées.

Et que dire de ces enseignants qui produisent du matériel didactique informatisé? Ne serait-il pas opportun et primordial de leur donner ce lien de communication vital qui éliminerait dédoublement de tâches, perte de temps, d'énergie, de motivation et d'intérêt? Les mots à la mode dans les programmes scolaires sont communication, coopération, créativité, et j'en passe! Les industries de Silicon Valley sont à l'image de ces concepts. Les technologies nouvelles en éducation, alliées aux télécommunications informatiques, permettraient sûrement aux enseignants, qui ont encore le goût de produire du matériel, de se sentir moins seuls...

LES RÉSEAUX LOCAUX

Des systèmes plus sophistiqués, tels les réseaux locaux, permettent l'échange d'information, mais exigent une certaine centralisation des ressources matérielles et logicielles. Ces réseaux locaux existent en plusieurs types de topologies: en bus, en anneaux, en étoile, etc. Les liens et supports de transmission de l'information vont de la simple paire de fils torsadés en passant par les câbles coaxiaux, identiques à ceux utilisés par les câblodistributeurs, et utilisent parfois la fibre optique.

Les vitesses de transmissions de ces types de réseaux se calculent en kilobits et même en mégabits par seconde, c'est ce qui permet le partage de ressources sans pour autant gêner ou ralentir les temps d'accès. Donc, leur principal avantage est le partage de ressources matérielles, tels les unités de mémoire de masse à haute densité, les périphériques de sortie spécialisés, les imprimantes au laser, les traceurs de courbe, les modems, etc.

Ils amènent une certaine transparence au niveau des données informatiques échangées dans le réseau, puisqu'ils uniformisent l'utilisation des logiciels de traitement. Un seul traitement de textes, un seul tableur seront utilisés par la plupart des postes de travail rélié au réseau. Une utilisation rationnelle des ressources amène une plus grande efficacité, une meilleure productivité au sein de l'entreprise. Le transfert des informations et logiciels se fait à très haute vitesse, les temps de réponse sont quasi instantanés. Évidemment plus il y aura d'usagers sur le système plus ses caractéristiques de performances diminueront, mais cette contrainte est la plupart du temps négligeable.

Pour la pédagogie, ce type de système comporte des avantages et des inconvénients. La gestion sur le système est aisée, la mise à jour également. Chaque usager possède son propre code d'entrée et un espace de mémoire de masse lui est réservé pour y déposer ses productions, et dans le cas d'utilisation du réseau pour fins d'évaluation, ce dernier rend disponible au professeur les données pour chacun des élèves, sur le poste serveur. Cependant, cette architecture demande un support technique presque constant et exige que l'opérateur ait des connaissances techniques assez vastes. Le coût d'installation, d'entretien et d'acquisition est plus élevé que l'achat de postes de travail autonomes non reliés entre eux.

LA RECHERCHE D'INFORMATION

L'information disponible par réseau local ou par babillard électronique est cependant restreinte, en ce sens que ces modes de communication permettent un échange uniquement entre des usagers ayant les mêmes besoins ou les mêmes activités. Il deviendra probablement nécessaire d'élargir le rayon d'action du système, quand l'usager sera devenu plus familier avec sa manipulation et qu'il aura vécu quelques réussites en télécommunication. On peut alors prévoir l'accès à des banques de données externes, afin de permettre la recherche d'informations susceptibles d'augmenter et de diversifier les utilisations de tels systèmes, et afin de permettre une ouverture sur le monde extérieur, ce qui est somme toute l'objectif ultime des télécommunications informatiques.

Alors s'offre toute une gamme de réseaux et de services publics, prêts à rendre accessible le coffre au trésor des banques de données commerciales! L'usager qui désire aller interroger de telles banques doit auparavant entamer quelques recherches afin de déterminer les modalités d'accès de ces systèmes. Il devra être familier avec les composantes de son système ainsi qu'avec le logiciel qu'il aura à manipuler.

Il serait d'ailleurs préférable de demander de la documentation écrite sur les services et sur les réseaux qu'il a l'intention d'utiliser pour se familiariser avec leurs contraintes, leurs limites et leurs principes de tarification. Cette documentation sera d'un apport certain lors de la planification d'une séance d'interrogation d'une banque de données, et donc assurera de rentabiliser au maximum le temps et l'argent investis. Comme des coûts sont rattachés à ce type d'activité, il est important de rationaliser ces dépenses et de préparer à l'avance ces temps de communication spécialisée.

L'utilisateur qui empruntera un lien téléphonique aura à défrayer les coûts de ce dernier, et toute communication interurbaine lui sera facturée. Les frais d'appels interurbains sont évidemment moindres la nuit et les jours fériés. De plus, les réseaux de transmission de données qui donnent accès aux banques ont une tarification dont il faudra tenir compte. Les réseaux de transmission de données ne sont ni plus ni moins que des autoroutes, qui permettent l'acheminement rapide, de part et d'autre, des informations.

Enfin, à l'autre bout du fil, la banque de données chargera également à l'usager selon des critères précis qui seront transmis à l'usager lors de son adhésion au service. On lui donnera, dans un dépliant décrivant les modalités d'utilisation de la banque, les coûts s'y rattachant et habituellement son nom d'usager et son mot de passe.

Les répertoires et les annuaires dénombrent actuellement plus de 1 800 banques de données sur la plupart des sujets connus. Inutile de mentionner que s'il est possible d'entrer en communication téléphonique avec des pays éloignés par l'interurbain automatique, les télécommunications informatiques sont capables des mêmes prouesses. La distance n'a vraiment plus aucune importance. Et bientôt tout le savoir humain sera disponible, sans pour cela que les personnes aient besoin de se déplacer.

L'information sera accessible au simple toucher d'un clavier, l'information deviendra alors mobile, selon le bon vouloir de ses utilisateurs. Elle prendra, ou perdra, tout son sens lorsqu'elle s'affichera sur un écran. Elle pourra servir différents apprentissages selon les besoins, les motivations, les intentions et les intérêts d'un utilisateur. Alors, celui-ci se sentira peut-être alors un citoyen du Village Global.

BIBLIOGRAPHIE COMMENTÉE

Berthelot, S., Fortier, G., Lebrun, N. et Myre, G. (1987). *L'ordinateur compatible avec l'éducation.* Montréal: Agence d'Arc Inc.

Manuel de base sur l'utilisation de la micro-informatique. Historique, architecture, logiciels, quincaillerie. Applications pédagogiques. Prospective.

Edelhart, M., Davies, O. (1983). *Omni On-Line Databases Directory*. Macmillan Publising Co.

Évaluation de près de 1000 banques de données, accessibles par micro-ordinateur. Utilisation, contenu des banques, adresses.

Emmet, A., Gabel, D. (1986). *Direct Connection*. New American Library.

Ce livre permet la communication directe par les ports de communication asynchrone des micro-ordinateurs les plus populaires. Explication détaillée de la norme RS-232-C. Livre de référence technique. Demande des connaissances assez approfondies.

Flock, Flock and Schulman. (1987). *The Shareware Book*. McGraw-Hill.

Manuel traitant de l'utilisation de trois logiciels de domaine public, et plus particulièrement de l'utilisation d'un logiciel de télécommunication asynchrone sur micro-ordinateur utilisant le système d'exploitation des disques MS-DOS.

Lambert, S. (1984). *On Line*. Microsoft Press.

Livre traitant de l'utilisation d'un micro-ordinateur afin de communiquer avec les grands réseaux de transmission de données et les services et banques de données les plus populaires aux Etats-Unis. Des séances complètes de temps de communication sont intégrées dans le texte et permettent au lecteur de se familiariser avant utilisation.

M.E.Q. Service de la formation du personnel scolaire. (1985). *La Télématique, modem et logiciels de télécommunication*.

Informations de base sur l'utilisation d'un micro-ordinateur en télécommunications. Normes, modes, paramètres et protocoles. Interfaces et architecture. Complété par un manuel de laboratoire d'utilisation d'un logiciel de télécommunication en lien câblé direct. Transfert de fichiers.

Miller, D. (1985). *Talking Back.* Prentice-Hall Inc.
Utilisation de services et réseaux américains, babillards électroniques. Normes et protocoles. Pour le néophyte. Répertoire de services et réseaux.

Sawicki, E. J. (1985). *Networking IBM Personal Computers.* Micro Develcomm Inc.
Manuel de formation sur l'utilisation d'ordinateurs en réseaux. Communication asynchrone, synchrone, réseaux locaux. Normes, paramètres, et protocoles. Liste assez exhaustive de vendeurs et fabricants de matériel et logiciels. Études comparatives des caractéristiques relatives aux réseaux.

Séguin, J.-M. (1985). *La communication asynchrone appliquée en micro-informatique*. Société G.R.I.C.S., Direction des Services à l'enseignement.
Document pratique expliquant l'utilisation de la communication informatique sur micro-ordinateur. Exige quelques connaissances de base. Texte clair, schémas et tableaux facilitant la compréhension. Permet de se familiariser rapidement avec la nomenclature de base des télécommunications.

Schwaderer,W. D. (1984). *Digital Communications Programming on the IBM-PC.* John Wiley and Sons Inc.
Manuel portant sur la programmation de logiciels de télécommunication en langage basic sur le IBM-PC. Approche intéressante sur les modes et paramètres de communication. Les exercices sont gradués et simples.

Time-Life. (1986). *Communications.* Time-Life Books.
Ouvrage synthèse sur les télécommunications informatiques, aspects historiques, normes, protocoles, architecture des systèmes. Planches et tableaux très clairs. Manuel de base très abordable.

INDEX DES AUTEURS

INDEX ANALYTIQUE

Achevé d'imprimé à Montmagny
par les travailleurs des ateliers Marquis Ltée
en mars 1989

IMPRIMÉ AU CANADA